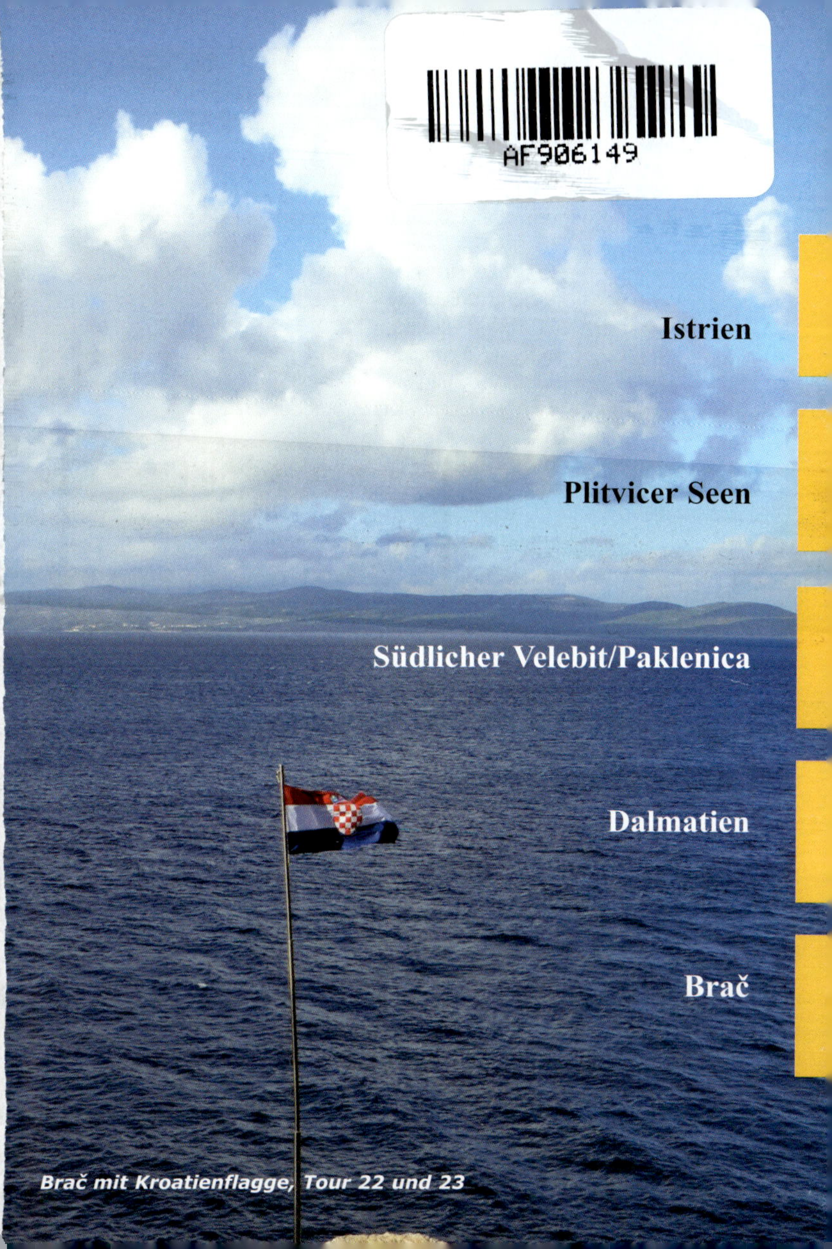

Brač mit Kroatienflagge, Tour 22 und 23

Kroatien

Dieses OutdoorHandbuch wurde konzipiert und redaktionell erstellt vom:

Conrad Stein Verlag GmbH
Kiefernstr. 6, 59514 Welver
☎ 023 84/96 39 12
info@conrad-stein-verlag.de
www.conrad-stein-verlag.de
www.facebook.com/outdoorverlag
www.instagram.com/outdoorverlag

Klimaneutral Druckprodukt
ClimatePartner.com/53106-2301-1004

Als Outdoor-Verlag sind uns der Schutz und die Erhaltung der Natur seit jeher ein besonderes Anliegen. Auch in Sachen Klimaschutz haben wir eine Vorreiterrolle inne: Wir sind der einzige Buchverlag in Deutschland, der bereits seit 2008 seine Bücher konsequent klimaneutral in Deutschland produzieren und transportieren lässt. Dabei wird nicht nur klimaneutral, sondern auch nachhaltig, d. h. so umweltschonend wie möglich produziert, z. B. durch die Auswahl von umweltfreundlichen Materialien. Die bei der Produktion der Bücher entstandenen CO_2-Emissionen werden durch die Unterstützung von zertifizierten Klimaschutzprojekten ausgeglichen. Jedes Buch wird daher mit dem Logo „klimaneutral“ und einer ClimatePartner-Zertifikatsnummer versehen. Mithilfe dieser Nummer können Sie unter www.climatepartner.com Informationen zu der eingesparten CO_2-Menge und dem Projekt finden, das mit der Abgabe gefördert wird.

Das Engagement des Conrad Stein Verlags wurde im Rahmen des Projekts „Klimaneutraler Buchverlag“ mit dem Westenergie Klimaschutzpreis 2022 ausgezeichnet.

OutdoorHandbuch Band 360

ISBN 978-3-86686-755-0 2., überarbeitete Auflage 2023

Text und Fotos: Wolfgang Barelds
Karten: Heide Schwinn und Dieter Großelohmann
Lektorat: Ricarda Kuschma
Layout: Alexandra Sauerland

Gesamtherstellung: AZ Druck und Datentechnik GmbH, Kempten

Dieses OutdoorHandbuch hat 160 Seiten mit 56 farbigen Abbildungen sowie 24 farbigen Kartenskizzen im Maßstab 1:25.000, 1:50.000 und 1:75.000, 23 farbigen Höhenprofilen und einer farbigen, ausklappbaren Übersichtskarte.

Autor und Verlag freuen sich über Ihr Feedback. Schreiben Sie Ihre Tipps und Verbesserungen an info@conrad-stein-verlag.de oder nutzen Sie unsere Social-Media-Kanäle. Bitte nennen Sie dabei Titel, Auflage und Seitennummer.

Dieses Buch ist im Buchhandel und in Ausrüstungsläden erhältlich und kann im Internet oder direkt beim Verlag bestellt werden.

Titelfoto: Aussicht auf die Küste bei der Wanderung auf den Vosac, Tour 19

Inhalt

Kroatien – nicht nur zum Baden ideal, sondern auch zum Wandern

Kroatien hat sich seit der Jahrtausendwende nach den Wirren in den 1990er-Jahren wieder zu einer beliebten Destination am Mittelmeer entwickelt. Und zwar anders als in Jugoslawien-Zeiten nicht nur als Bade-Budget-Ziel, sondern als landschaftlich attraktive Region, die Outdoor-Fans mit einer tollen Landschaft begeistert und eine gute touristische Infrastruktur zu bieten hat.

Das gebirgige Hinterland mit seinen Karstbergen und tiefen Schluchten kennen manche aus alten Karl-May-Filmen, die in den 1960er-Jahren statt im Wilden Westen Nordamerikas in Kroatien gedreht wurden (☞ Kasten S. 71).

Dieses Buch beschreibt von vielen möglichen Wanderungen 23 ausgewählte Tagestouren in unterschiedlichen Regionen. Diese Wanderungen bieten verschiedene Schwerpunkte und bezüglich Schwierigkeitsgrad und Länge ein breites Spektrum. Manche Touren lassen sich zu einer langen kombinieren, andere mit Varianten verkürzen oder verlängern.

Natürlich ist sich der Autor bewusst, dass die Touren eine sehr kleine, subjektive Auswahl sind. Kriterien bei der Tourenauswahl waren vor allem Ausgewogenheit bezüglich Schwierigkeitsgrad und Charakteristik, eine möglichst gute Erreichbarkeit sowie eine bewusste Ballung in bekannten bzw. gut geeigneten Gebieten. Daher auch die verhältnismäßig vielen Wanderungen in Nationalparks sowie in Istrien, der beliebtesten und von Deutschland aus am schnellsten erreichbaren Region in Kroatien. Von den vielen – rund 1.000 – Inseln ist stellvertretend als einzige Brač ausgewählt – mit dem höchsten Berg der Adria (Tour 23).

Die Karten im Buch dienen zur groben Orientierung, können aber natürlich – schon aufgrund des Formats – keine „echten" topografischen Karten ersetzen. Angaben zu ebensolchen finden Sie deshalb zusätzlich im Text. Der Autor empfiehlt außerdem den Gebrauch von GPS – kein Muss, aber eine sinnvolle Unterstützung, weil die Markierung der Wanderwege nicht immer flächendeckend vorhanden ist. Das Buch wird durch GPS-Daten zu den Touren ergänzt, die Sie kostenlos herunterladen können (☞ GPS).

☺ Eine **Übersichtskarte** des Weges, **Autorenprofil** sowie eine Liste aller verwendeten **Symbole** in diesem Buch finden Sie auf den vorderen und hinteren Umschlagseiten bzw. -klappen.

Reise-Infos

Anreise

Kroatien ist am schnellsten per Flugzeug zu erreichen, aber auch Bahn, Bus oder Auto bieten sich je nach Ziel, Personenzahl und Art der Reise an.

Bei öffentlichen Verkehrsmitteln hat sich das ursprünglich von Billigfliegern eingeführte Tarifmodell durchgesetzt, wobei lange Zeit im Voraus kontingentierte günstige Angebote Kundinnen und Kunden locken sollen.

So sind bei Fluggesellschaften wie Eurowings, Ryanair oder Easyjet sowie Bahnen und Bussen bei frühzeitiger Buchung Tarife unter rund € 50 möglich. Angesichts steigender Treibstoffpreise werden solche „Schnäppchen" aber seltener ...

Bei Billigfliegern kommen zudem oft diverse Zuschläge dazu. Außerdem liegen die Flughäfen nicht immer günstig.

☺ Ideal zum Wandern ist die Kombination aus Flug und Mietwagen: schnelle Anreise, maximale Flexibilität und bei frühzeitiger Buchung und Nebensaison günstiger Preis (Mietwagen ab etwa € 30 pro Tag). Oder man bucht eine organisierte Wanderreise (☞ Pauschalreisen).

Per Flugzeug

Kroatiens einzige Flughäfen mit ganzjährig internationalen Verbindungen sind Zagreb und Split. Weitere Flughäfen gibt es nahe den Urlaubszentren entlang der Küste. Die bedeutendsten sind Pula, Rijeka oder Zadar. Diese bekannten Urlaubsflughäfen werden direkt von Deutschland – aber nur im Sommerhalbjahr – bedient, ansonsten muss man in Zagreb in eine (kleinere) Regionalmaschine umsteigen.

Infos zu Shuttle-Bussen von/zu den Flughäfen gibt es auf den Websites der Flughäfen oder auf folgender Homepage: 💻 www.buscroatia.com/de → erst Region und Busbahnhof wählen, dort in der (tabellarischen) Übersicht die Flughafenverbindung anklicken

Per Bahn

Von München nach Zagreb ist man knapp 9 Std. mit der Bahn unterwegs. Es gibt täglich pro Richtung zwei Direktverbindungen. Der reguläre Fahrpreis (2. Klasse) beträgt etwas mehr als € 120, bei frühzeitiger Buchung lässt sich mit dem Super Sparpreis Europa ab etwa € 50 erheblich Geld sparen.

💻 www.bahn.de

Per Bus

Der Bus ist in Kroatien im Fernverkehr *das* Verkehrsmittel und wird von preisbewussten Reisenden nicht erst seit dem Fernreisebusboom auch für Fahrten zwischen Deutschland und Kroatien genutzt. Tägliche Verbindungen aus Deutschland (z. B. Frankfurt) gibt es etwa nach Zagreb und Rijeka. Regulärer Preis: rund € 100, es gibt länger im Voraus aber auch schon Tickets ab € 60.

💻 www.flixbus.de, www.eurolines.de

Für Fernbusse innerhalb Kroatiens sowie Verbindungen ins Ausland lohnt sich ein Blick auf die Website 💻 www.autobusni-kolodvor.com (u. a. Englisch).

Mit dem Auto

Für das Auto spricht vor allem die maximale Flexibilität, gerade auf dem Land fernab der Zentren. Außerdem muss man sich mit dem Gepäck nicht so einschränken. Und wenn man mindestens zu zweit reist, ist die Autofahrt schnell die günstigste Option (wenn auch nicht die umweltfreundlichste). Selbst wenn man die nicht unbeträchtlichen Gebühren bei der An-/Abreise hinzurechnet, die in Österreich, Istrien und Kroatien wie folgt anfallen (für Pkw, Stand: 2022):

- ▷ Österreich: Pauschale für Autobahngebrauch. Dieses sogenannte „Pickerl" (offiziell: Vignette) kostet für 10 Tage rund € 20, für 2 Monate etwa € 40.
- ▷ Slowenien: Vignette für 7 Tage ab € 15 und für 1 Monat € 30
- ▷ Kroatien: Gebühren für Autobahnen, rund € 7 für 100 km. Beispiele: Umag – Pula (85 km) € 6,70, Zagreb – Dubrovnik (460 km) ca. € 27

✋ Beim Transit durch Österreich lauern weitere Kostenfallen, sogenannte „Sondermautstrecken". Auf der A9 sind das der Gleinalm- (€ 9,50) und Borsucktunnel (€ 6), bei der Tauernautobahn A10 der Tauern- und Katschbergtunnel (zusammen € 12). Der Routenplaner des ADAC gibt die Höhe der zu erwartenden Mautgebühren auf der gesamten Strecke an: 💻 www.maps.adac.de (zzgl. Vignetten).

Geld, Währung & Preise

Seit 1.1.2023 ist Kroatien Mitglied des Euroraums; damit entfällt bei Bargeldzahlungen das zuvor lästige Wechseln in die damalige Währung Kuna. Bei der Einführung des Euro in Kroatien wurde folgender Wechselkurs festgelegt: 1 Euro entspricht 7,52 Kuna.

Das Preisniveau gleicht sich zunehmend dem in anderen (westeuropäischen) Ländern an. Privatunterkünfte, Pensionen, Backwaren, Busse oder Taxis sind noch etwas günstiger, während für Hotels und Einkehr sowie Parken in Touristenzentren annähernd so viel gezahlt werden muss wie anderswo in Europa.

Preisbeispiele: Cappuccino € 2 bis 3,50, Parken in Städten € 5 bis 15 pro Tag, Linienbus € 10 für rund 70 km, Taxi etwa € 1,50 pro km

Klima & Reisezeit

Kroatien lässt sich nicht in ein einheitliches Klimaschema bzw. -diagramm zwängen, zu unterschiedlich sind Klima und Wetter in den verschiedenen Regionen. Wetterbestimmend ist weniger die geografische Breite mit typisch mediterranem Klima als vielmehr die Höhe: Durch die vertikale Abnahme der Temperatur pro 100 m um 0,5 bis 1 °C (je nach Luftfeuchtigkeit bzw. Kondensation) ist es in 2.000 m schon mindestens 10 °C kälter als in Meereshöhe, gefühlt durch den Wind und die höhere (relative) Feuchte oft noch kälter.

Im Allgemeinen ist das Klima an der adriatischen Küste mediterran, aber relativ regenreich. Die Sommer sind also meist sonnig und trocken (um 30 °C), während die Winter regenreich und warm sind (um 10 °C). Der Jahresniederschlag an der Adriaküste sowie in den Höhen des Velebit ist mit bis zu 3.000 mm erheblich höher als im Landesinneren. Die Sonne scheint mehr als 2.750 Stunden pro Jahr.

Ein besonderes Wetterphänomen ist der gelegentlich (ganzjährig) in der nordkroatischen Küstenregion auftretende kalte Fallwind **Bora** aus nordöstlicher Richtung, der zu den stärksten der Welt zählt – mit Spitzengeschwindigkeiten bis zu 250 km/h. Dieser weht besonders heftig bei Triest, in der Kvarner Bucht, beim Velebit-Kanal nahe Senj, in Šibenik, Makarska und Risan.

Bei Wettervorhersagen im Internet ist zu beachten, dass die Angaben möglichst genau auf den Standort zutreffen sollten, weil viele Websites nur recht großräumige Angaben machen, was in Kroatien mit seiner vielgestaltigen Landschaft natürlich zu unbefriedigenden Ergebnissen führt.

Nach Erfahrungen des Autors sind folgende Websites recht genau:

- www.yr.no – norwegische Wetterwebsite, auf Englisch (ohne Werbung!)
- www.meteo.hr – Website des meteorologischen Instituts Kroatien mit allerlei Vorhersagen und Infos rund ums Wetter (u. a. Englisch)

Klimatabelle Zadar (mit Wassertemperatur) Reisezeit

Zum Wandern sind die besten Zeiten das Frühjahr und der Herbst; im Sommer ist es zu heiß (bei überhöhten Preisen), im Winter kann in höheren Lagen Schnee liegen und viele touristische Einrichtungen sind im Winterschlaf. Botaniker bevorzugen das Frühjahr, wenn ein Großteil der Vegetation blüht, in höheren Lagen auch im Sommer.

Wer Baden und Wandern kombinieren möchte, für den ist eventuell der Herbst die bessere Wahl, wenn das Meerwasser eine angenehmere Badetemperatur hat als im Frühjahr.

	Jan	Feb	März	April	Mai	Juni	Juli	Aug	Sep	Okt	Nov	Dez
Max. Temperatur (°C)	11	11	14	17	21	25	28	28	25	25	15	12
Min. Temperatur (°C)	3	4	6	9	13	16	19	19	16	12	8	4
Regentage	8	8	6	6	6	5	4	4	6	7	9	10
Wassertemperatur (°C)	11	10	11	13	17	20	23	23	21	19	16	13
Tägl. Sonnenstunden	4	5	6	7	9	10	11	11	8	6	4	4

Pauschalreisen

Für Kroatien werden auch pauschale Wanderreisen angeboten. Der Vorteil: Man muss sich nicht selbst um Planung bis ins Detail kümmern, sondern folgt den Wandervorschlägen der Unterlagen oder des Wanderführers und nächtigt in bewährten Unterkünften.

Eine große Auswahl organisierter Kroatien-Wanderreisen für Gruppen wie auch individuell bietet z. B. Wikinger-Reisen (💻 www.wikinger.de).

Standort & Unterkünfte

🛏 **Hotels** und andere Unterkunftsarten wie Pensionen oder Apartments gibt es in großer Zahl, vor allem natürlich entlang der Küste. Die Urlaubsanlagen sind allerdings nur in der Sommersaison geöffnet.

Der Standard bewegt sich großteils auf ordentlichem Niveau. Nach Erfahrung des Autors sind die Unterkünfte und Infrastruktur oft sogar besser als im benachbarten (teureren) Italien, weil viele Unterkünfte nach den bürgerkriegsartigen Unruhen bei der Auflösung Jugoslawiens in den 1990er-Jahren grundsaniert bzw. neu gebaut wurden.

Kein Wunder also, dass auch viele Italienerinnen und Italiener Kroatien als Reiseziel entdeckt haben – wegen des vergleichsweise günstigen Preis-Leistungs-Verhältnisses.

Zu allen Übernachtungspreisen kommt in Touristenorten die Kurtaxe hinzu, die je nach Kategorie des Ortes etwa € 1 bis 2 pro Person und Nacht beträgt.

Recht günstig sind die Übernachtungspreise in der Vor- und Nachsaison, also Mai bis Juni sowie September. Für die Hauptsaison sollte reserviert werden.

⛺ **Camping** ist in Kroatien eine beliebte und vergleichsweise günstige Unterkunftsform. Rund ein Viertel aller touristischen Übernachtungen wird auf Campingplätzen gezählt. Ein Großteil der Campingplätze (90 %) liegt an der Küste. Der Standard wird mit bis zu 4 Sternen bemessen, geplant ist eine Erweiterung auf 5 Sterne, um noch besser differenzieren zu können. Die Größe der Plätze schwankt erheblich: von der riesigen Anlage mit einer Kapazität für mehrere Tausend Personen bis zum Mini-Camping für gerade mal 15 Gäste. Die größeren Campingplätze vermieten meistens auch Unterkünfte, sodass ein eigenes Zelt nicht unbedingt nötig ist, etwa Mietcaravans, Mobilheime, Bungalows oder Ferienwohnungen.

Je nach Saison und Standard sollten bei der einfachen Zeltvariante pro Person zwischen € 7 und 25 einkalkuliert werden, dazu kommt der Stellplatz ab etwa € 7.

🐕 Etwas mehr als die Hälfte aller Campingplätze nimmt auch Hunde auf (rund 200). Einige sind so auf Vierbeiner ausgerichtet, dass sie sogar eigene Hundeduschen anbieten.

🚪 Die meisten Campingplätze sind nur in der Sommersaison geöffnet, von April bis Oktober.

☺ Der kroatische Camping-Verband informiert auf seiner Website ausführlich über rund 400 Campingplätze im Land: 💻 www.camping.hr

✋ Für einen Aufenthalt in der Hauptsaison ist eine Reservierung ratsam!

☺ Konkrete Empfehlungen für gute Standorte und Unterkünfte finden Sie bei den einzelnen Regionen.

Verkehrsmittel

Bus

Innerhalb Kroatiens sind Linienbusse das wichtigste öffentliche Verkehrsmittel. Wegen der Vielzahl an Anbietern (mit verschiedenen Tarifen) ist es aber nicht ganz einfach, die Übersicht zu behalten. Vor Ort ist es immer am besten, sich bei den Abfahrtstafeln an den Busbahnhöfen (*autobusni kolodvor*) schlau zu machen, wo in der Regel alle Fern- und Nahverbindungen aushängen.

☺ Tipps zur Busrecherche. Folgende Websites sind brauchbar:

💻 www.buscroatia.com (u. a. Deutsch): Die Website bietet einen guten Anhaltspunkt für Busverbindungen, wenn auch nicht vollständig wegen der großen Zahl an Verbindungen bzw. Firmen.

💻 www.balkanviator.com (u. a. Deutsch): Mobilitätsportal für Südosteuropa

💻 www.autobusni-kolodvor.com → Stations & ports → Bus stations (u. a. Englisch): Abfahrtstafeln von Busbahnhöfen sowie Busverbindungen zwischen größeren Orten

Die Fahrkarten kauft man am besten in den zahlreich vorhandenen Busbahnhöfen. Ansonsten sind sie auch direkt im Bus erhältlich, auf jeden Fall auf dem Land. Bei Fernverbindungen sind manchmal vorab im Internet günstigere Preise möglich.

Zwei Beispiele für Bustarife: Zagreb – Split (440 km) € 15 bis 25, Rijeka – Plitvice (170 km) € 27

Hunde werden in der Regel in kroatischen Bussen nicht befördert. Im Einzelfall sind Firma und Fahrer entscheidend. Ansonsten bleibt nur die (teure) Alternative Taxi, oder besser: Mietwagen.

Fähre

Die kroatischen Inseln sind durch die Reederei Jadrolinija (wörtlich „Adria-Linie") an das Festland angeschlossen. 55 Schiffe transportieren jährlich rund 12 Mio. Fahrgäste mit täglich bis zu 600 Abfahrten; neben den Inseln werden auch die italienischen Städte Ancona und Bari angesteuert.

Tickets gibt es vor Ort oder im Internet. Die Website bietet alle Fahrpläne:

www.jadrolinija.hr (u. a. Deutsch)

Fähre von Jadrolinija im Hafen Split

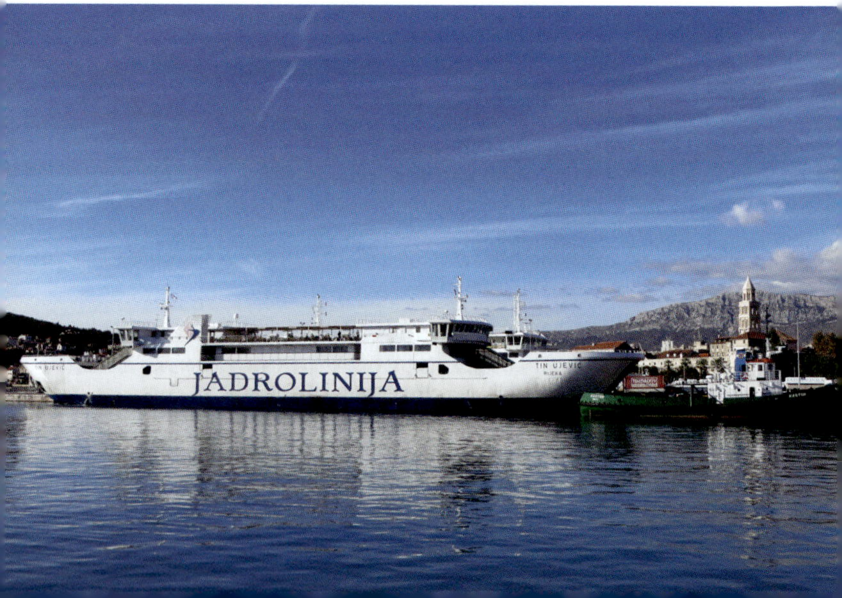

Taxi

Bei manchen Streckenwanderungen auf dem Land ist das Taxi eine Option. Die Tarife schwanken je nach Region. Einige grobe Richtwerte: Der Kilometer kostet etwa € 1,50, ein Gepäckstück rund € 1, der Starttarif liegt bei etwa € 3. Bei längeren Fahrten (ab etwa 20 km) ist Verhandeln nicht unüblich.

Auto

Innerhalb Kroatiens sind Autobahnen gebührenpflichtig. Abkassiert wird am Ende der jeweiligen Teilstrecken an den Mautstationen (mit Karte oder bar). Die Gebühren für Autobahnen liegen bei rund € 7 für 100 km. Dazu kommt eine Gebühr für den 1981 eröffneten, 5 km langen Učka-Tunnel, der Istrien mit Rijeka verbindet (etwa € 4). Bei weiteren früher gebührenpflichtigen Strecken – wie der Brücke nach Krk oder dem Tunnel Sveti Ilija bei Makarska – wurde die Maut abgeschafft.

Der Routenplaner des ADAC (☞ Anreise) gibt für Kroatien die Höhe aller zu erwartenden Mautgebühren an.

Bei den Wanderungen sind neben öffentlichen Verkehrsmitteln auch günstig gelegene Parkplätze angegeben (mit GPS-Koordinaten), allerdings nicht jedes Mal mit dem Hinweis, ob das Parken gebührenpflichtig ist oder nicht, weil sich das manchmal je nach Saison ändert.

Was sich nicht lohnt, ist „Schwarzparken". Gerade in touristischen Städten sind Kontrollen keine Seltenheit. Für ein falsch geparktes Auto sind dann mal schnell € 20 bis 40 fällig sowie ggf. eine Gebühr von rund € 100 für das (unfreiwillige) Abschleppen. Vom Ärger mal ganz zu schweigen.

Wanderinfrastruktur

Als Wegmarkierung sind in Kroatien die international üblichen rot-weißen Streifen sowie häufig auch nur orange bzw. rote Punkte zu finden, gelegentlich auch andere Farbmarkierungen. Die meisten Touren verlaufen über Pfade, Schotterwege und kleine Straßen. Die kleineren Pfade sind von unterschiedlicher Qualität: von gut bis schlecht gepflegt, d. h. teilweise zugewuchert.

Wandern mit Hund, Buggy und Kindern

Wandern mit Hund und eingeschränkt auch mit Buggy ist bei vielen Wanderungen möglich, allerdings sollten Sie Folgendes beachten:

- ▷ In den Nationalparks müssen Hunde angeleint sein.
- ▷ Bei vielen Touren (mit Ausnahme Istriens) erschweren (scharfkantige) Kalksteine das Gehen der Vierbeiner. Daher ist die Mitnahme von Hundeschuhen zum Schutz der Pfoten empfehlenswert, erhältlich in gut sortierten Outdoorläden (z. B. 💻 www.globetrotter.de).

- ▷ Wasser versickert schnell im Kalksteingebirge, daher gibt es bei längeren Bergtouren nicht genügend natürliche Wasser-/Trinkstellen. Eine Wasserflasche für den Hund sollte deshalb im Gepäck nicht fehlen.
- ▷ Tüten für Hundekot gibt es so gut wie nirgends.
- ▷ Die Mitnahme von Hunden ist in öffentlichen Bussen unterschiedlich geregelt, je nach Firma und Fahrer. Man sollte sich aber nicht darauf verlassen, dass man mitfahren darf, bzw. im Notfall das teurere Taxi einkalkulieren. Oder besser gleich ein Mietauto nehmen. Auf Fähren sind Hunde in der Regel kein Problem. Einen Maulkorb sollte man für alle Fälle dabeihaben.
- ▷ Vierbeinern ist der Zugang zu den meisten Stränden verwehrt, vor allem in der Hauptsaison.
- ☺ Hundebesitzerinnen und Hundebesitzer brauchen sich bei der Vorrecherche im Internet keine Sorgen zu machen, wenn die Google-Übersetzung bei Wanderungen im Gebirge ständig „Tierheime" erwähnt. Das kroatische sklonište bezeichnet eine Bleibe bzw. ein Asyl, meistens als solches für Tiere (also Tierheim). Im Zusammenhang mit Wandern ist aber eher eine Bleibe für Bergwanderer gemeint, also eine Berghütte.

Für Buggys sind viele Touren wegen der Stufen und schmaler Pfade nicht ideal. Wenn mit Buggy, dann mit einem outdoorgeeigneten und Eltern, die eher zur Kategorie der Hardcore-Wanderinnen und -Wanderer gehören.

Der Eintritt in Nationalparks und anderen Sehenswürdigkeiten ist für Kinder zwischen 7 und 18 Jahren um rund 25 bis 60 % ermäßigt und für Kinder unter 7 Jahren meistens gratis.

Vorsicht Minen!

Zum Wandern im bergigen Hinterland sollte ein Hinweis zu einem Thema nicht fehlen, dass die kroatische Fremdenverkehrswerbung gerne ignoriert: die noch immer latente Minengefahr in dem Land mit Minen aus dem Jugoslawienkrieg der 90er-Jahre. Auf markierten Wegen droht kaum Gefahr, aber schon etwas abseits besteht stellenweise ein nicht unbeträchtliches Minenrisiko. Rund 60 % der Landminen sollen in Wäldern liegen, daher ist besonders dort Vorsicht geboten. Zumal manche der 12.000 Warnschilder von Einheimischen entfernt wurden/werden, die durch die Warnhinweise Einbußen im Tourismus befürchten. Aber die schädlichen Auswirkungen auf den Tourismus dürften bei Unfällen ohne Warnungen deutlich größer sein … Bisher ist glücklicherweise nur ein verletzter ausländischer Tourist bekannt.

Nachvollziehbar, aber auch unverantwortlich ist die mangelnde Information einiger touristischer Stellen und Agenturen über die latente Minengefahr. Mittlerweile sollen zwar die meisten Minen geräumt sein – keine ungefährliche Arbeit: ein Zehntel der bisher mehr als 500 Minenopfer in Kroatien waren Minenräumer – aber ein Restrisiko bleibt, das die Regionen Plitvice und Paklenica betrifft. Daher sollten vor allem bei den Touren 9-14 die Wege lieber nicht verlassen werden.

☺ Ausführliche Infos bietet der Artikel in der englischsprachigen Wikipedia über „Minefields in Croatia".

Telefon

Die internationale Vorwahl nach Kroatien ist 00 385, weiter geht es mit der Handynummer (beginnend mit „09" oder „08") oder der Ortsnetzzahl, beide ohne 0.

Wichtige Notrufnummern:
☏ 112: allgemeiner Notruf
☏ 192: Polizei
☏ 193: Feuerwehr
☏ 194: Ambulanz
☏ 115: Feuerwehr
☏ 1987: Pannenhilfe (bei Anruf mit Handy 00 385-19 87)
☏ 00 49 116 116: deutscher Sperr-Notruf für EC-/Kreditkarten

Karten

Die Auswahl an Karten ist je nach Region sehr unterschiedlich. Bei den Kurzvorstellungen der Regionen finden Sie deshalb weitere Empfehlungen.

📖 Freytag & Berndt: verschiedene Übersichtskarten zu Teilen Kroatiens im Maßstab 1:200.000, ca. € 10

- SMAND-Wanderkarten: Die kroatische Firma SMAND bietet das größte Sortiment an (28) Wanderkarten im Maßstab 1:25.000 oder 1:30.000. Die Karten kosten offiziell € 9,99, sind aber nicht immer vor Ort erhältlich. Wer auf Nummer sicher gehen möchte, bestellt die Karten vorab (teurer) übers Internet, z. B. bei Mapfox für € 18,90: 💻 www.mapfox.de. Über Mapfox können auch Buchhandlungen die SMAND-Karten für Sie besorgen.
- ProjektNord – Mollenhauer & Treichel GbR: Wander-/Radkarten für mehrere Regionen Kroatiens, großteils im Maßstab 1:35.000, erhältlich für € 14,90 bei 💻 www.mapfox.de

Weitere Wanderkarten gibt es gelegentlich in den Touristinfos vor Ort. Sie sind durchaus brauchbar (z. B. für den Nationalpark Paklenica im Maßstab 1:18.000). Diese von Tourismusverbänden herausgegeben Karten sind (gelegentlich) zwar gratis, aber oft nur sporadisch erhältlich. Dasselbe gilt für Stadtpläne, die mal mehr, mal weniger gut und in der Regel gratis vor Ort erhältlich sind.

☺ Die Kartenempfehlungen wurden von der Geobuchhandlung Kiel überprüft.

www.geobuchhandlung.de

GPS

Wenn Sie ein eigenes Outdoor-GPS-Gerät (z. B. der Marke Garmin) haben, ist das hilfreich, aber kein Muss, da viele Wege gut ausgeschildert sind.

Für die Startpunkte der Touren sind in diesem Wanderführer die Koordinaten angegeben. Sie können die GPS-Tracks zu den Wanderwegen direkt auf der Internetseite des Verlags (www.conrad-stein-verlag.de) oder auf der Homepage des Autors (www.wibarelds.de) herunterladen.

Tipps zum Umgang mit dem GPS-Gerät finden Sie in dem Ratgeber „**GPS** – Grundlagen · Tourenplanung · Navigation“ von Michael Hennemann, Conrad Stein Verlag, ISBN 978-3-86686-769-7, ca. € 12,90, Neuauflage 2023

Updates

Der Conrad Stein Verlag veröffentlicht Updates zu diesem Buch, die direkt von dem Autor oder von Leserinnen und Lesern dieses Buches stammen. Sie finden diese auf der Verlagshomepage www.conrad-stein-verlag.de.

Der links abgebildete QR-Code führt Sie direkt dorthin.

Istrien

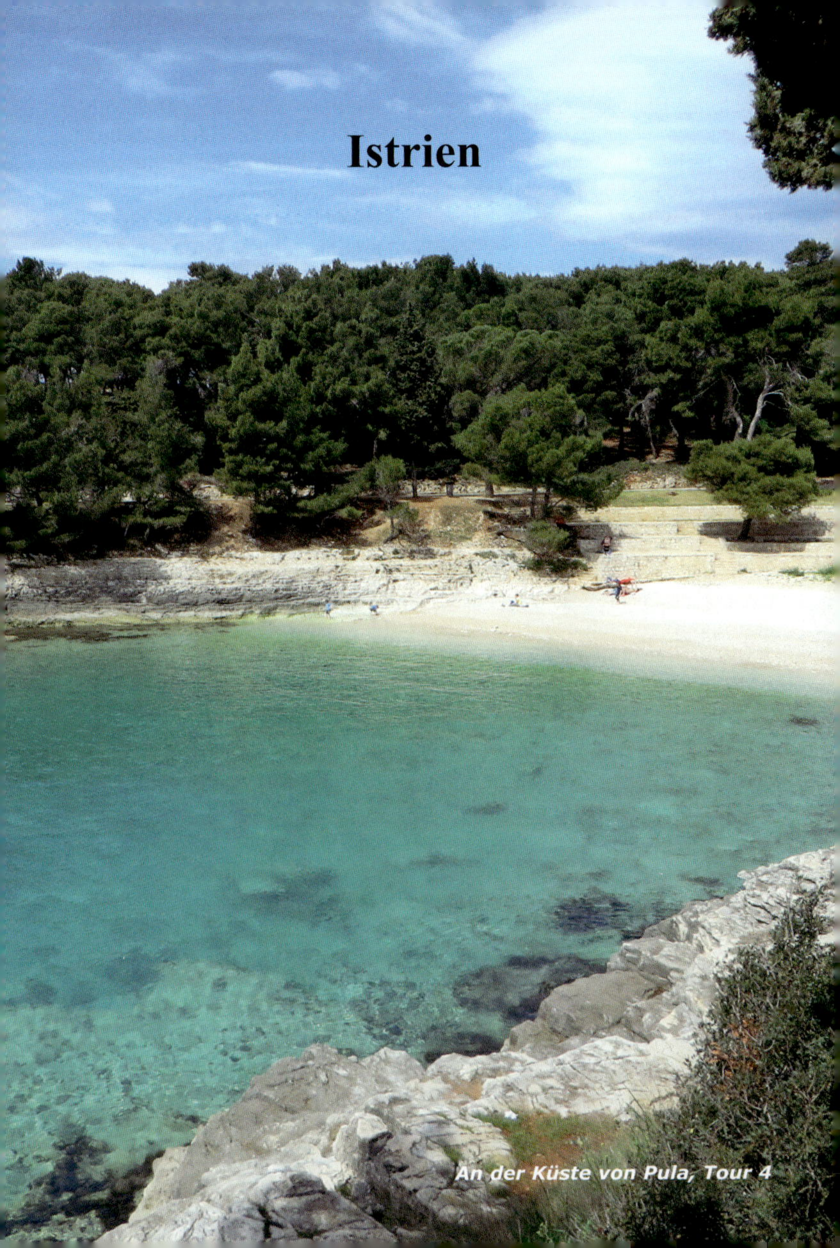

An der Küste von Pula, Tour 4

Istrien, die Halbinsel im Nordwesten des Landes, ist mit seiner 537 km langen Küste schon seit Jahrzehnten ein beliebtes Urlaubsgebiet, das von der Hälfte aller ausländischen Kroatien-Reisenden angesteuert wird. Die größte Halbinsel zwischen dem Golf von Triest und der Kvarner Bucht vor Rijeka gehört großteils zu Kroatien, ein kleiner (nördlicher) Teil zu Slowenien und ein noch kleinerer zu Italien. Daher und aufgrund der historischen Entwicklung und wirtschaftlichen Ausrichtung (Tourismus) ist es kein Wunder, dass Istrien de facto großteils dreisprachig ist: mit Kroatisch, Italienisch, Deutsch. Amtssprachen sind die ersten beiden Sprachen, wobei z. B. in der Nähe von Poreč 20 % der Bevölkerung Italienisch als Muttersprache bezeichnen.

Von den rund 3,5 Mio. jährlichen Besucherinnen und Besuchern (2021) stammen die meisten aus Deutschland (1,1 Mio.), es folgen Österreich (477.000), Slowenien (373.000) und Italien (163.000). Die beliebtesten Destinationen sind Rovinj, Poreč, Umag, Medulin und Pula. Der Name Istrien soll übrigens auf die Bewohner der Antike zurückgehen, die Ilyrer, genannt Histri.

Aufgrund der großen Beliebtheit Istriens und der guten Erreichbarkeit sind hier acht Wanderungen beschrieben: die ersten vier an der Küste, die weiteren vier im Hinterland. Alle diese Wanderungen haben überwiegend leichten bis mittelschweren Charakter und sind daher großteils auch ideal für Familien mit Kindern und Buggys sowie für Hunde, die in Istrien noch nicht so viele scharfkantige Kalksteinfelsen erwarten wie in anderen kroatischen Regionen.

Als Standort ist das attraktiv an einer Meeresbucht gelegene Poreč besonders gut geeignet, da es den Mittelpunkt der meisten Wanderungen bildet und öffentliche Verkehrsverbindungen in viele Richtungen bietet (Info zu Poreč ☞ Kasten bei Tour 2).

🛏 ⛺ Übernachtungsgelegenheiten aller Art gibt es in großer Zahl entlang der Küste, vor allem in und um Poreč.

🕮 Karten: Eine gute und reine Wanderkarte für ganz Istrien bzw. einzelne Regionen ist nicht erhältlich. Die meisten Karten richten sich vor allem an Radfahrerinnen und Radfahrer. Alle genannten Karten sind vor Ort erhältlich, die letztgenannten Übersichtskarten im deutschen Buchhandel:

- Istra bike: Bike & walking Karta, 1:30.000
- Istramaps, topografskakarta, 1:30.000, Verlag Mateus, Funtana
- ProjektNord – Mollenhauer & Treichel GbR: Wander-/Radkarten für 8 verschiedene Regionen Istriens im Maßstab 1:35.000, erhältlich für € 14,90 bei www.mapfox.de
- Tourismusverband Istrien: Radkarten zu verschiedenen Regionen Istriens, die auch für viele Wanderungen hilfreich sind, verschiedene Maßstäbe (1:20.000 bis 1:50.000), z. B. für die Regionen Motovun oder Poreč und Vrsar

📖 Übersichtskarten für Istrien, z. B. von Reise Know-How (1:70.000), Freytag & Berndt (1:100.000), Kompass (Karte 238, 1:75.000), Kümmerly&Frey (Outdoorkarte Istrien, 1:75.000, laminiert)

Vom Budget-Badeziel zur Outdoor-Oase

In jugoslawischen Zeiten besuchten Millionen preisbewusste Deutsche die adriatische Küste mit ihren vielen Inseln. Die ursprünglich felsige Küste wurde an vielen Abschnitten betoniert und so entstanden die legendären jugoslawischen Betonstrände und monumentale Ferienanlagen und Hotels. Einige Ruinen erinnern heute noch stellenweise an die sozialistische Epoche, genauso wie die Architektur mancher modernisierter Hotels.

Der Bürgerkrieg unterbrach die touristische Entwicklung. Vier Jahre dauerte es (1991-95), bis Kroatien endgültig selbstständig war. In dieser Zeit dienten viele Hotels und Apartments als Behausungen für Flüchtlinge und nötige Renovierungen blieben aus. Seit Mitte der 1990er-Jahre wurden viele Anlagen nach neuem Standard saniert, wobei auch ein Blick auf die Infrastruktur und neue touristische Trends (Aktivreisen, Outdoor) geworfen wurde. Infolgedessen hat sich die Zahl der jährlichen Übernachtungen von 13 Mio. nach dem Krieg auf heute rund 85 Mio. mehr als versechsfacht. Etwa 15 Mio. Menschen reisen jedes Jahr nach Kroatien – das sind rund 4 pro Ew. – und bescheren dem Land einen Umsatz von 8 Mrd. Euro, rund 20 % vom BIP. Die Besucherstatistik für Kroatien führen Deutsche an (2,9 Mio.), es folgen Einwohnerinnen und Einwohner Sloweniens, Österreichs und Polens mit jeweils rund 1 Mio. vor Tschechen (Zahlen von 2021). Etwa die Hälfte der Kroatien-Touristen reist nach Istrien, es folgen Kvarner Bucht (25 %) und dalmatische Küste (20 %). Weitere Impulse vor allem für weiter südlich gelegene Gebiete erhofft sich Kroatien durch deutlich verbesserte Verkehrsverbindungen, etwa den Bau der A1 als Alternative zur kurvenreichen Küstenstraße Jadranska Magistrala.

Zweisprachiges Istrien

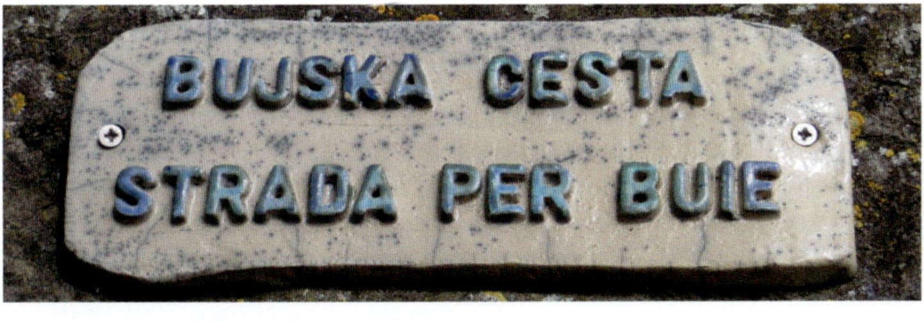

❶ Küstenwanderung zwischen Poreč und Červar Porat

Tour für Küstenbegeisterte

Diese zwar recht lange, aber vom Niveau her leichte Wanderung ohne bedeutende Höhenmeter führt entlang der buchtenreichen Küste nördlich von Poreč. Zunächst geht es vorbei an Urlaubsanlagen, wo Promenaden und Strände Ihre ständigen Begleiter sind. Nach der Hälfte des Hinwegs wird es weniger lebhaft und Sie wandern durch touristisch relativ wenig erschlossene Küstengebiete mit Wäldern und Olivenhainen. Sie können von Červar Porat entweder mit dem Taxi zurückfahren oder denselben Weg zurückwandern. Start und Ziel ist Poreč (12.000 Ew.), Hauptort der sogenannten Riviera von Poreč und eines der großen touristischen Zentren des Landes.

Start/Ziel: Poreč, Kirche (Trg Slobode), GPS N 45°13.624' E 013°35.748'
19,8 km
5 Std.
90 m/90 m
2-20 m
teilweise Radwegbeschilderung (Radweg 142)
Wege und Pfade am Ufer, durch Parks/Wälder sowie entlang Straßen, meistens mit wenig Verkehr
Einkehrgelegenheiten" in Poreč und Červar Porat (km 9,9) sowie entlang der Uferpromenade die ersten und letzten 3 km
mehrere Sitzbänke entlang der Strecke
Läden bzw. Supermärkte in Poreč sowie in Červar Porat (km 9,9), Letztere sind aber nur im Sommerhalbjahr geöffnet.
WC viele öffentliche WCs entlang des Uferwegs
unterwegs bei der Promenade mehrere Strände mit Badegelegenheit
Für Kinder ist die Tour gut geeignet: Es gibt keine bedeutenden Höhenmeter und die Möglichkeit, die Strecke zu teilen, außerdem Badegelegenheiten.
Für Buggys geeignet: Der Weg ist fast durchgehend asphaltiert, gepflastert oder mit flachem Schotter versehen. Kleinere Teilstücke mit Schotter bzw. auf kleineren Wegen lassen sich auf gut erkennbaren Umwegen etwas weiter im Hinterland vermeiden.
Hundeverbot auf manchen Teilstrecken, die sich umgehen lassen.
P Es gibt zahlreiche Parkplätze am Rand des Zentrums, etwa am Busbahnhof (wo die Beschreibung beginnt), Parkgebühren pro Stunde etwa € 1,50! Aufgrund der schwierigen Parkplatzsituation wäre es eine Alternative, das Auto in Červar Porat abzustellen und die Tour andersherum zu gehen. Dort ist das Parken einfacher.

Poreč hat Busverbindungen zu allen größeren und bedeutenden touristischen Orten Istriens sowie u. a. nach Rijeka und Zagreb.

Aussicht über Poreč vom 5-eckigen Turm

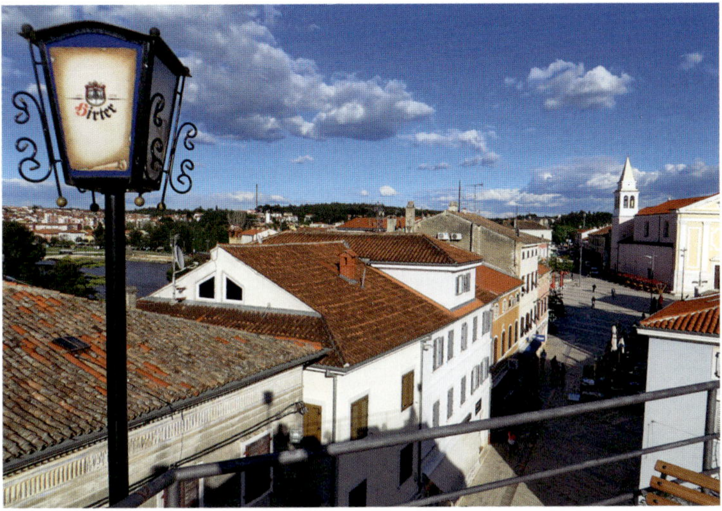

Die Wanderung beginnt am zentral gelegenen Platz vor der Kirche (Trg Slobode), 200 m vom Busbahnhof entfernt. Sie verlassen den Platz in nördliche Richtung abwärts, rechts am modernen Drogeriemarkt (dm) vorbei, und folgen zunächst dem Fuß-/Radweg entlang der Küste.

Nach 200 m bietet sich rechts ein Konzum-Supermarkt für kleine Einkäufe an.

500 m nach dem Start folgen Sie der kleinen Straße nach links, um nach 300 m hinter dem Restaurant Sunset auf dem Weg links unter Kiefern wieder zur Küste zu gehen und dort an einem kleinen Hafen in einer Felsbucht ❶ vorbei, ehe Sie 400 m durch einen kieferbeschatteten Park wandern. Danach geht es am Ufer entlang über „Strand", der hier wie in weiten Teilen Kroatiens aus Beton über Felsen besteht, und passieren eine Wasserrutsche mit Pool ❷ (km 2,3). Weiter gehen Sie auf der Uferpromenade und schließlich über eine Campinganlage mit Hütten und durch ein Gatter, um danach auf gepflastertem Weg links an dem Hotel vorbei oder links davon am Ufer zu wandern.

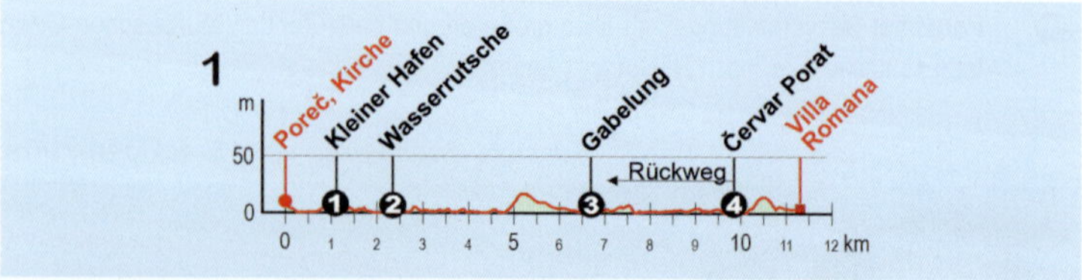

Nach der Hotelanlage folgen Sie dem Weg am Ufer entlang, das ab hier weniger stark erschlossen ist. 700 m nach der Hotelanlage erreichen Sie bei einer Leitplanke eine Straße (km 4) und folgen dieser geradeaus kurz am Ufer entlang, um sie nach 300 m kurz vor einer Rechtskurve auf dem geschotterten Uferweg links zu verlassen. Nach 300 m gehen Sie auf dem Weg nach rechts ins Landesinnere und erreichen nach 400 m eine Straße, der Sie links folgen, auf den Campingplatz zu.

Nach 200 m (km 5,7) halten Sie sich vor dessen Eingang rechts, rechts am FKK-Campingplatz vorbei, der beinahe wie ein Hochsicherheitstrakt eingezäunt ist. 150 m nach einer Rechtskurve ist der Weg asphaltiert. Sie folgen diesem Asphaltweg 400 m am Ufer entlang bis zu einer Gabelung vor einem Waldstück ❸ mit zwei Optionen. Schöner und daher hier empfohlen ist der Weg links, am Ufer entlang.

↳ Abkürzung durch das Landesinnere (➲ 500 m kürzer): Wenn Sie der Asphaltstraße bzw. dem Radweg rechts folgen, in nördliche Richtung am Waldrand entlang und nach 200 m nach der Linkskurve geradeaus auf das Ufer zu, erreichen Sie nach insgesamt 400 m wieder den Uferweg.

Nach 400 m lassen Sie bei der Abzweigung die Halbinsel links liegen (es sei denn, Sie wollen weiter direkt am Ufer laufen – 800 m länger) und halten sich rechts, um im weiteren Verlauf möglichst ufernah zu gehen. Nach 1,4 km lassen Sie eine weitere Halbinsel links liegen und folgen dem Weg am Ufer entlang ostwärts auf Červar Porat zu, das Sie nach 1,2 km erreichen.

✕ Verschiedene Einkehr- und Einkaufsgelegenheiten, die aber nur im Sommerhalbjahr geöffnet sind.

Červar Porat ist eine recht junge Hafensiedlung, erbaut in der Bucht Lunga um 1980 mit 6.500 Fremdenbetten und einer Marina mit 450 Liegeplätzen, die in den Kroatienkriegen der 1990er-Jahre stark gelitten hat. Schon in der Antike nutzten Römer die windgeschützte Bucht als Hafen namens Portus Cervera, der u. a. dem Export von Töpfergefäßen diente. Auf der Červar nördlich gegenüberliegenden Seite der Meeresbucht fanden Archäologinnen und Archäologen Reste einer großen Keramikwerkstatt (☞ Abstecher).

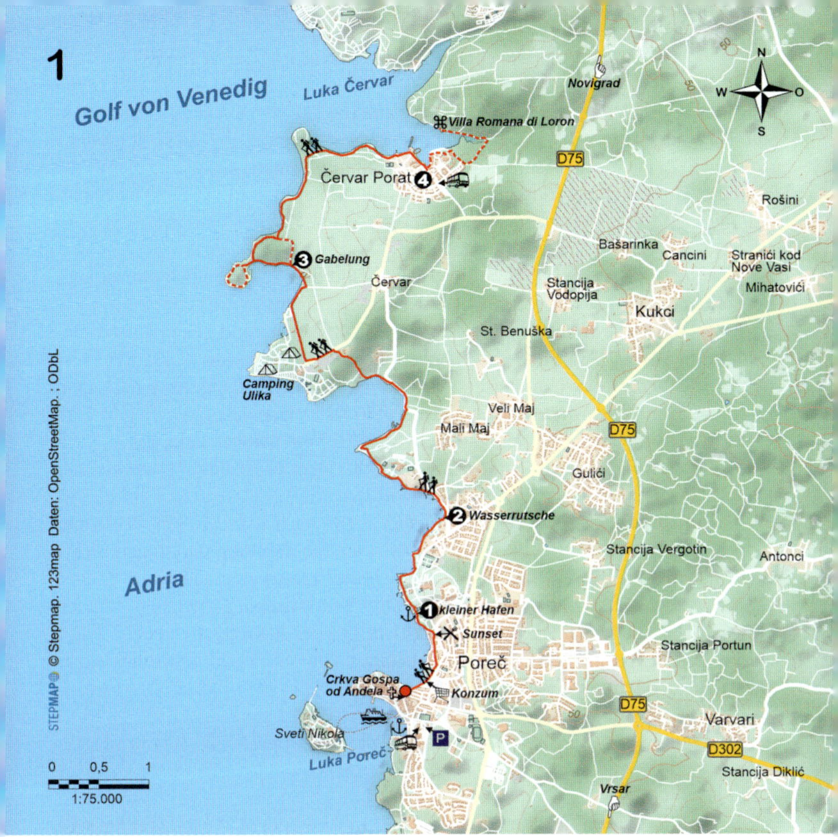

Abstecher zur Villa Romana di Loron mit römischer Keramikwerkstatt (➲ 1,4 km)

Sie gehen zunächst weiter an der Marina Richtung Landesinneres (ostwärts). Nach 100 m folgen Sie dem Fußweg rechts vom Hafen bzw. Wasser weg durch die Urlaubssiedlung. Nach 600 m halten Sie sich am Ende der Siedlung bei einer Gabelung erst rechts und dann links, um auf einem Fußweg den Meeresarm der Bucht Lunga links zu umrunden. 800 m nach dem Siedlungsende erreichen Sie die Ruinen der römischen Töpferei mit Infotafeln und einem schönen Blick auf Červar Porat. Bei Loron befand sich eine römische Villa mit einer der bedeutendsten Keramikwerkstätten der damaligen Zeit (1.- 2. Jh. n. Chr.). Auf einem Gelände von 170 m x 90 m standen zwei Gebäude, von denen das größere zur Produktion von Tonwaren genutzt wurde, etwa Amphoren zur Aufbewahrung von

Olivenöl, Geschirr oder Lampen. Den Wasserbedarf der Töpferei deckte man mithilfe eines 10 x 14 m großen offenen Bassins. Ab dem 3. Jh. wurde die Anlage für Wohnzwecke und (Feuer-)Bestattungen umfunktioniert. Daneben diente die Villa die ganze Zeit als römisches Landgut mit Getreide- und Weinanbau, Schafhaltung sowie Fischerei und Salzproduktion.

Der Rückweg ist derselbe wie der Hinweg und für alle Fälle noch einmal kurz beschrieben, falls Sie die Tour in Červar Porat beginnen:

In Červar Porat orientieren Sie sich zur großen Marina und gehen links (westlich) an ihr vorbei. Am Ende des Hafens macht die Straße eine Linkskurve, hier nehmen Sie rechts den betonierten kleinen Weg am Ufer entlang. Kurz nach dem Ende des Betonweges nach 5 Min. halten Sie sich etwas links und folgen dem etwas weiter landeinwärts verlaufenden Schotterweg parallel zum Ufer. Nach 1,1 km halten Sie sich bei einer Gabelung mit einem Mast (km 11) rechts und folgen dem Spurweg.

Nach 10 Min. knickt der Weg bei einer Eiche nach links ab (km 11,7) und führt ins Landesinnere. Bei dieser Eiche verlassen Sie den Weg und folgen rechts dem Pfad zum Ufer hin und weiter auf Schottersteinen oberhalb vom (Stein-) Strand. Nach 150 m gehen Sie links auf dem Spur-/Grasweg zwischen Bäumen vom Ufer weg und halten sich nach 100 m bei der T-Kreuzung rechts. Nach 500 m passieren Sie zur Rechten eine Halbinsel (km 12,7) und gehen links (ostwärts) auf dem Uferweg weiter.

↳ Optional ist eine Umrundung der Halbinsel möglich (➲ 800 m zusätzlich).

Nach 600 m und der Einmündung eines (abkürzenden) Weges von links ❸ erreichen Sie eine asphaltierte Straße (km 13,3) und folgen dieser nach rechts, am Ufer entlang. Nach 100 m endet der Asphalt – weiter geht es geradeaus auf Sand/Schotter. Nach 150 m, vor einem umzäunten Campingplatz, folgen Sie dem Spurweg durch die Linkskurve. Rechts liegt wieder der durch einen Zaun abgegrenzte FKK-Zeltplatz. Nach 500 m erreichen Sie dessen Zufahrtsstraße (km 14,2) und folgen ihr nach links für 200 m Richtung Landesinneres, um dann rechts den Schotterweg zu nehmen (Schild: „Caravan Depo").

Nach 1 km zweigt der Radweg 142 nach links ab, Sie aber folgen der Straße nach rechts, am Ufer entlang und nach 600 m durch eine Linkskurve mit rechts einer Leitplanke. Hinter der Leitplanke nehmen Sie rechts den Schotterpfad am Ufer entlang und queren kurz darauf eine Hotelanlage mit hohen Zypressen. Sie gehen am Ufer oder auf dem gepflasterten Weg rechts an dem Hotel vorbei, durch ein Gatter und über eine Campinganlage mit Hütten, Promenade und Strand.

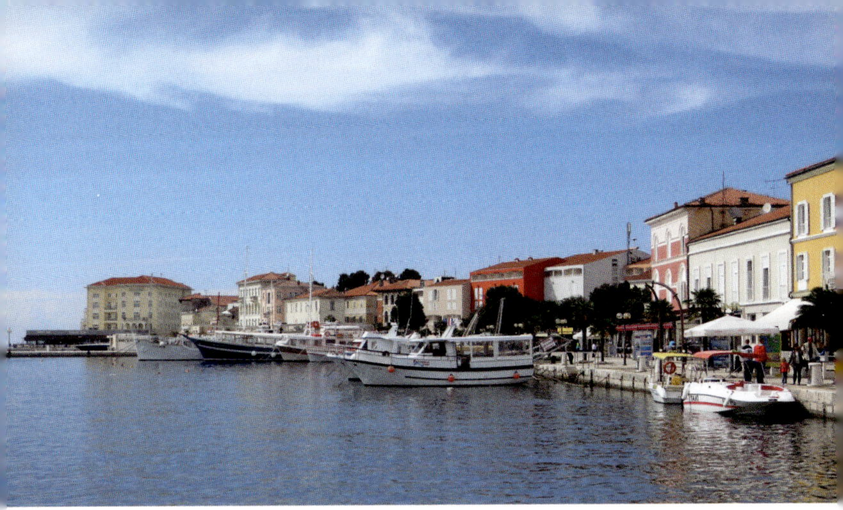

Poreč

Nach 700 m. passieren Sie beim Hotel Laguna Park eine Wasserrutsche mit Pool ❷ (km 17,4) und wandern weiter über Betonstrand. Am Ende des Strands folgen Sie dem Uferweg und wandern unter Kiefern durch einen Park. Am Parkende gehen Sie vor einem Tennisplatz (km 18,6) nicht links aufwärts vom Ufer weg, sondern rechts auf dem kleinen Pfad am kleinen Hafen in der Felsbucht ❶ vorbei und weiter am Ufer entlang.

Der Pfad erreicht vor dem ✕ Restaurant Sunset die Straße, der Sie rechts folgen. Nach 300 m geht es rechts weiter auf dem asphaltierten Radweg, am Ufer entlang. Nach 350 m, 50 m nach dem 🛒 Supermarkt (Konzum), halten Sie sich bei der Kreuzung geradeaus und erreichen nach 50 m den Hauptplatz von Poreč mit der Kirche (Trg Slobode).

EU stoppt ökologisches Schutzgebiet in Kroatien

Im Jahr 2004 erklärte die kroatische Regierung das gesamte kroatische Meeresgebiet zu einem ökologischen Schutzgebiet und einer kontrollierten Fischfangzone, um die empfindliche Meeresfauna und -vegetation zu schützen. Die Vorgehensweise wurde von Italien, Slowenien und der restlichen EU kritisiert, da mit dem Gesetz die Fischereirechte berührt werden, da die Fischereizone über die kroatischen Hoheitsgewässer hinausreichte. Mit Blick auf den EU-Beitritt 2013 hat Kroatien schließlich die ökologische Zone wieder abgeschafft, die Kritikerinnen und Kritikern zufolge vorher sowieso überwiegend nationalen Interesse diente, um italienische und slowenische Fischerinnen und Fischer von dem kroatischen Küstengebiet fernzuhalten.

❷ Küstenwanderung von Funtana nach Poreč

Tour für Küstengenießerinnen und -genießer

Diese Wanderung ist eher ein Promenadenspaziergang, der überwiegend über asphaltierte und gepflasterte Rad- und Fußwege entlang der Küste führt – großteils angenehm beschattet von Pinien. Sie wandern vorbei an Stränden und über ausgedehnte Urlaubsanlagen. Nur selten führt der Weg über unbefestigte Wege.

→ Start: Funtana, Bushaltestelle neben der Touristinfo, GPS N 45°10.472' E 013°36.372'; Ziel: Poreč, Kirche (Trg Slobode), GPS N 45°13.624' E 13°35.748'

11,9 km

3 Std. 30 Min.

↑ ↓ 70 m/80 m

2-25 m

stellenweise Wegweiser

Wege und Pfade am Ufer sowie entlang Straßen, meistens mit wenig Verkehr

viele Einkehrgelegenheiten unterwegs und am Start und Ziel

viele Rastplätze/Sitzbänke

kleine Läden auf Zeltplätzen sowie viele Läden/Supermärkte am Ziel

WC mehrere öffentliche WCs sowie Toiletten von Campingplätzen

unterwegs bei der Promenade mehrere Strände mit Badegelegenheit

Für Kinder ist der Weg gut geeignet, mit mehreren Badestellen.

Für Buggys geeignet: Der Weg ist fast durchgehend asphaltiert, gepflastert oder mit Schotter versehen. Teilstücke mit Schotter bzw. auf kleineren Wegen lassen sich großteils auf gut erkennbaren Umwegen etwas weiter im Hinterland (Radweg) umgehen.

Hunde dürfen oft nicht direkt am Wasser bzw. über die Campinganlagen gehen. Nur wenn man ausschließlich dem teilweise etwas weiter landeinwärts verlaufenden Radweg folgt (bei km 2), dürfen Vierbeiner mit.

P Parkplatz bei der Bushaltestelle an der Hauptstraße neben der Touristinfo, dem Startpunkt der Wanderung (gratis), alternativ in Poreč (☞ Tour 1)

Mit dem Linienbus von Poreč nach Funtana (etwa 10 Min., ca. € 4), Abfahrten z. B. um 9:15 oder 11:15. Alle Busse Richtung Pula und Rovinj, die über Vrsar fahren, sind möglich. www.buscroatia.com, www.arriva.com.hr

Die Wanderung beginnt in **Funtana** an der Bushaltestelle bzw. der Touristinfo.

Turistička zajednica općine Funtana, Bernarda Borisia 2, 52452 Funtana, ☏ 052/44 51 19, www.funtana.com, variabel

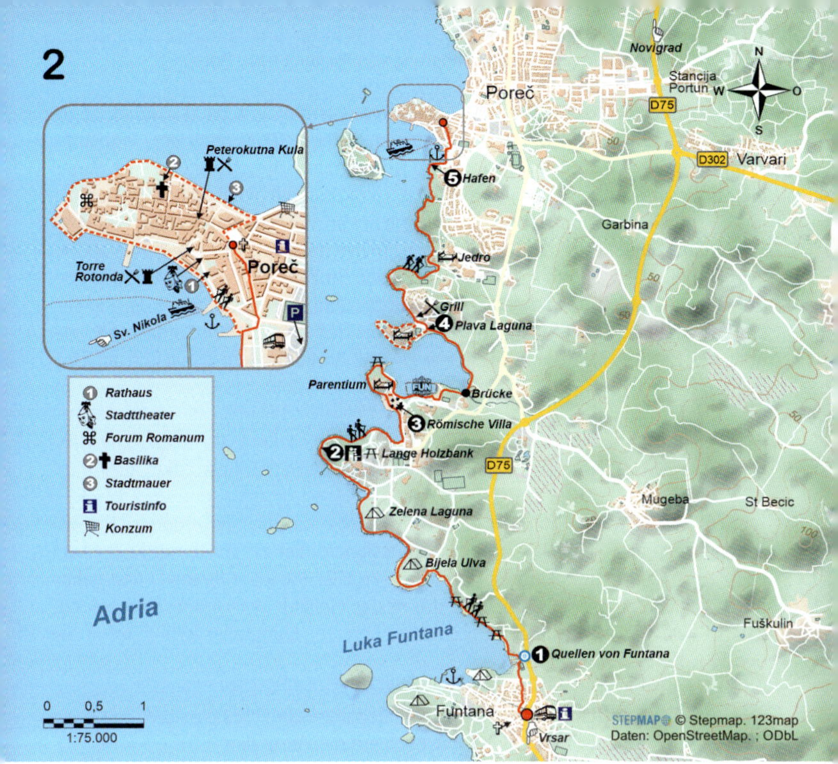

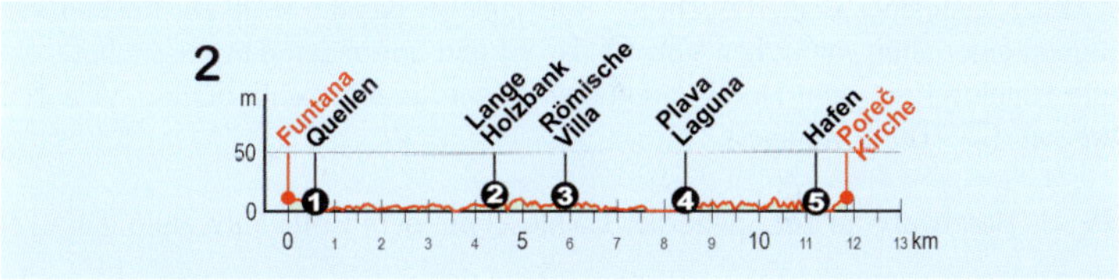

Die Küste direkt bei Funtana ist nicht öffentlich zugänglich, weil hier einer von 10 FKK-Campingplätzen des Landes liegt.

Von der Bushaltestelle in Funtana gehen Sie rechts an der Touristinfo vorbei Richtung Küste. Links erhebt sich der alte Ortskern von Funtana mit der (meistens verschlossenen) Kirche. Der Name Funtana geht übrigens auf Quellwasservorkommen zurück, die im Jahr 1331 das erste Mal urkundlich erwähnt und vor allem bei Seefahrern zur Aufnahme von Wasservorräten geschätzt wurden, abgeleitet vom italienischen fontane für Brunnen. Schon 30 m nach der Touristinfo nehmen Sie den Schotterweg rechts und queren den Wasserkanal und kurz darauf die Straße, um leicht rechts versetzt dem Sträßchen mit Straßenlaternen geradeaus zu folgen, mit dem runden Straßenspiegel im Rücken. Nach 100 m nehmen Sie in einer Linkskurve die Straße rechts, rechts an „Appartments Fontana Coki 22" vorbei. Nach 200 m queren Sie die kleine Straße und folgen dem asphaltierten Fußweg links am Sportplatz vorbei, hinter dem Sportplatz durch die Rechtskurve und gleich darauf vor den namensgebenden Quellen von Funtana ❶ links über die Brücke. Nach einer weiteren Linksabzweigung geht es weiter auf dem Uferweg.

Auf dem folgenden Kilometer passieren Sie mehrere Rastplätze mit Bänken und teilweise Tisch (z. B. km 1,2), einmal auch mit Grillplatz (km 1,7).

300 m nach dem Grillplatz führt der Radweg vor einer umzäunten Urlaubsanlage nach einer Rechtskurve in das Landesinnere (km 2). Vor dieser Rechtskurve folgen Sie links dem Fußweg oberhalb vom Ufer (Schild: „Pjesaci") und gehen durch das Gatter, um am Ufer durch das riesige Gelände der Urlaubsanlage Autocamp Bijela Uvala zu wandern. Zeitweise herrscht Fotografierverbot, wenn Sie den FKK-Bereich queren.

Bei der dritten Halbinsel des Campingplatz-Komplexes passieren Sie einen Rastplatz mit langer Holzbank ❷ mit Blick auf die Adria (km 4,5).

Kurz nach einer kleinen Bucht mit Bootsanleger passieren Sie zur Rechten die Ruinen einer alten römischen Villa ❸ (km 6) und umrunden danach die beschattete Halbinsel mit dem Hotel Parentium – oder kürzen rechts bei der Villa den Weg ab (➲ 700 m weniger).

Holzbänke an der Spitze der Halbinsel mit dem Hotel Parentium (km 6,2)

Nach der Halbinsel mit dem Hotel folgen Sie links der Uferpromenade. Zur Linken dreht ein Wasserskilift seine Runden, vielleicht ja auch mit Skifahrern, die die Rampen für akrobatische Sprünge nutzen. Die Landschaft ändert sich schlagartig nach dem Queren einer Brücke (km 7,7): Wiesen, Laubbäume und Oliven treten an die Stelle von Felsküste und Beton. Nach knapp 1 km holt Sie die touristische Gegenwart wieder ein; bei einer T-Kreuzung vor der Urlaubsanlage Plava Laguna ❹ (km 8,6) gehen Sie rechts.

Variante um die Halbinsel (➲ 1 km länger): Wenn Sie der Küste länger folgen wollen, gehen Sie bei der T-Kreuzung links und folgen dem Uferweg um die Halbinsel mit der Urlaubsanlage Plava Laguna bis zum Parkplatz am nördlichen Ende der Halbinsel.

120 m nach der T-Kreuzung folgen Sie am nördlichen Ende der Halbinsel, beim Parkplatz, nicht der Straße nach rechts aufwärts, sondern gehen links über die Terrasse des Restaurants mit der originellen Aufschrift „Grill Pizza Fisch". Nach 350 m (km 9,1) halten Sie sich etwas links und folgen dem jetzt nicht mehr befestigten Weg unter Pinien am Ufer entlang.

In der nächsten Bucht halten Sie sich hinter dem Beachvolleyballfeld links (km 10) und folgen dem Uferweg um die Halbinsel mit der Urlaubsanlage Jedro herum. Von hier sind es auf dem Uferweg noch 1,2 km bis zum Hafen von Poreč. Am Hafen angekommen ❺ gehen Sie an der Kaimauer entlang und passieren danach die Promenade mit Verkaufsbuden.

Rechts liegen (etwas erhöht) der Busbahnhof sowie rechts davon der Supermarkt Spar, Mo-Sa 7:00-22:00, So 8:00-21:00.

Ruinen einer alten römischen Villa

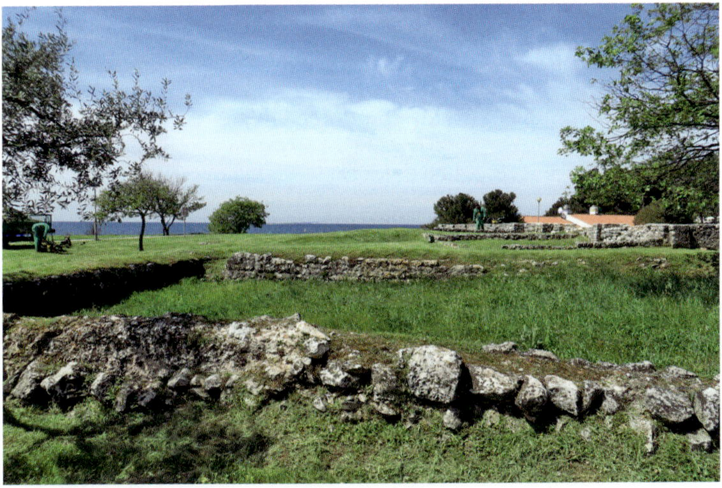

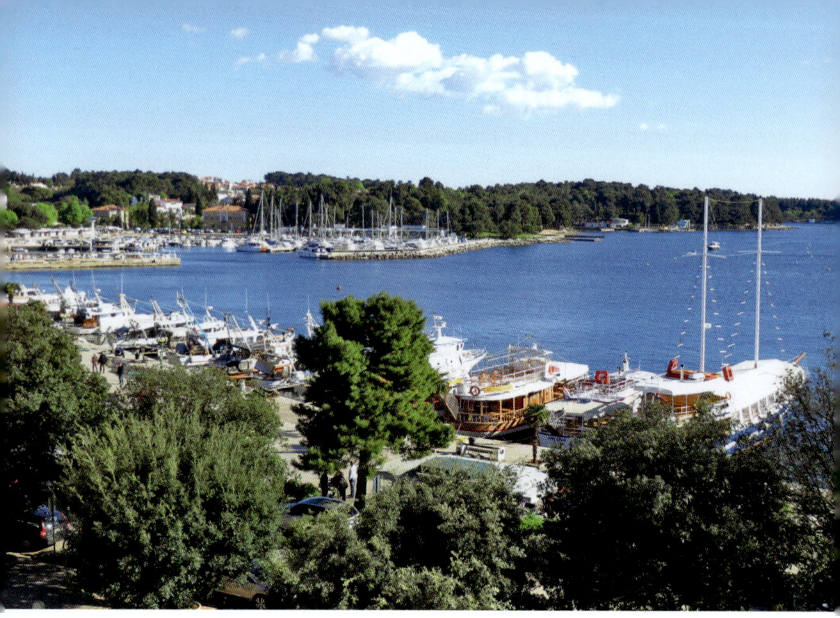

Hafen von Poreč

Zur Innenstadt mit dem Trg Slobode gelangen Sie am schnellsten, wenn Sie beim Kreisverkehr nach rechts gehen und kurz darauf die beim Bäcker links abzweigende Straße aufwärts nehmen, die genau auf den Hauptplatz zuführt.

↬ Runde um die Altstadt von Poreč entlang der Küste

(➲ 1,5 km)

In Poreč (italienisch *Parenzo*) lohnt sich ein Rundgang entlang der Küste um die auf einer Halbinsel gelegene Altstadt. Dazu folgen Sie der Uferpromenade vom Hafen aus, rechts das Rathaus sowie Stadttheater und links die Poreč vorgelagerte Insel Sv. Nikola im Blick, auf der sich – wie kaum anders zu erwarten – eine große Urlaubsanlage befindet.

⌘ An der Spitze der Halbinsel liegt (rechts) das ehemalige **Forum Romanum**, teilweise noch mit altem römischen Pflaster sowie Resten römischer Tempel. Etwas weiter landeinwärts befindet sich ein dreistöckiges römisches Haus, erkennbar an dem umlaufenden Holzbalkon. Von hier erstreckt sich die Flaniergasse Decumanus landeinwärts – der Straßenname erinnert an die römische Zeit (2. Jh. v. Chr.), in der Poreč als römisches Lager (*Castrum*) der 10. Legion gegründet wurde.

Die Häuser mit den Nummern 4 und 5 sind ein Relikt der fünf Jahrhunderte währenden venezianischen Besetzung (13. bis 18. Jh.) mit ihren Formen und Ornamenten der sogenannten Blütengotik. Etwas hinter dem Forum Romanum erinnert der in einer ehemaligen Franziskanerkirche aus dem 13. Jh. eingerichtete (frei zugängliche) Landtag an die Zeit (19. Jh.), als Poreč unter habsburgischer Herrschaft Hauptstadt Istriens war.

Sie folgen weiter der Promenade, nach der Spitze mit Blick auf die nördlich liegende Bucht (Uvala Peškera). Rechts oberhalb erhebt sich die Basilika Euphrasius.

✞ Die **Basilika Euphrasius** gilt als bedeutendstes und ältestes erhaltenes Bauwerk von Poreč (6. Jh.) und ist seit 1997 UNESCO-Weltkulturerbe. In dieser Basilika sind die Reliquien (Gebeine) des Stadtheiligen Mauro aufgebahrt, des ersten Bischofs der Stadt (3. Jh. n. Chr.).

♦ Mo bis Sa 9:00-16:00, im Sommerhalbjahr bis 18:00 und teilweise noch länger, Eintritt € 6

Am Ende der Halbinsel (oder auch vorher durch die Stadtmauer) geht es rechts aufwärts zum Zentrum der Altstadt mit dem Decumanus und dem Trg Slobode.

Turistička zajednica Poreč, Zagrebačka 11, 52440 Poreč, ☏ 052/45 12 93, www.myporec.com, täglich 8:00-22:00

Einkehrgelegenheiten gibt es viele in Poreč. Besonders urig und aussichtsreich sind die beiden Etablissements in/auf den Türmen der alten Stadtbefestigung aus dem 15. Jh.:

- Bar Torre Rotonda (runder Turm an der Hafenfront), Narodni trg 3a, 10:00-1:00, www.torrerotonda.com
- Restaurant Peterokutna Kula (fünfeckiger Turm am Kirchplatz), Ul. Decumanus 1, täglich 12:00-0:00, www.kula-porec.com.hr

Die offizielle Statistik weist rund 16.700 Ew. für Poreč aus, die Zahlen schwanken aber erheblich: von etwas mehr als 10.000 Menschen im Winter bis zu mehr als 70.000 im Sommer; überwiegend deutsche und österreichische Gäste. Poreč lebt fast ausschließlich vom Tourismus, seit Ende des 19. Jh. die ersten habsburgischen Adligen die Stadt besuchten. 1902 wurde Poreč an die Bahnlinie angebunden, als Endpunkt der Trasse von Triest (☞ Touren 5 und 6). Es folgten Jahre unter italienischer (1918-43) und jugoslawischer Herrschaft (1945-91). Die wechselhafte jüngere Vergangenheit ist eine Erklärung für die Vielsprachigkeit der Region.

③ Wanderung von Vrsar zum Limski-Kanal

Tour für Landschaftsgenießerinnen und Landschaftsgenießer

Diese Rundwanderung führt von Vrsar zum Limski-Kanal und wieder zurück. Es geht großteils durch das Waldgebiet Kontija mit seinen vielen Flaumeichen und Hainbuchen. Zwischendurch sind mehrere nette Blicke auf den Meeresarm möglich. Der Weg ist als MTB-Strecke ausgewiesen und daher ohne Schikanen begehbar.

Start/Ziel: Vrsar, Busbahnhof, GPS N 45°08.820' E 013°36.379'

14,9 km

4 Std.

165 m/165 m, An-/Abstieg überwiegend am Stück

2-85 m

Beschilderung als Radweg Nr. 171 („Eco Bike Road")

Wege und Pfade großteils durch Wald sowie stellenweise entlang Straßen

Einkehrgelegenheiten am Start/Ziel sowie bei den Abstechern zur Pirate Cave Bar (250 m ab km 4,7, nur in der Hauptsaison) und nach Kloštar (2,5 km ab km 6,3)

Rastplatz/Sitzbänke bei km 6,8

kleiner Lebensmittelladen in Vrsar

für Kinder machbar, aber wegen der doch streckenweise eintönigen Wegführung durch Forst etwas arm an kindgerechten Höhepunkten

für Buggys gut machbar, da auch als Radstrecke ausgewiesen, aber kaum asphaltiert

Hunde können mit. Da Sie allerdings fast durchgehend auf einem (wenn auch wenig frequentierten) Radweg wandern: Vorsicht vor Drahteseln!

Parkplätze in Vrsar zwischen Busbahnhof und Hafen (gebührenpflichtig)

mit dem Linienbus von Poreč, Pula oder Rovinj nach/von Vrsar, mit mehreren Abfahrten täglich, www.buscroatia.com

Als Option können Sie auch von Poreč bzw. Vrsar mit dem Boot zur Pirate Cave Bar fahren und von dort zu Fuß nach Vrsar gehen, genügend Ausflüge werden angeboten, im Regelfall allerdings hin und zurück.

Die Rundtour beginnt am Busbahnhof bzw. Parkplatz des ehemaligen Fischerdorfs Vrsar, heute ein Touristenzentrum mit Marina und 2.700 Einwohnerinnen und Einwohnern. Hinter dem Busbahnhof startet der Radweg und führt zunächst südwärts. Sie folgen den Radwegweisern 171 (gut markiert). Kurz vor der kleinen Landebahn des Flughafens Vrsar ❶ erreichen Sie nach 2,2 km eine Asphaltstraße und folgen dieser rechts bis zum Straßenende nach 100 m bei drei Zypressen und dahinter einer Gebäuderuine (km 2,3).

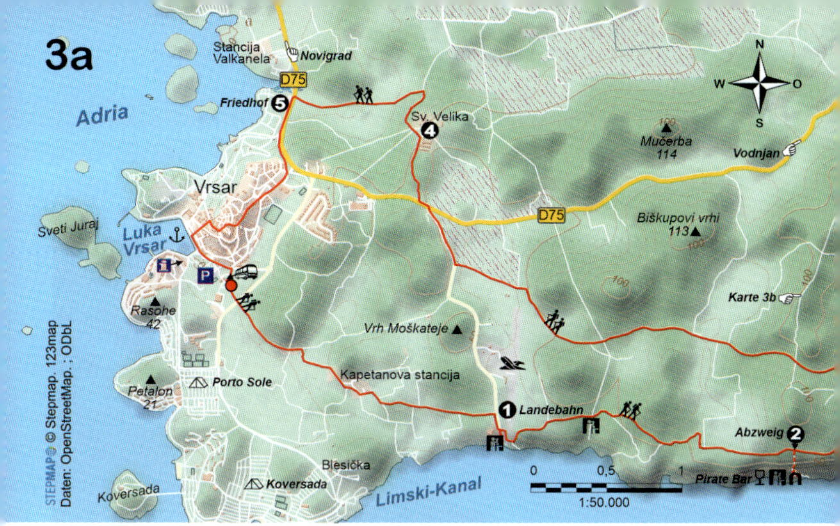

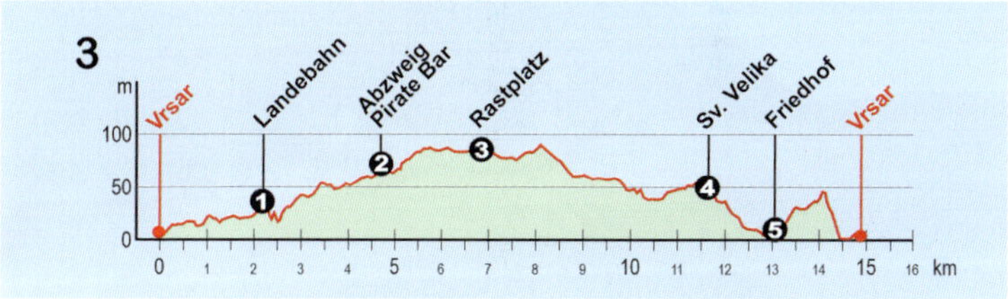

schöne Aussicht hinter der Ruine auf den Limski-Kanal

Weiter geht es auf dem Schotterweg links (Schild: „Pirate Cave Bar, 171"). Nach 10 Min. erlaubt eine Brandschneise einen weiteren Blick auf den Limski-Kanal, der ansonsten durch Bäume bzw. Sträucher versperrt ist.

Limski-Kanal: der Fjord, der kein Fjord ist

Der Meeresarm Limski-Kanal wird oft auch als „Limski-Fjord" bezeichnet, wohl wegen seiner Ähnlichkeit mit den in Nordeuropa so häufigen Fjorden. Das klingt gut, ist streng genommen aber nicht ganz korrekt: Fjorde sind eiszeitlich durch Gletscher(erosion) entstandene Meeresarme, während hier der Fluss Pazinčica ein rund 40 km langes Tal gegraben hat, dessen Unterlauf später vom (gestiegenen) Meerwasser überflutet wurde. Geografinnen und Geografen sprechen bei dieser durch Wasser statt Gletscher entstandenen Küstenform statt von einem Fjord von einer Ria.

Der Name Limski geht auf die römische Zeit zurück, als dieses Tal die Grenze (lat. *limes*) zwischen den römischen Kolonien *Parentium* (Poreč) und *Pola* (Pula) bildete.

Limski-Kanal

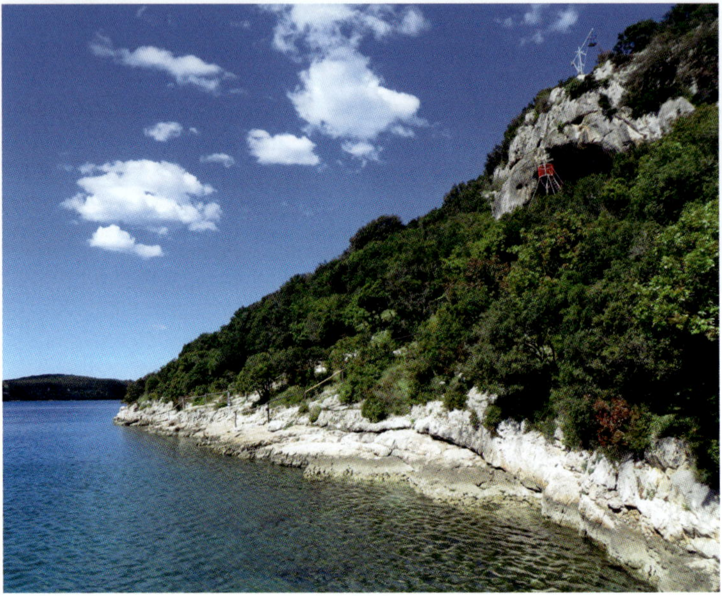

Nach 2,2 km erreichen Sie bei Infotafeln die (rechte) Abzweigung zur Pirate Cave Bar ❷ (km 4,7, ⇧ 65 m), die eindrucksvoll in einer Höhle liegt. Lohnenswert, auch wenn die Bar in der Nebensaison geschlossen ist. (Auf dem Schild oben steht meistens „offen", auch wenn die Bar geschlossen ist …)

↳ **Abstecher zur Pirate Cave Bar** (➲ 2 x 250 m, 45 Hm)

Der lohnende Abstieg führt Sie rechts nach 5 Min. abwärts zur Bar (schwierig mit Buggy).

🍷 Pirate Cave Bar, 🚪 in der Hauptsaison

👁 toller Blick von der Bar bzw. Höhle auf den Limski-Fjord und darunter den Bootsanleger

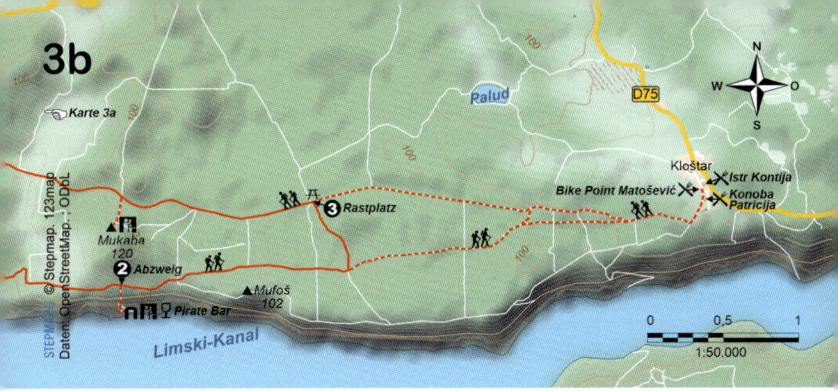

Sie gehen geradeaus auf dem Pfad bzw. Radweg 171 ostwärts und passieren nach 850 m auf der linken Seite einen Jagdhochsitz. 700 m nach dem Hochsitz erreichen Sie eine Kreuzung (km 6,3, ⇧ 85 m), wo Sie auf dem Forstweg links (landeinwärts) gehen. Falls Sie diese Abzweigung versäumen und vorher oder nachher links abbiegen … egal, alle nach links abzweigenden Wege führen nach 5 bis 10 Min. Gehzeit auf einen parallel weiter landeinwärts verlaufenden Schotterweg, auf dem der Radweg 171 nach einem Abstecher nach Kloštar wieder westwärts zurück Richtung Vrsar führt.

↬ Abstecher nach Kloštar (➲ 2 x 2,5 km)

Bei der Kreuzung gehen Sie nicht links landeinwärts, sondern geradeaus auf dem Forstweg ostwärts und ignorieren Abzweigungen. Nach 2,3 km erreichen Sie den Anfang von Kloštar und folgen dort dem Weg durch die Linkskurve, die Sie nach 200 m zur Dorfmitte mit Einkehrgelegenheit führt.

- ✕ Istr Kontija Restaurant, Sveti Lovreč, ☏ 052/44 45 99, 📱 09 15 28 32 09, 🚪 täglich 12:00-22:00
- ♦ Bike Point Matošević, Ž5002 1, 🚪 täglich 9:00-23:00
- ♦ Konoba Patricija, Kloštar 5, 📱 09 96 53 32 86, 🚪 täglich 11:00-23:00

Zurück geht es zunächst auf demselben Weg wie gekommen, d. h. nach 200 m folgen Sie am Ortsende dem rechts abzweigenden Forstweg und halten sich nach 400 m bei der Gabelung rechts, um danach dem Weg geradeaus in westliche Richtung zu folgen und Abzweigungen zu ignorieren. Nach 2 km erreichen Sie den Rastplatz bei km 7,4 der regulären Route und wandern dort geradeaus weiter.

✋ Der Autor hält Kloštar als Zwischenziel trotz der Einkehrgelegenheiten für nicht ideal, weil sich der Weg dorthin (und zurück) als gerader Forstweg sehr lange hinzieht – ohne Höhepunkte.

Die vorgeschlagene Route stößt nach 600 m bei einem ⛼ Rastplatz mit Tisch und Bänken sowie Infotafeln ❸ (km 6.8) auf den Schotterweg. Dort folgen Sie dem parallel zum Hinweg verlaufenden Schotterweg nach links westwärts.

↳ Nach 1,3 km bietet sich bei einer Kreuzung nach links ein 150 m kurzer Abstecher auf den Berg – besser Hügel – Mukaba (⇧ 120 m) an.

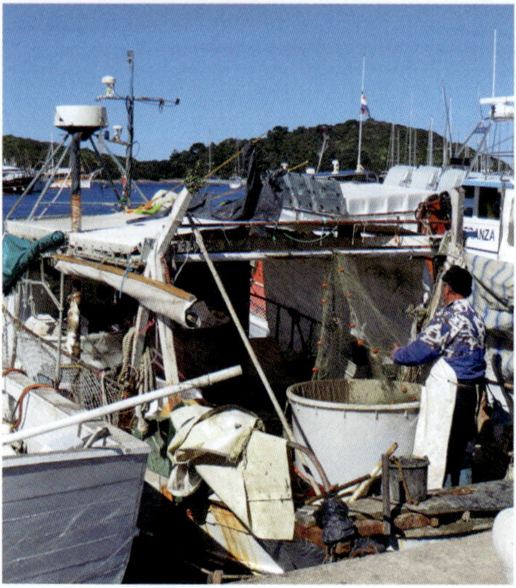

Fischer im Hafen von Vrsar

Gut 1 Std. nach dem Rastplatz mit Tisch und Bänken erreichen Sie die Straße zum kleinen Flugplatz (km 10,7, ⇧ 40 m). Dort gehen Sie 400 m nach rechts zur Hauptstraße und auf dieser für 30 m nach links, um rechts dem Radweg 171 Richtung Sv. Velika zu folgen. Nach 450 m, kurz vor den wenigen Häusern von Sv. Velika ❹, halten Sie sich links, um nach 400 m noch einmal links abzubiegen: in den Spurweg (Radweg 171) auf die Küste zu. Die Küstenstraße erreichen Sie beim Friedhof von Vrsar ❺ (km 13); hier folgen Sie auf der anderen Straßenseite dem Radweg links und halten sich nach 500 m rechts Richtung Altstadt Vrsar. In der Altstadt (km 14, ⇧ 55 m) lohnt sich ein kurzer Rundgang durch die verwinkelten Gassen, ehe es auf der seezugewandten Seite hinunter zum Hafen geht.

i TZO Vrsar, Obala Maršala Tita 23, 52450 Vrsar, ☏ 052/44 17 46, www.infovrsar.com

zahlreiche Einkehrgelegenheiten in Vrsar, die meisten unten am Hafen

mehrere kleine Lebensmittelgeschäfte am Hafen, in der Saison täglich

Vom Hafen sind es noch rund 300 m nach links (Richtung Süden) zum Startplatz, dem Busbahnhof bzw. Parkplatz.

④ Stadtwanderung durch Pula

Erweiterter Stadtrundgang für Kulturliebende

Pula ist zwar nicht die offizielle Hauptstadt Istriens, aber die größte und wichtigste Stadt sowie diejenige mit den meisten, vor allem römischen Sehenswürdigkeiten. Ein Großteil davon lässt sich auf eher kleinen Straßen bis hin zu kleinen Pfaden erreichen. Wer weiter gehen möchte, kann noch die schönsten Küstenabschnitte Pulas erwandern, wo die Einheimischen ihre Freizeit verbringen. Die Tour lässt sich an zahlreichen Punkten abkürzen, um mit dem 20-minütlich verkehrenden Stadtbus zurück in das Zentrum zu fahren.

Start/Ziel: Pula, Busbahnhof, GPS N 44°52.581' E 013°51.309'

16,8 km

4 Std. 30 Min.

270 m/270 m, An-/Abstieg überwiegend am Stück

2-45 m

teilweise weißer und oranger Pfeil sowie gelb-grüner Ring mit weißem Punkt

Straßen sowie Wege durch Parks und am Ufer entlang

Einkehrgelegenheiten in großer Zahl im Zentrum, in geringerer Zahl auch an der Küste und in den Außenbezirken

Rastgelegenheit in Parks und an der Küste, etwa vor ④ ab km 7,4

Läden und Supermärkte im Zentrum von Pula sowie Markt (bei km 2,4)

Badegelegenheit am Strand (km 5, km 7,8, km 8,4 und km 9,3)

WC öffentliche Toiletten im Stadtgebiet

Für Kinder machbar, vor allem das Küstenstück ist nett. Aber Vorsicht wegen des Verkehrs in der Innenstadt! Die kulturellen Sehenswürdigkeiten sind eventuell etwas ermüdend, aber das lässt sich ja auch abkürzen.

Für Buggys machbar, da die meisten Teile des Weges asphaltiert sind. Kurze pfadähnliche Teilstücke entlang der Küste lassen sich auch durch parallel verlaufende promenadenartige Wege ersetzen, Treppen können auf Straßen umgangen werden.

Hunde in der Stadt sind nie ideal, daher nur bedingt geeignet.

P Wie in allen Großstädten ist Parken in der Nähe des Zentrums schwierig bzw. nicht billig. Der Tagesparkschein kostet je nach Zone zwischen € 10 und € 30 (2023). Schwarzparken ist teurer: Das Bußgeld beträgt rund € 20 zzgl. ggf. Abschleppgebühr oder Parkkralle. Der Parkplatzbetreiber Pulaparking holt sich Strafgebühren von schwarzparkenden Deutschen über einen Berliner Rechtsanwalt. (Inkl. „Rechtsverfolgungsgebühren" kommen da rund € 170 zusammen!)

viele Busverbindungen von/zu allen größeren Orten des Landes sowie zu allen Städten Istriens, www.buscroatia.com, Busbahnhof Pula, ☏ 060/30 40 90

Pula ist an das Bahnnetz angebunden, aber nur mit wenigen, überwiegend lokalen Verbindungen. www.bahn.de

Taxi Pula 777, 09 98 44 23 84

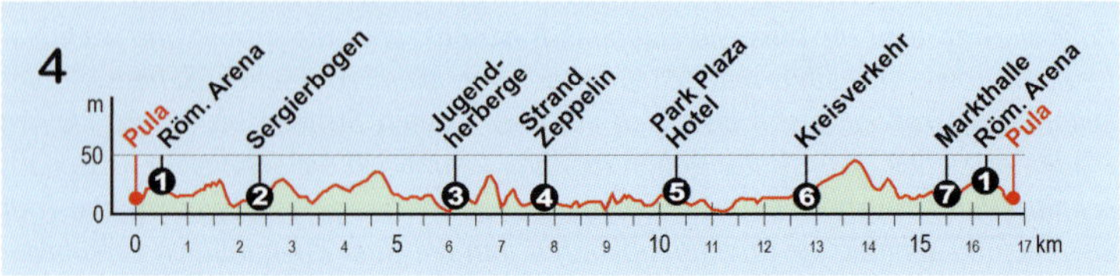

Die Rundtour beginnt am Busbahnhof von Pula etwas nördlich vom Zentrum. Das Gebäude des Busbahnhofs im Rücken folgen Sie der kleinen Straße Ul. Trinajstica, die nach 100 m eine Kreuzung erreicht. Dort gehen Sie nach rechts und nach 30 m links aufwärts in die kleine, unscheinbare Straße Podujeva. Die Straße ist anfangs wenig repräsentativ, führt aber auf direktem Weg ohne viel Autoverkehr direkt zur römischen Arena und damit zum Anfang des Zentrums. Nach 100 m halten Sie sich bei einer T-Kreuzung rechts und folgen der Emova ul., Abzweigungen ignorierend. Nach 250 m passieren Sie zur Rechten die gut erhaltene römische Arena ❶ (km 0,5). Da der Weg an der oberen Seite der am Hang liegenden Arena verläuft, haben Sie einen guten Blick durch die vielen Öffnungen auf das Innere wie Äußere des riesigen Bauwerks.

⌘ Die unter Kaiser Augustus errichtete römische Arena bot 23.000 Zuschauerinnen und Zuschauern Platz und galt damit als sechstgrößte überhaupt – Pula selbst hatte seinerzeit gerade mal 5.000 Ew. Die Arena soll zunehmend für aktuelle Veranstaltungen genutzt werden, weniger mit Gladiatoren, sondern vielmehr für Kultur und Sport. Dafür wurden mehr als 10 Mio. Euro investiert. Der Eingang in die römische Arena mit Ausstellung in den Katakomben ist auf der anderen – unteren – Seite.

♦ im Sommerhalbjahr täglich 8:00-22:00, teilweise auch länger, im Winterhalbjahr täglich mindestens 9:00-17:00, Eintritt € 10

Weiter geht es links an der Arena und damit an der Bar San Antonio vorbei.

Bar mit Terrasse direkt an der Außenmauer der Arena – 2.000 Jahre vorher hätte man hier seinen Latte Macchiato mit Blick auf die Gladiatorenkämpfe schlürfen können.

♦ Bar San Antonio, Scalierova ul. 24, täglich 7:00-23:00

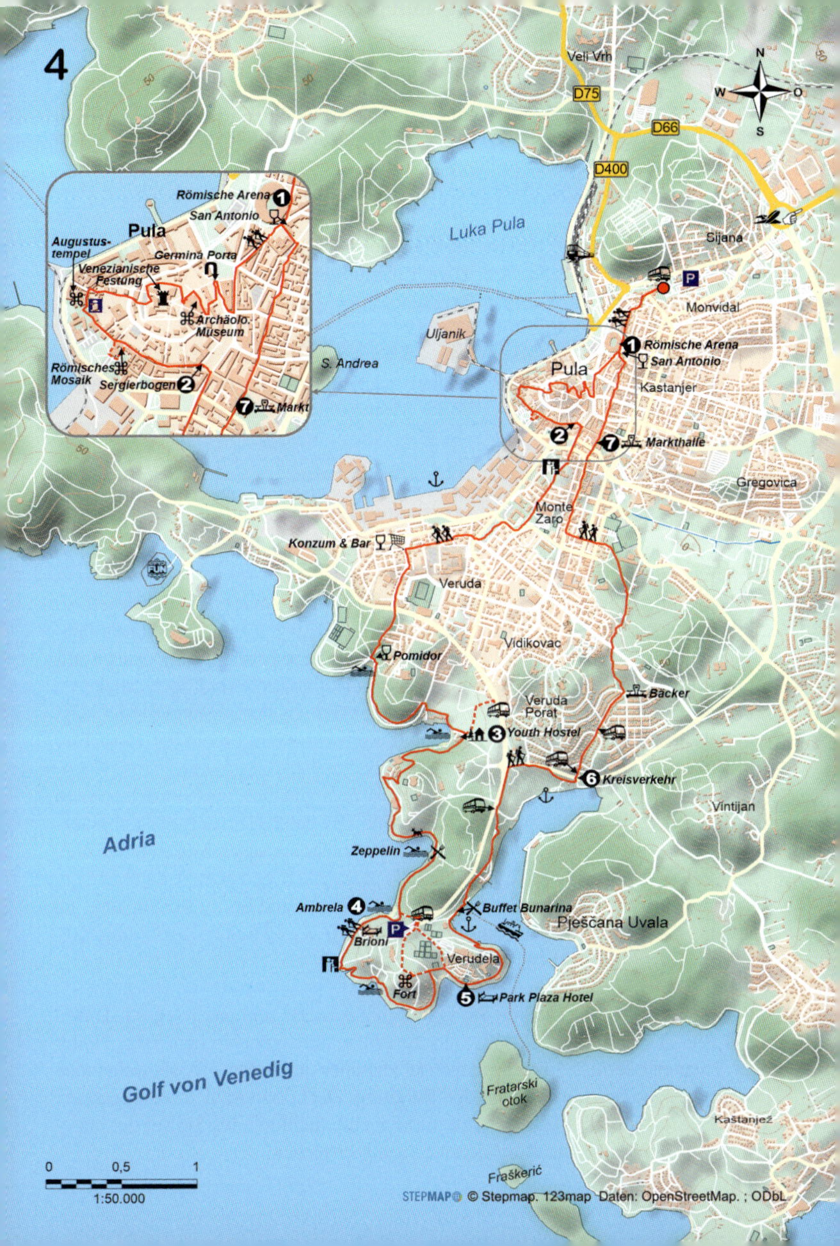

4
Veli Vrh
D75
D66
D400
N
W
O
S
Luka Pula
Šijana
Monvidal
Römische Arena
San Antonio
Pula
Augustus-tempel
Venezianische Festung
Germina Porta
Archäolo. Museum
Römisches Mosaik
Sergierbogen
Markt
Uljanik
S. Andrea
Kastanjer
Markthalle
Gregovica
Monte Zaro
Konzum & Bar
Veruda
Vidikovac
Pomidor
Bäcker
Veruda Porat
Youth Hostel
Kreisverkehr
Vintijan
Adria
Zeppelin
Ambrela
Buffet Bunarina
Pješčana Uvala
Brioni
Verudela
Fort
Park Plaza Hotel
Golf von Venedig
Fratarski otok
Kaštanjež
Fraškerić
0
0,5
1
1:50.000
STEPMAP © Stepmap. 123map Daten: OpenStreetMap. ; ODbL

Hinter der Bar folgen Sie der Straße geradeaus (Scalierova ul.). Nach 200 m halten Sie sich bei einem Platz mit Park links (Istarska ul). 150 m weiter gehen Sie bei einem Platz mit einem länglichen Park dahinter scharf rechts, neben der alten Stadtmauer, wo zwischen zwei mittelalterlichen Türmen das römische Herkulestor erhalten ist.

Sie folgen der Mauer 100 m, um dann links durch das alte römische Doppeltor (Gemina Porta) zu schreiten. Gleich darauf geht es noch einmal nach links, das Archäologische Museum zur Rechten.

⌘ Archäologisches Museum, 🚪 nach längerer Schließung (seit 2013) wurde das renovierte Museum wieder eröffnet, war zuletzt aber wieder geschlossen, Zukunft ungewiss.

Römerstadt Pula

Pula ist mit seinen 57.000 Ew. zwar nicht die Hauptstadt, aber die größte und wirtschaftlich bedeutendste Stadt Istriens. Wer bis 2022 mit Bargeld bezahlte, bekam Pula in Kroatien fast täglich zu Gesicht: Die Rückseite des früheren 10-Kuna-Scheins zeigte die Arena aus der römischen Zeit.

Pula wurde um 177 v. Chr. von den Römern erobert und erlebte etwa seit 45 v. Chr. als Kolonie *Colonia Pietas Iulia Pola* eine Blütezeit, mit den damals üblichen Annehmlichkeiten der Zivilisation, darunter Wasserversorgung, Kanalisation, Forum, Tempel, Tore, Theater. Viele römische Bauwerke sind noch erhalten – wie Arena, Amphitheater, Augustustempel oder Gemina Porta. Kein Wunder, dass sich Pula als Partnerstädte weitere bekannte Römerorte ausgesucht hat, etwa Trier und Verona.

Eine große Bedeutung hatte Pula, damals *Pola* genannt, auch in der zweiten Hälfte des 19. Jh. als Haupthafen der Marine des österreich-ungarischen Habsburgerreichs. An die Zeit erinnern (unter dem Archäologischen Museum und weiteren Teilen der Altstadt) die erst kürzlich zugänglich gemachten Katakomben, genannt „Zerostrasse". Die 3 bis 6 m breiten Tunnel sind bis zu 400 m lang. Im Sommer ist es angenehm kühl hier unten: unter 20 °C. (🚪 Juni bis September täglich 9:00-22:00, Eintritt ca. € 2)

Hinter dem Museum halten Sie sich rechts aufwärts und passieren zur Linken die Reste des halbrunden römischen Amphitheaters griechischen Stils. Hinter dem Theater nehmen Sie den versteckt zwischen alten Mauern abzweigenden Pfad und folgen ihm aufwärts auf den Burgberg. Dort oben wählen Sie wegen der besseren Sicht auf die Küste am besten die rechte Richtung, bis Sie auf der anderen (westlichen) Seite der Burg deren Eingang erreichen.

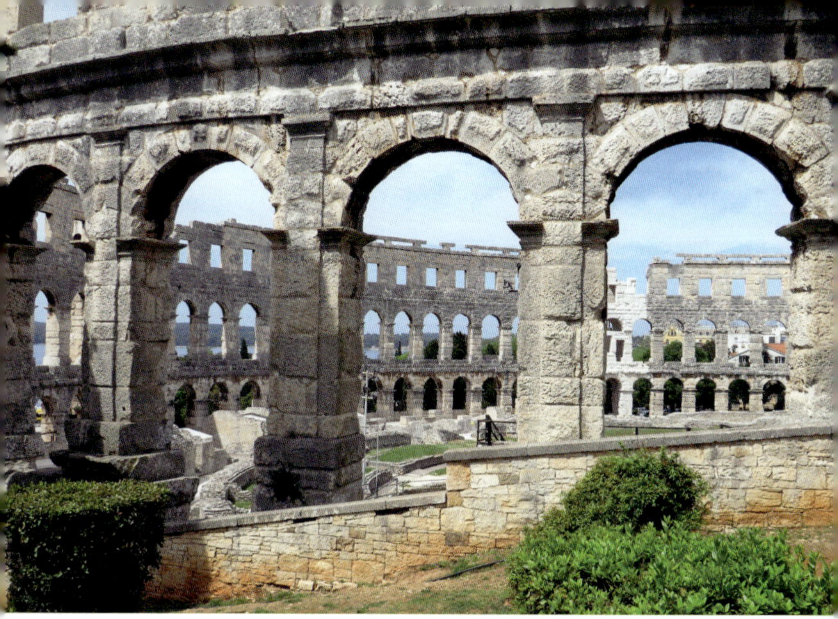

Arena in der Römerstadt Pula

tolle Sicht vom Burgberg, dem mit 32 m höchsten Punkt Pulas, auf die Stadt und Küste

⌘ In der alten venezianischen Festung ist ein **historisches Museum** untergebracht, das 1955 als „Museum der Revolution" gegründet wurde.

♦ www.ppmi.hr, Sommerhalbjahr täglich 9:00-20:00, Winterhalbjahr täglich 9:00-17:00, Eintritt € 6

Den Burgeingang und die dort im Dutzend aufgestellten Kanonenrohre im Rücken folgen Sie dem steilen Treppenweg abwärts bzw. nach dem Queren einer Straße dem gepflasterten Fußweg, bis Sie beim Café Orfei die schmale Fußgängerzone Kandlerova erreichen, der Sie links folgen. Schon nach 50 m ist ein großer Platz mit dem rechts liegenden Rathaus aus einem Stilgemisch zwischen Romanik und Renaissance erreicht. Rechts daneben steht der römische Augustustempel.

⌘ Der **Augustustempel** wurde während der Herrschaft des römischen Kaisers Augustus um die Zeitenwende zu seinen Ehren erbaut. In späteren Jahrhunderten diente das Bauwerk unter anderem als Kirche, Getreidesilo und Museum für

Archäologie. Im Zweiten Weltkrieg wurde der Tempel fast vollständig zerstört und in den Nachkriegsjahren von italienischen Archäologen originalgetreu wieder aufgebaut. Der kleine Innenraum mit seinen Statuen kann besichtigt werden.

♦ Mai-Oktober täglich 9:00-20:00, € 1

Touristinfo auf der linken (östlichen) Seite des Platzes, Forum 3, 52100 Pula, ☏ 052/21 91 97, www.pulainfo.hr, Sommerhalbjahr Mo-Fr 9:00-20:00, Sa/So 10:00-20:00, Winterhalbjahr 9:00-16:00

Vom Rathausplatz folgen Sie weiter der Fußgängerzone und erreichen nach 50 m einen zwischen zwei Parkplätzen liegenden Park.

(Lohnender!) Abstecher zum römischen Mosaik (➲ 2 x 100 m)

Am Ende des Platzes gehen Sie rechts bis zu einem Computerladen (ca. 50 m). Hinter dem Computerladen halten Sie sich zweimal links und erreichen hinter einem Gitter und zwischen Wohnblocks versteckt das (eingezäunte) römische Mosaik.

Die Fußgängerzone führt vom Park auf einen Platz zu, an dessen Zugang sich der **Sergierbogen ❷** erhebt (km 2,4), der von Salvia Postuma Sergei um 28 v. Chr. zu Ehren ihrer Verwandten, hohen Beamten in Pula, erbaut wurde.

Abstecher zum Markt (➲ 2 x 100 m)

Geradeaus führt die Fußgängerzone Flanatička nach 100 m zum lohnenden Markt. Dort kommen Sie zwar auch beim Rückweg vorbei, aber dann sind die Stände bzw. Läden vermutlich geschlossen – es sei denn, Sie sind sehr früh unterwegs.

In und um die Markthalle aus Stahlkonstruktion von 1903 wird täglich der größte Markt Istriens abgehalten – mit überwiegend günstigeren Preisen als in Supermärkten (täglich 7:00-13:00).

Bei der Kreuzung am Sergierbogen folgen Sie rechts der Straße Laginjina, an McDonald's vorbei und schließlich mit Treppen aufwärts, ehe Sie einen Park mit prächtigem Ausblick auf den Hafen durchqueren. Dann folgen Sie der Straße Gajeva geradeaus vorbei an renovierungsbedürftigen Wohnblocks. Nach 400 m halten Sie sich rechts Richtung Küste (Besenghijeva ulica) und gelangen nach 100 m auf einen Platz, den Sie diagonal links queren. Am Ende des Platzes gehen Sie bei der Kreuzung geradeaus und folgen der Straße in westlicher Richtung. Nach 500 m erreichen Sie eine T-Kreuzung mit einem Stoppschild davor (km 4,1).

Supermarkt Konzum rechts unterhalb der T-Kreuzung, Ul. Rikarda Katalinića Jeretova 17, Mo-Sa 7:00-21:00, So 7:00-14:00

Bar La Caffeteria neben dem Supermarkt, Ul. Rikarda Katalinića Jeretova 17, täglich 6:00-22:00

Sie halten sich bei der T-Kreuzung links (südwärts) und queren nach 500 m eine größere Straße bei einem Zebrastreifen, ehe es geradeaus durch das Kiefernwäldchen hinunter zur Küste mit einem Strand (km 5) geht.

Bar Pomidor an der Küste, Ul. Vladimira Gortana, 09 93 66 86 66, in Saison täglich 8:00-23:00

Hinter der Bar nehmen Sie die von der kleinen Straße links aufwärtsführende Treppe, um nach 20 m rechts dem Pfad zu folgen, der oberhalb des Sträßchens bzw. Ufers als Trimmpfad durch Wald führt. Nach 700 m gehen Sie bei einer Kreuzung rechts abwärts, queren das Uferstäßchen und halten sich nach 50 m vor dem ummauerten Wassersportzentrum links (Schild: „Staza 308“).

400 m weiter erreichen Sie eine umzäunte Urlaubsanlage mit der Jugendherberge Pula ❸ (km 6,2), die nett an der Valsaline-Bucht liegt (www.hicroatia.com → Pula Youth Hostel).

Abkürzung zur Bushaltestelle (➲ 430 m)

Vor der Zufahrtsstraße zur Jugendherberge biegen Sie zweimal links ab und folgen dem ausgetretenen Graspfad auf die Hochhäuser zu. Sie gehen geradeaus aufwärts und ignorieren Abzweigungen. Nach 350 m erreichen Sie eine vierspurige Straße und folgen dieser auf der rechten Seite nach rechts zur 80 m entfernten Bushaltestelle mit 20-minütlichen Verbindungen der Linie 3a ins Zentrum (landzugewandte Straßenseite) mit Endziel Kolodvor (www.pulapromet.com (u. a. Englisch) → Lines → Urban Lines → Timetable).

Sie queren die Zufahrt und folgen dem Schotter-/Spurweg geradeaus, links an der Jugendherberge vorbei. Der Weg führt nach einer Rechtskurve dicht am Ufer entlang. Nach 500 m folgen Sie vor einem Gebäude dem asphaltierten Weg links aufwärts, um nach 100 m bei einer T-Kreuzung rechts abzubiegen (gelb-grüner Ring mit weißem Punkt). Sie passieren einen Apartmentkomplex zur Linken und biegen nach 150 m, 50 m nach dessen Haupteingang, links ab auf einen Weg mit Betonplatten und -stufen. Über einen unten liegenden Parkplatz geht es hinunter zum Uferweg und auf diesem links an der Küste entlang zu einem Wendehammer. Ab hier folgen Sie der Straße und gehen nach 100 m rechts abwärts über Stufen und durch einen Park zu einem Uferweg mit Bänken.

In der folgenden kleinen Bucht passieren Sie zur Rechten einen Hundestrand, Bänke und einen Park und kurz darauf Masten sowie den Strand Zeppelin mit Sportangeboten (Trampolin) und Einkehrgelegenheit.

✕ Zeppelin Beach & Lounge Bar, Zlatne Stijene, uvala Saccorgiana, in der Saison täglich 9:00-23:00

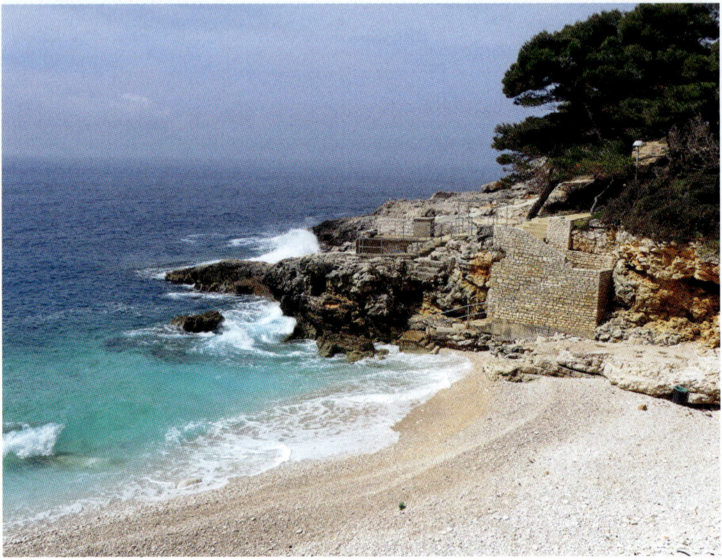

Küste von Pula

Auf der betonierten Uferpromenade geht es in 500 m weiter zum Beach Ambrela ❹ (km 8,4).

✕ Einkehrgelegenheiten mit Terrassen am Strand und oberhalb

Abkürzung zur Bushaltestelle Verudela (150 m)

Vor dem Strand folgen Sie dem Weg links aufwärts Richtung Parkplatz. Links vom Parkplatz, an dessen Ein-/Ausfahrt, befindet sich die Bushaltestelle Verudela mit 20-minütlichen Abfahrten der Linie 3a Richtung Zentrum mit Endziel Kolodvor (www.pulapromet.com (u. a. Englisch) → Lines → Urban Lines → Timetable).

Sie folgen vom Strand dem Uferweg geradeaus (Schild: „Staza 308 Route") und halten sich gleich danach rechts (gelb-grüner Ring mit weißem Punkt) und queren nach 200 m die Terrasse des 🛏 Hotels Brioni. Danach geht es auf einem Waldweg am Ufer entlang. Nach 300 m bietet rechts ein Aussichtspunkt einen netten Blick auf die Küste.

Der Weg führt weiter am Ufer entlang und ist ab hier wegen der Felsklippen mit einem Metallgeländer gesichert. 200 m nach dem Aussichtspunkt erreichen Sie wieder Beton und Strand. Kurz darauf halten Sie sich etwas links (aufwärts) und vor der Apartmentanlage rechts – auf dem betonierten Promenadenweg.

Nach einer langen Linkskurve führt der Weg etwas landeinwärts, bis Sie vor Sportplätzen (Basketball, Tennis) zur Rechten eine Kreuzung erreichen (km 10,1).

Abstecher zum Fort mit Aquarium (➲ 100 m) und/oder zum Bus (➲ 500 m)

⌘ Zum alten Fort mit integriertem Aquarium gelangen Sie von der Kreuzung auf dem Treppenweg links aufwärts. Nach 100 m stehen Sie vor dem Eingang zum Fort von 1886, in dem 2002 ein Aquarium eingerichtet wurde.

♦ www.aquarium.hr, täglich 9:00-18:00, im Winter etwas kürzer und in der Hauptsaison länger, Eintritt € 20

Zur Bushaltestelle Verudela gelangen Sie von der Kreuzung geradeaus, dann über den Parkplatz mit der Haltestelle am Ende, hinter der Ein-/Ausfahrt. Von dort fährt alle 20 Min. Buslinie 3a Richtung Zentrum (☞ S. 44).

An der Kreuzung halten Sie sich rechts (oranger Pfeil auf Asphalt) und passieren zur Linken die Sportplätze. Nach 100 m halten Sie sich bei der Dreifachgabelung rechts, am Ufer entlang, und passieren nach 200 m die Terrasse des 🛏 Park Plaza Hotels ⑤, ehe Sie wieder auf der Promenade flanieren. 350 m nach der Hotelterrasse folgen Sie der Straße geradeaus, mit Blick auf den geschützt liegenden Hafen und Hochhäuser.

Nach 200 m auf der Straße verlassen Sie diese vor Tanks aus Metall scharf rechts auf dem Schotterweg, der Sie hinunter zum Hafen führt. Weiter geht es am Hafenkai entlang. Nach 200 m passieren Sie die Hafenzufahrt mit Schranke, wo Sie links wieder die Bushaltestelle „Verudela" erreichen könnten (nach 200 m, Zeiten ☞ S. 44). Sie aber gehen geradeaus weiter und passieren zur Rechten das ✕ Buffet Bunarina. Bei der Gabelung 100 m dahinter folgen Sie dem Weg links aufwärts, nach 50 m vorbei am Schlagbaum.

Bei der Kreuzung 200 m nach der Gabelung folgen Sie leicht rechts versetzt dem Schotterweg geradeaus durch Kiefernwald (Schild: „Obilazak"), der nach 150 m in eine kleine Asphaltstraße einmündet. Sie wandern geradeaus aufwärts. 100 m nach dem Passieren eines Gatters nähert sich die Straße der Hauptstraße an, an der links eine weitere Bushaltestelle liegt (auch Linie 3a). Weiter geht es geradeaus auf dem kleinen Asphaltweg parallel zur Hauptstraße bis zu einer großen Kreuzung (km 12,4), wo Sie rechts der Cesta Prekomorskih Brigada folgen, teilweise verläuft parallel dazu ein Schotterweg.

Nach 500 m biegen Sie bei einem Kreisverkehr ❻ links in die Palisina ulica, der Sie 700 m leicht aufwärts folgen, wobei Sie wieder (2) Bushaltestellen passieren, wieder mit 20-minütlichen Abfahrten Richtung Zentrum (rechte Straßenseite). Bei einer Kreuzung vor einem Bäcker und Laden (km 13,6) nehmen Sie links den Schotterpfad, der hinter einem Straßenschild in die Natur führt. Nach 100 m halten Sie sich rechts und folgen dem jetzt asphaltierten Fußweg links an einem Betriebsgelände vorbei, mit Blick auf Vororte von Pula. Vor dem Hochhaus queren Sie die Straße über den Zebrastreifen und folgen danach leicht links dem Schotterweg zwischen Wohnsiedlung (links) und Brachfläche (rechts). Nach 100 m halten Sie sich etwas rechts und gehen auf die Straße zu, um dieser links zu folgen – in derselben Richtung wie zuvor (nordwärts). Nach 180 m, am Ende der Schrebergärten zur Linken, geht es halb links weiter auf dem Schotterweg durch Pinienwald (gelb-grüner Ring mit weißem Punkt), dem Sie geradeaus folgen, ohne weitere (auch markierte) Abzweigungen zu beachten. Sie erreichen die Zivilisation nach 200 m links vom Stadion (km 14,6). Nach einer Linkskurve der Straße folgen Sie dieser bis zum Ende und dann bei einer T-Kreuzung rechts der Radiceva ul. 600 m zum Ortszentrum mit der Markthalle ❼ von 1903 zur Rechten (km 15,6).

Von der Markthalle zurück zum Busbahnhof sind es nur 20 Min. (1,2 km) – ausschließlich auf kleinen und ruhigen Straßen –, wenn Sie den direkten Weg wie folgt nehmen: Sie gehen links an der Markthalle vorbei und nördlich von ihrem (westlichen) Vorplatz in die schmale Straße Veronska (Verona ist Partnerstadt von Pula). Weiter wandern Sie geradeaus bis zu einer Kreuzung nach 500 m mit einem Parkplatz. Hier nehmen Sie die links abwärts auf die Arena zuführende Straße Varaždinska, biegen vor der Arena rechts ab und gehen gleich darauf bei der Gabelung links, vorbei an der Bar Antonio und weiter zurück zum Busbahnhof wie beim Hinweg, d. h. geradeaus nordwärts.

❺ Rundwanderung um Motovun

Tour für Landschafts-, Bahn- und Kulturbegeisterte

Die mittelalterliche Stadt Motovun erhebt sich auf einem steilen Hügel im Flusstal der Mirna und war früher an eine Bahnlinie angeschlossen. Sie wandern großteils auf der seit 1935 stillgelegten Bahntrasse sowie Feldwegen um die Stadt. Die Wanderung führt in die von Mauern umgebene Oberstadt mit weiten Ausblicken.

- Start/Ziel: Motovun, unterer Parkplatz, GPS N 45°20.066' E 013°49.512'
- 14 km
- 4 Std.
- 300 m/300 m, Anstieg am Stück
- 5-265 m
- Wegweiser für Radweg Parenzana
- großteils geschotterte Wege sowie stellenweise Asphaltstraßen
- Einkehrgelegenheiten in der Altstadt sowie unterhalb davon
- Rastplätze/Sitzbänke bei Parenzana-Trasse (km 11,2)
- kleiner Laden in der Altstadt
- Für Kinder ist der Weg machbar: leicht zu gehen und nette Ausblicke. Aber aufpassen auf der Radstrecke Parenzana!
- Mit Buggy machbar, aber nicht ideal, da Großteile des Weges radgerecht mit kiesähnlichem Untergrund versehen sind.
- Hunde können problemlos mit. Beim Parenzana-Radweg sollten Sie aber (kurz) angeleint sein, sonst gibt es Probleme mit Radlerinnen und Radlern!
- Parkplatz P2 unterhalb von Motovun (Parkgebühr für Pkw: etwa € 3 pro Tag)
- einige sehr wenige Busverbindungen von/nach Pazin, www.arriva.com.hr

Die Tour beginnt am Parkplatz unterhalb von Motovun. Sie folgen der Straße aufwärts nach Motovun, links am Kassenhäuschen vorbei. Nach 100 m gehen Sie rechts abwärts auf den Stufenweg und folgen diesem bis zur Straße. Dort halten Sie sich links, um nach 150 m die links abwärtsführende Straße zu nehmen (Radweg 602, Schild: „Miro Tartufi"). Nach rund 500 m und einigen Kurven erreichen Sie die Schottertrasse der ehemaligen Parenzana-Bahnstrecke ❶ (km 0,9, ⇧ 120 m).

Parenzana – alte Bahntrasse durch istrisches Hügelland

Im Zeitraum 1902 bis 1935 verband eine 123 km lange schmalspurige Eisenbahnstrecke 33 Orte in Istrien zwischen Triest und Poreč. Entsprechend den verschiedenen Sprachen der Region hieß die Straße auf Italienisch *Parenzana* und auf Slawisch *Istrijanka* bzw. *Istrank* oder *Poreška* bzw. *Porečanka*.

Anlässlich des hundertjährigen Jubiläums der Streckenöffnung entstand die Idee, die historische Bahnstrecke als grenzüberschreitenden Radweg wiederzubeleben – als von der EU in mehreren Phasen gefördertes Projekt „Parenzana – Gesundheits- und Freundschaftsweg“. Etwa die Hälfte der alten Bahntrasse wurde zum Radfahren und Wandern, als 60 km langer geschotterter Weg, der auf ebener Strecke durch das istrische Hügelland führt – in Kroatien, Slowenien und Italien.

💻 www.parenzana.net

Der Bahnstrecke folgen Sie rechts. Die Trasse führt in großem Bogen ostwärts um den Hügel mit Motovun herum. Sie wandern auf der Trasse der Parenzana leicht abwärts und ignorieren alle Abzweigungen. Nach 3,5 km erreichen Sie kurz vor der Brücke das Tal der Mirna (km 4,4, ⇧ 30 m), mit 53 km der längste Fluss Istriens, der im Unterlauf in der Antike noch eine tief eingeschnittene Meeresbucht war. Am Ende der geschotterten Bahntrasse ❷ (km 4,5, ⇧ 25 m) folgen Sie der kleinen Straße nach links und nach 50 m der größeren Straße in der scharfen Kurve nach rechts Richtung Brücke, um nach 100 m, 100 m vor der Brücke, links abzubiegen auf den Schotterweg (Golfschild).

Nach 1,2 km halten Sie sich bei einer Gabelung rechts (km 5,7, ⇧ 25 m) und folgen dem Weg rund 2 km direkt am Ufer der hier stark begradigten Mirna flussabwärts. Nach einer leichten Linkskurve des Flusses verlassen Sie den Uferweg am Ende des Waldstückes ❸ nach links (km 7,8, ⇧ 10 m). Der Weg führt 100 m am Waldrand entlang, um dann links in den Wald abzuzweigen und leicht dahinschlenkernd in südsüdöstliche Richtung zu führen.

Nach 20 Min. erreichen Sie wieder offeneres Gelände (km 9,2, ⇧ 80 m) und folgen dem Weg rechts am Waldrand entlang, um sich nach 100 m bei einer Gabelung links zu halten (südöstliche Richtung).

Nach 600 m folgen Sie dem asphaltierten Sträßchen rechts aufwärts. Zur Linken erhebt sich malerisch Motovun auf dem Hügel. 500 m weiter erreichen Sie eine Kreuzung kleiner Straßen (km 10,3, ⇧ 130 m) auf dem Höhenzug mit dem rechts liegenden Weiler Brkač. Sie aber halten sich links und bleiben auf der aussichtsreichen kleinen Straße auf dem Höhenzug, zwischen Weinstöcken und mit Blick auf Motovun.

Nach 400 m erreichen Sie bei einer Kreuzung wieder die Trasse der alten Parenzana-Bahn und folgen dieser nach links über den Schotterweg (Schild mit diversen Fahrverboten).

Pausenplatz ❹ nach 500 m (km 11,2) mit Tischen und Bänken sowie schöner Aussicht

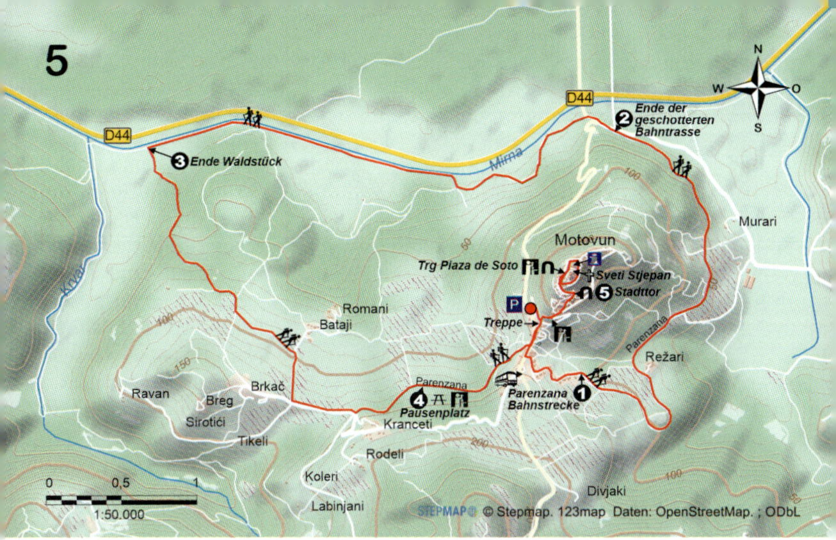

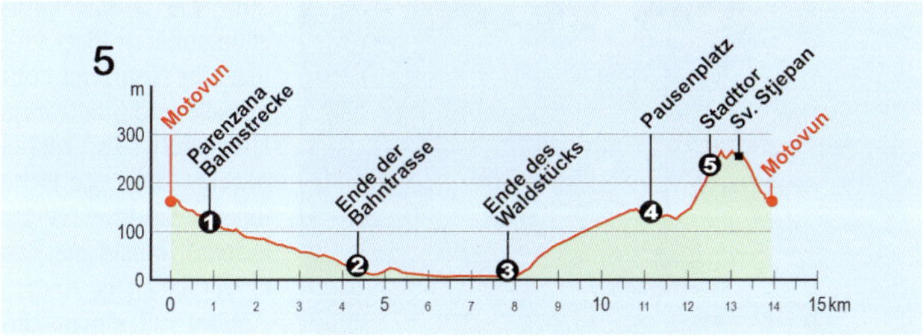

Nach insgesamt 1,1 km auf der Bahntrasse erreichen Sie nach sehr kurzen und niedrigen Holzgeländern auf der linken und rechten Seite eine Kreuzung (km 11,7, ⇧ 125 m).

Sie verlassen hier die geradeaus weiterführende Bahntrasse und nehmen stattdessen den rechts aufwärtsführenden Schotterweg, um nach 200 m der Straße links zu folgen. Nach 30 m geht es rechts auf den Stufenweg, links an einer Schule vorbei aufwärts. Kurz nach der Schule queren Sie die Straße (↳ links führt sie abwärts zum Parkplatz, dem Startpunkt der Tour, ➲ 100 m) und folgen weiter den Stufen hinauf. Wieder stoßen Sie auf die Straße, die vom Hauptparkplatz (P2) hinauf nach Motovun führt. Rechts ist ein netter Aussichtspunkt.

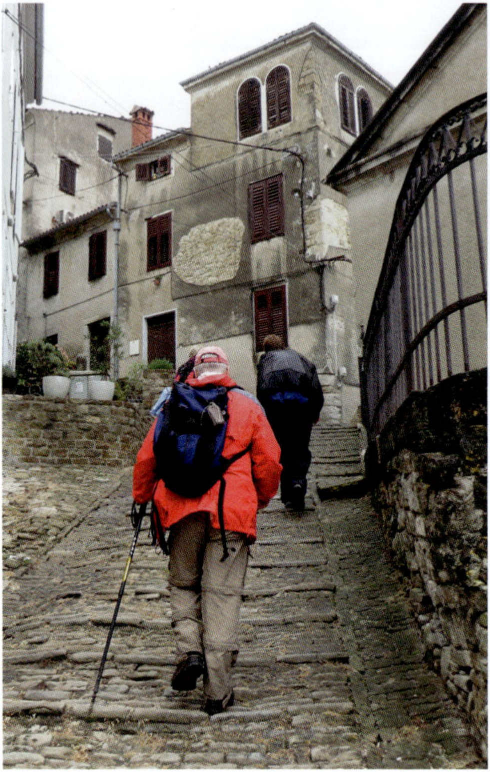
Dorfgasse in Motovun

Weiter geht es auf der Straße geradeaus aufwärts, um nach 70 m, vor dem roten Haus mit Satellitenschüssel, links aufwärts zu gehen und sich gleich darauf rechts zu halten (Via Rialto). Nach 100 m schwenken Sie nach links aufwärts, schreiten durch das gotische Stadttor (14. Jh.) ❺ und steigen noch etwa 250 m über die kopfsteingepflasterte Dorfgasse aufwärts zum aussichtsreichen äußeren Platz (Trg Piaza de Soto) mit Loggiahalle und Stadttoren. Hier geht es rechts durch das gotische innere Stadttor (Vrata kaštela), hinauf auf den Hauptplatz (Trg Andrea Antico) mit einem zinnengekrönten Wehrturm aus dem 13. Jh.

✕ zahlreiche Einkehrgelegenheiten – mehr als 20 – in der Altstadt bzw. um sie herum

✝ Der frei stehende Glockenturm gehört zur dreischiffigen St.-Stephans-Kirche (Sveti Stjepan) aus dem frühen 17. Jh., die auf Pläne des italienischen Renaissance-Architekten Andrea Palladio oder eines seiner Schüler zurückgeht. Auf der Westseite des Platzes, gegenüber der Stephanskirche, erhebt sich der Kommunalpalast (Podesta Palast) mit der Touristinfo.

i Motovun Touristinfo, Trg Andrea Antico 1, 52424 Motovun, ☏ 052/68 17 26, www.tz-motovun.hr, Mo-Sa 10:00-19:00, So 11:00-18:00

Am nördlichen Ende des Platzes, vor dem Basiliscos-Haus, befindet sich ein von einem Stadtwappen gezierter Brunnen mit Zisterne (15. Jh.).

☺ 🚻 🍷 Lassen Sie sich nicht die 500 m lange Umrundung von Motovun oben entlang der Wehranlagen entgehen, die bis auf das 13. Jh. zurückgehen (der Wehrturm). Die Mauern bieten Blicke zu allen Seiten und Einkehrgelegenheit (Panorama-Kiosk). Der Weg führt entlang der inneren Stadtmauer aus dem 14. Jh., die wiederum von einem (jüngeren) äußeren Mauerring mit Wehrtürmen und Stadttoren aus dem 16./17. Jh. umgeben ist.

Zurück zum Parkplatz (➲ 800 m) folgen Sie demselben Weg wie hinauf bzw. der Straße oder nehmen einen Shuttle (ca. € 2).

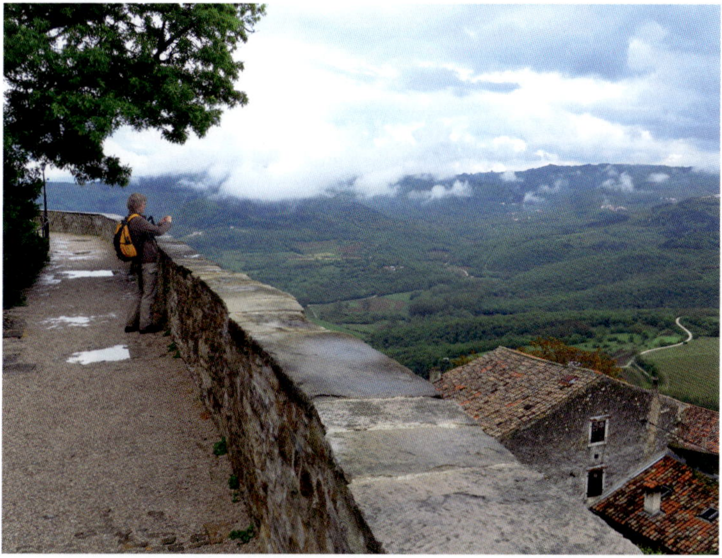

Stadtmauer von Motovun

Das mittelalterliche **Motovun** (ital. *Montona* = „die Bergige") thront auf einem isolierten, 280 m hohen Hügel über dem Tal der Mirna. Wegen der Lage und der gut erhaltenen bzw. sanierten alten Gebäude hat sich das 500-Einwohner-Dorf zu einem Touristenmagnet entwickelt.

Vor 50 Jahren war der Ort von mehreren Auswanderungswellen geprägt: In den 1950er- und 60er-Jahren verließen viele Italienerinnen und Italiener das Dorf und ab den 70ern zogen die meisten Jugendlichen auf der Suche nach Arbeitsplätzen im touristischen Sektor Richtung Küste. Kurz darauf machte sich Motovun als Anziehungspunkt für Musik- und Kunstschaffende einen Namen und entwickelte sich zu einem kulturellen Zentrum im Hinterland – heute ein beliebtes Ausflugsziel für die vielen Touristinnen und Touristen der Küstenregion. Kultureller Höhepunkt ist alljährlich das Motovun Filmfestival im Juli (💻 www.motovunfilmfestival.com).

Ressel – Förster ohne Wald und Erfinder ohne Würdigung

In Motovun stößt man häufig auf den Namen Josef Ressel – wer war das?

Der 1793 in Böhmen geborene Josef Ressel war ein bedeutender Forstbeamter und Erfinder in habsburgischen Diensten. Nach Studien der Mechanik, Hydraulik und Zivilarchitektur an der Uni Wien besuchte er mit persönlicher Förderung durch den Kaiser die Forstakademie Mariabrunn und unterstützte als Distriktsförster im heutigen Slowenien die Karstaufforstung im Sinne nachhaltiger Forstwirtschaft: Die Habsburger benötigten damals (nach dem Wiener Kongress 1814) riesige Mengen Holz zum Aufbau einer Mittelmeermarine in Triest und Pula. So nebenbei entwickelte der technisch ausgebildete Förster in seiner Freizeit die Schiffsschraube, was sich durch die Versetzung in die Hafenstadt Triest in die Praxis umsetzen ließ. Ressel ließ seine Erfindung zwar in Österreich patentieren, konnte aber keine Reeder finden, die seine Idee umsetzen wollten. Sie bevorzugten stattdessen weiter Segel oder Schaufelrad als Antrieb. Nach einer Werbetour nach Paris fand er schließlich 1829 eine Werft in Triest, die ein Dampfschiff mit der Resselschraube ausstattete. Infolge eines defekten Dampfrohres scheiterte allerdings die Versuchsfahrt und amtliche Stellen verboten weitere Experimente mit dem Schiff. Ressel wurde als Folge ins Landesinnere „strafversetzt", und zwar nach Motovun. Die Schiffsschraube setzte sich danach schnell durch, allerdings galten als Erfinder mehrere britische Ingenieure, die sich womöglich von Ressels Plänen hatten „inspirieren" lassen ...

Verbittert zog sich Ressel zurück und starb als selbst ernannter „Förster ohne Wald" 1857 bei einer Dienstreise nach Laibach an Malaria.

6 Rundwanderung bei Grožnjan

Tour für Bahn-, Kunst- und Landschaftsbegeisterte

Diese Rundwanderung führt durch die hügelige Landschaft östlich der Künstlerkolonie Grožnjan. Zunächst schlendern Sie geruhsam auf einem der schönsten Abschnitte der Bahntrasse Parenzana entlang, ehe Sie nach einem kurzen Straßenabschnitt ein kleiner Pfad erwartet, der Sie über Wiesen und durch Wälder zurück nach Grožnjan bringt.

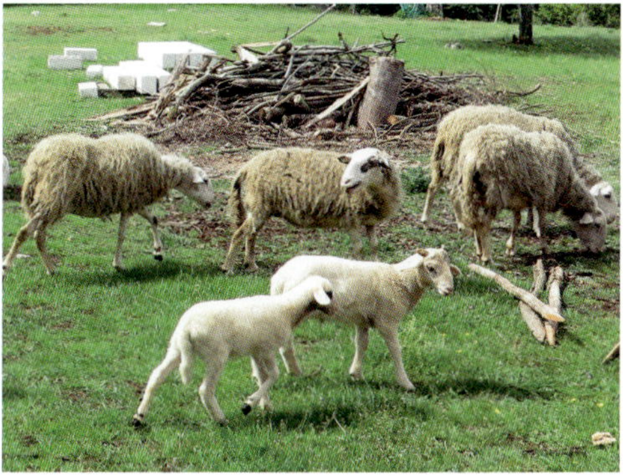

Schafe auf der der Grožnjan-Runde

- Start/Ziel: Grožnjan, Ortseingang, GPS N 45°22.784' E 013°43.346'
- 14,6 km
- 4 Std.
- 250 m/250 m
- 180-375 m
- stellenweise Wegweiser für Parenzana-Radweg sowie rot-weiße Markierungen bzw. Punkte
- Schotterwege und Pfade durch Wälder und Wiesen sowie kleine verkehrsarme Straßen
- Einkehrgelegenheiten am Start/Ziel in Grožnjan
- Rastplätze/Sitzbänke oberhalb von Grožnjan (km 12,6)
- kleine Souvenirläden in Grožnjan
- Für Kinder machbar, aber Vorsicht vor Rädern!
- Mit Buggy machbar, wenn Sie keine Probleme mit sandigem bis kiesartigem bis leicht schotterigem Untergrund auf meistens breiteren Wegen haben.
- Hunde können mit, sollten auf der Radstrecke aber kurz angeleint sein.
- P Parkplatz direkt am Ortsanfang vor der Altstadt (P1). Falls dieser belegt ist, finden Sie oberhalb noch einen Parkplatz, hinter dem Friedhof (P2).
- Es gibt leider keine geeignete Busverbindung zum Startpunkt.

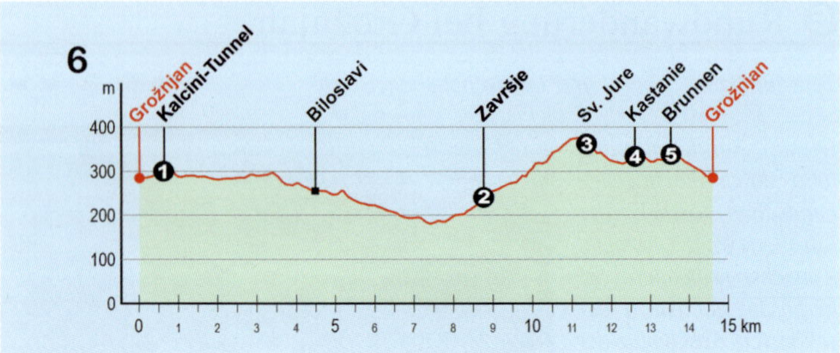

Die Rundtour beginnt auf dem von großen Kastanien beschatteten Platz am Ortsanfang zwischen Kirche und Parkplatz P1. An einer Mauer hängt ein Lageplan des Ortes.

Abkürzung ohne Tunnel (➲ 400 m kürzer)

Falls Sie auf den 179 m langen Eisenbahntunnel bei ❶ verzichten wollen – etwa aus klaustrophobischen Gründen –, halten Sie sich gleich nach dem Startpunkt am kastanienbestandenen Platz, noch vor dem Parkplatz, rechts und folgen der kleinen Straße rechts am Kirchlein Cosimo & Damiano aus dem 16. Jh. vorbei. 250 m danach verlassen Sie die Straße vor der Rechtskurve links auf dem in gerader Linie weiterführenden Weg, der nach 100 m die Bahnlinie unterquert. Nach der Unterquerung gehen Sie rechts aufwärts zur Bahntrasse und folgen dieser geradeaus.

Ab dem kastanienbestandenen Startplatz folgen Sie der nordwärts gerade und eben aus dem Ort führenden Straße (Strada del Buie), links vorbei an einem ehemaligen Waschplatz – mit weiter Sicht nach links auf die Küste. Nach 600 m verlassen Sie die Straße in der Linkskurve auf dem rechts abzweigenden Schotterweg, der ehemaligen Bahntrasse Parenzana (☞ Info Tour 5), die nach 50 m durch den 179 m langen Kalcini-Tunnel ❶ führt, wo die Parenzana-Bahnlinie ihren höchsten Punkt erreichte. Nach der Stilllegung des Bahnbetriebs wurden im Tunnel Champignons gezüchtet. Der Tunnel ist nicht beleuchtet, aber wegen des Asphaltbelags und des spärlichen Lichts am anderen Ende des Tunnels ist er auch ohne Taschenlampe begehbar. Auf der anderen Seite geht es über eine Brücke und weiter auf der als Rad-/Wanderweg hergerichteten Trasse Richtung Motovun.

Wie es Bahnlinien so an sich haben, erwartet Sie eine relativ ebene Strecke, die sich zunächst an den Südhang schmiegt und nach 2,2 km gemächlich abwärtsführt (km 3,4, ⇧ 280 m).

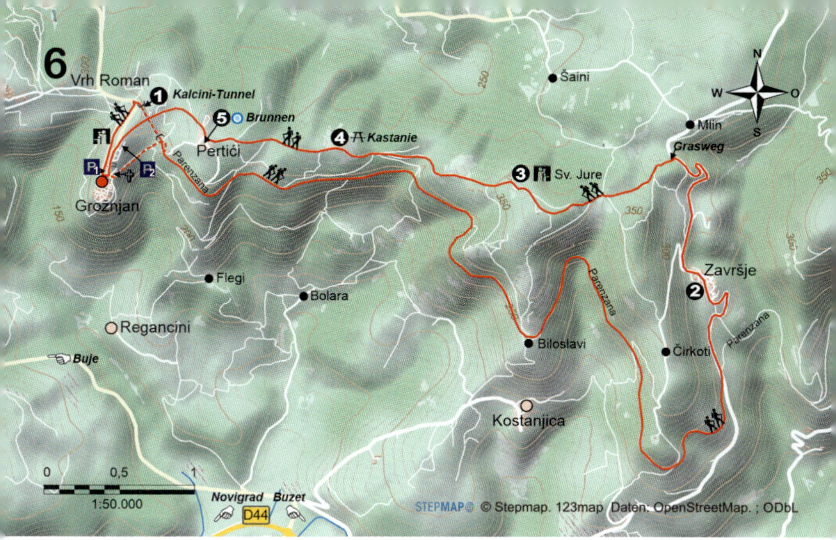

Nach 45 Min. trifft die Bahntrasse auf eine Asphaltstraße (km 7,7, ⇧ 180 m), der Sie links aufwärts folgen, durch das malerische Dorf Završje ❷ mit seinen 40 Einwohnerinnen und Einwohnern und einer teilweise erhaltenen Stadtmauer sowie einem Stadttor. 1,2 km nach Završje, 200 m nach einer letzten (rechten) Haarnadelkurve (km 10, ⇧ 315 m), nehmen Sie den links hinter dem Wald abzweigenden Weg über Gras, am Waldrand entlang (rot-weiße Markierung, Schild: „Buje, IPP"). Nach 500 m erreicht der Pfad auf offener Fläche eine T-Kreuzung: Hier folgen Sie dem Schotterweg rechts aufwärts durch eine Linkskurve. Nach 250 m zweigt rechts ein rot-weiß markierter Pfad ab. Es ist egal, wo Sie langgehen, beide Varianten führen nach 5 Min. wieder zusammen. Der Pfad rechts ist schattiger und uriger, der Schotterweg etwas aussichtsreicher.

Kurz darauf (km 11,4, ⇧ 370 m) passieren Sie zur Rechten ein Gehöft mit Kirchturm (Sv. Jure) ❸. Von hier bietet sich ein netter Blick auf Grožnjan. Weiter geht es geradeaus auf dem Schotterweg. Den nach 1 km links abzweigenden rot-weiß markierten Weg ignorieren Sie und erreichen kurz darauf einen Hof mit großer Kastanie ❹ (km 12,6, ⇧ 340 m).

beschatteter Rastplatz mit Tisch und Bank unter der Kastanie

Nach 1 km passieren Sie einen kleinen Weiler mit einem tiefen Brunnen linker Hand ❺. Auch hier ignorieren Sie links abzweigende Wege und folgen dem Schotterweg geradeaus aussichtsreich über den Kamm. Er führt oben, vorbei am oberen Parkplatz (P2) und dem Friedhof, zurück nach Grožnjan.

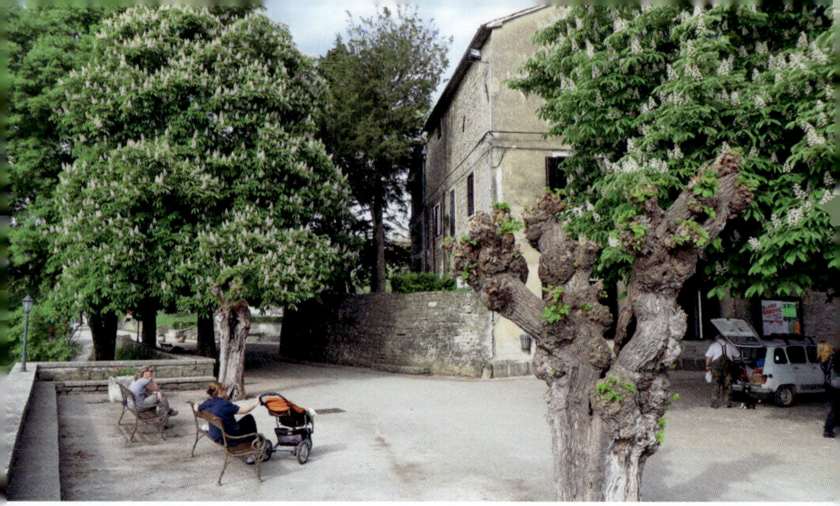

Grožnjan-Platz

✕ mehrere Einkehrgelegenheiten in der Altstadt

Grožnjan ist wie Motovun ein im 20. Jh. entvölkertes Bergdorf mit heute rund 160 Ew., in der ganzen Gemeinde leben 700 Ew. Die meisten Einheimischen sprechen Italienisch als erste Muttersprache (56 %), vor Kroatisch (37 %). Aber „nur" 40 % der Ew. bezeichneten sich bei der Volkszählung 2011 als ethnische Italienerinnen und Italiener. Grožnjan wurde erstmals im 12. Jh. urkundlich erwähnt und im 14. Jh. von den Venezianern als Militärstützpunkt mit den heute noch erhaltenen Stadtmauern ausgebaut, mit dem dazugehörigen Hafenort Baštija. Seit den 1970er-Jahren wurde Grožnjan von Künstlern und Musikern revitalisiert, nachdem auf Initiative des Bildhauers Aleksandar Rukavina 1965 die verlassenen und dem Zerfall geweihten Gebäude unentgeltlich von rund 30 Kunstschaffenden bewohnt werden durften. Als Gegenleistung mussten sie sich um den Erhalt und die Renovierung der Bausubstanz kümmern. Anders als Motovun hat Grožnjan das Ambiente als künstlerisch-kulturelles Zentrum stärker bewahrt.

Grožnjan und Grisignana-Marmor

Viele Häuser aus Grožnjan (und Umgebung) bestehen aus dem sogenannten Grisignana-Marmor (von der italienischen Ortsbezeichnung Grisignana), der in Steinbrüchen unterhalb des Ortes im Mündungsbereich der Mirna abgebaut wurde. Der Grisignana-Marmor ist kein echter Marmor, sondern ein Karst-Kalkstein mit hellbeiger Tönung, der als Baustoff in vielen Städten der Umgebung verwendet wurde, etwa in Triest, Wien, Budapest und mehreren oberitalienischen Städten.

❼ Rundwanderung bei Brtonigla

Tour für Landschaftsgenießerinnen und Landschaftsgenießer

Diese kurze Rundwanderung führt im istrischen Hinterland durch die Hügellandschaft von Brtonigla, die von mehreren markierten Wanderwegen durchzogen wird, sodass verschiedene Optionen möglich sind. Die Landschaft wird geprägt von Wein- und Olivenhainen. Zur Abwechslung ist ein Abstecher in den von üppigem Grün bewachsenen Canyon bei Skarline möglich, genauso wie zur Höhle unterhalb von Brtonigla.

- Start/Ziel: Brtonigla-Parkplatz, GPS N 45°22.731' E 013°37.575'
- 7,6 km
- 2 Std. 30 Min.
- 210 m/210 m, An-/Abstiege verteilt
- 95-210 m
- Mehrere ausgewiesene Wanderrouten führen rund um Brtonigla. Sie wandern teilweise auf Wegen, die nach den Heiligen Rocco und Zenon benannt sind. Um die Markierungen kümmert sich der lokale Wanderverein.
- geschotterte und asphaltierte Wege mit wenig Verkehr sowie Pfade zwischen bewirtschafteten Flächen
- Einkehrgelegenheiten am Start/Ziel
- Rastplatz bei Skarline (km 5,3)
- kleine Läden am Start/Ziel
- für Kinder gut machbar, ohne den Abstecher zur Höhle bei Brtonigla aber eventuell etwas zu eintönig
- für Buggys mit Einschränkung machbar; Wege auf Sand, Gras und sehr feinem Geröll, überwiegend breiter
- Hunde lassen sich gut mitnehmen.
- In Brtonigla gibt es einen öffentlichen Parkplatz unterhalb der Kirche (gratis). Optional kann man auch weiter unterhalb bei der Grotte parken (☞ Variante).
- Es gibt leider keine geeignete Busverbindung zum Startpunkt.
- Karte und Ortsplan „Die vier Jahreszeiten in Brtonigla" (Touristinfo)

Die Wanderung beginnt am Hauptparkplatz von Brtonigla mit dem Kirchlein San Rocco auf der gegenüberliegenden Seite, nördlich vom Parkplatz. Sie folgen der Straße, die links an San Rocco vorbei abwärtsführt (Via Marconi), nach 100 m links vorbei an der Konoba Silvano.

30 m hinter dieser Gaststätte geht es rechts abwärts in das Sträßchen Aleksandar Rukavina (rot-weiß), nach 50 m vorbei an der gleichnamigen Galerie.

50 m nach der Galerie folgen Sie dem Schotterweg rechts und nach 100 m bei einer Gabelung dem Spurweg links abwärts, zunächst auf den Sendeturm zu.

Nach 300 m, 50 m nach einer Linkskurve, geht es am Ende des Weinfeldes auf der rechten Seite rechts auf dem schmalen Pfad weiter, zwischen einem kleinen Wall (links) und dem Weinfeld (rechts).

Die rot-weiße Markierung zu Beginn auf dem Stein links ist möglicherweise etwas von Gras zugewachsen. Nach 400 m erreichen Sie Marzari ❶, den höchsten Punkt bei zwei zugewucherten Hausruinen (km 1,2, ⇧ 170 m).

schöner Rundumblick vom Berg Marzari

Abwärts geht es in südliche Richtung rechts an der rechten Hausruine vorbei auf die schon sichtbare kleine Straße zu, die nach 400 m erreicht ist und der Sie links folgen.

Radikale Abkürzung ohne Baredine und Skarline

(➲ 1,5 statt 6 km)

Nach 50 m zweigt vor einem leichten Linksknick der Straße nach rechts ein Schotterweg ab, markiert mit einem Schild, auf dem ein Wasserfall abgebildet ist. Dort wandern Sie entlang und nach 200 m rechts. Weiter geht es immer geradeaus auf das schon bald sichtbare Brtonigla zu (ca. 20 Min.).

Nach 500 m, vor dem Gehöft Grobice (km 2,1, ⇧ 165 m), verlassen Sie den rechts abknickenden Betonweg und halten sich leicht links, um nach dem Schild „Broj-XVIII/101“ auf dem Gras- bzw. Schotterweg leicht abwärts zu wandern. Im späteren Verlauf sind die Spurrillen des Weges teilweise stark ausgewaschen. Sie folgen dem Weg, vorbei an Waldstücken und Olivenhainen, und ignorieren alle Abzweigungen, bis Sie nach etwa 25 Min. beim Dorf Baredine ❷ wieder die Zivilisation erreichen (km 3,8, ⇧ 210 m). Am Dorfanfang halten Sie sich rechts und bei der nach 100 m folgenden Kreuzung in der Dorfmitte mit Steintisch und kommunaler Infotafel wieder rechts – abwärts auf einem Spurweg, vorbei an Haus Nr. 35.

Der Weg mündet nach 50 m in eine Straße ein, der Sie geradeaus folgen, bis Sie nach 600 m eine Gabelung erreichen. Hier geht es rechts abwärts auf dem Schotterweg zu einem kleinen Staubecken im Tal, hergerichtet als Rastplatz ❸ (km 5,3, ⇧ 90 m).

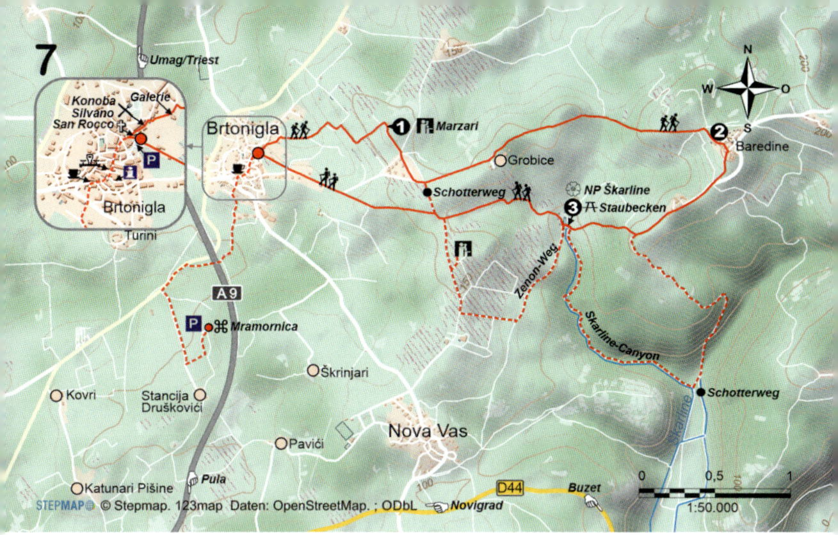

⛼ 🏵 Rastplatz mit Tischen und Bänken sowie Infotafeln zum **Naturpark Skarline** und zur Flora und Fauna. Der Naturpark Škarline ist benannt nach dem gleichnamigen Bach, der auf seinem wenige Kilometer langen Lauf zum Fluss Mirna einen tiefen Canyon in das weiche Kalkgestein gegraben hat.

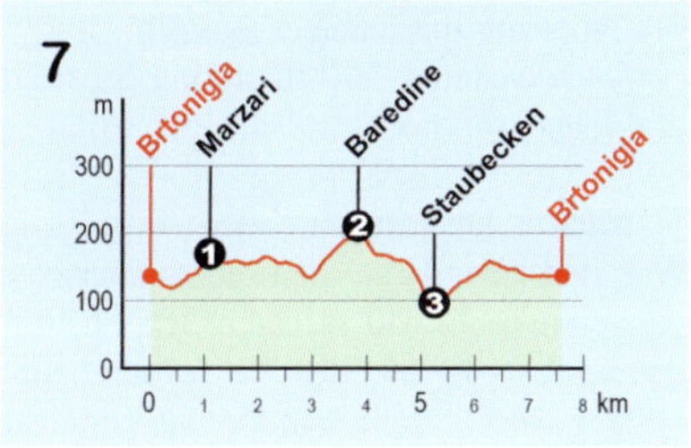

Bei dem Rastplatz zweigen mehrere Wege ab. Ihr Weg führt auf dem Schotterweg leicht rechts haltend aufwärts.

Abstecher in den Skarline-Canyon

(➲ max. zusätzlich 3,7 km, 130 Hm)

Ein uriger Pfad mit teilweise alpinem Anspruch führt in die von dichter Vegetation beschattete schmale Schlucht mit einem besonderen Mikroklima, vorbei an einem Wasserfall und Staubecken. Der Abstecher lässt sich als Rundweg (3,7 km) oder hin und zurück (variabel) gestalten.

Links vor der Staumauer nehmen Sie den abwärtsführenden Pfad (rot-weiß), um bei der Gabelung etwa 30 m hinter der Staumauer dem abwärts über steile Felsplatten führenden Pfad rechts hinunter in die Schlucht zu folgen.

Vor dem Staubecken mit steiler Felswand dahinter wandern Sie auf dem Pfad links abwärts durch die Talsohle. Der Pfad folgt dem Verlauf des Skarline durch sein enges Bachtal mit dichter Vegetation bis kurz vor dessen Mündung in die Mirna. Nach 1,6 km gehen Sie kurz vor einem Schotterweg entweder denselben Weg durch das Tal hinauf wieder zurück oder Sie machen den Rundweg wie beschrieben, d. h., Sie folgen links aufwärts dem Pfad über freie Landschaft zum Schotterweg und diesem links aufwärts Richtung Norden bzw. Baredine. Nach 1,6 km erreichen Sie wieder die Gabelung zwischen Baredine und Skarline und folgen erneut dem Schotterweg links abwärts nach Skarline.

↳ Verlängerung über Aussichtsberg (➲ zusätzlich 1 km)

Eine andere Variante führt Sie ab Skarline auf dem sogenannten Zenon-Weg südwärts. Dazu halten Sie sich nach dem Staubecken bei Skarline links und folgen dem Schotterweg in südliche Richtung leicht aufwärts. Nach 800 m verlassen Sie den Schotterweg, indem Sie rechts auf dem Pfad steiler aufwärtsgehen bis zum Höhenrücken nach 350 m, wo Sie rechts dem Schotterweg folgen. Nach 300 m ist nach rechts ein 100 m langer Abstecher auf einen 168 m hohen Gipfel möglich, aber nur mit mäßiger Aussicht.

Nach weiteren 300 m stoßen Sie wieder auf die beschriebene Wanderroute und folgen ihr links.

Nach 1 km fortwährenden Anstiegs ignorieren Sie den links abzweigenden Weg und kurz darauf den rechts abzweigenden. Sie wandern immer geradeaus, passieren nach 500 m einen Schrein und erreichen 200 m danach die Straße (km 7, ⇧ 135 m), der Sie vorher bereits etwas weiter rechts gefolgt waren. Entlang dieser Straße wandern Sie geradeaus zum bereits sichtbaren Zielort Brtonigla.

Brtonigla ist ein kleines Dorf nahe der Küste zwischen Umag und Poreč. Von hier aus führen einige nette ausgeschilderte Rundwanderwege durch das leicht hügelige Umland, mit schönen Aussichtspunkten, Wein- und Olivenfeldern.

Brtonigla besteht genau genommen aus vier Dörfern mit zusammen rund 1.600 Ew., von denen die Hälfte im Hauptort Brtonigla wohnen. Ein Drittel der Einheimischen zählt sich zur italienischen Minderheit.

✕ mehrere Einkehrmöglichkeiten, etwa am Dorfplatz Restaurant Primizia, Bunarska 2, ☏ 052/77 47 04, 💻 www.primizia.hr, 🚪 täglich 8:00-23:00, warme Küche ab 13:00. Das Restaurant ist dem Hotel San Rocco angeschlossen.

🛒 kleiner Lebensmitteladen in Brtonigla, Bunarska ul. 2, ☏ 052/77 41 24, 🚪 Mo-Sa 6:30-21:00, So 7:00-14:00

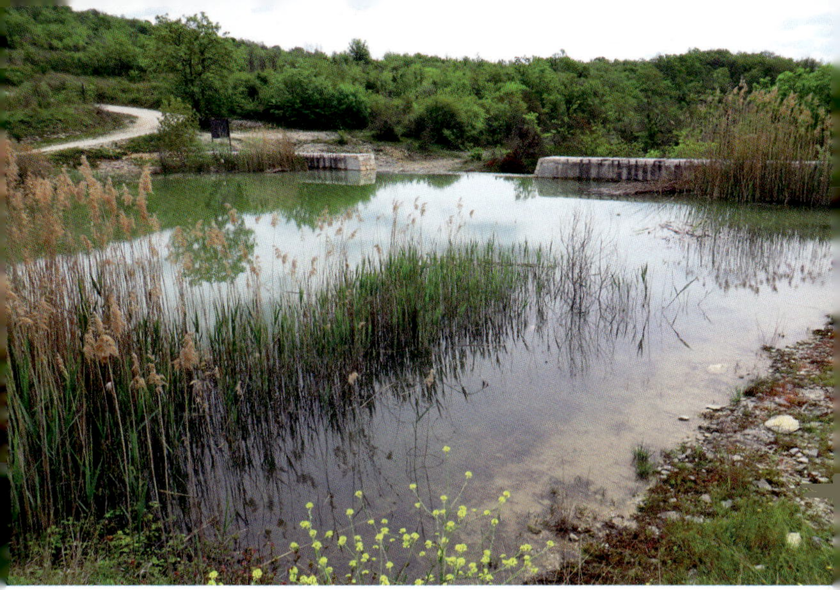

Skarline

↳ **Abstecher zur Grotte Mramornica** (➲ 2 x 2 km sowie 50 Hm)
Brtoniglia ist bekannt für die Mramornica-Höhle, die gut zu Fuß zu erreichen ist: Vom Zentrum mit der Kirche und Touristinfo folgen Sie der Straße abwärts Richtung Autobahn (zunächst Glavna). Nach 120 m, 30 m nach der Rechtskurve mit einem Café (rechts), geht es links in die Gasse, in der rechts in der Hauswand eine Marienstatue steht. Nach 50 m queren Sie eine andere Straße und folgen der kurz darauf nicht mehr asphaltierten Straße durch eine leichte Linkskurve. Nach 500 m geht es rechts unter der Autobahn hindurch und nach 200 m auf der Straße links, um nach 250 m wieder links auf eine (kleine) Straße abzubiegen. 500 m weiter folgen Sie links der ausgeschilderten Abzweigung zur Grotte, deren Parkplatz und Eingang nach 300 m erreicht ist.

Zurück nach Brtonigla geht es auf demselben Weg.

⌘ Die Höhle Mramornica gilt als eine der größten Höhlen in Istrien. Von den Höhlenwegen lassen sich bis zu 13 m hohe Stalagmiten bestaunen (zur Entstehung von Höhlen: ☞ Info zu Karst, S. 89).

♦ Höhle Mramornica, ☏ 099/250 29 58, April und Okt 10:00-16:00, Mai, Juni und Sep 10:00-17:00 sowie im Juli und Aug 10:00-18:00 (jeweils täglich), Eintritt € 7

8 Rundwanderung bei Pazin

Variantenreiche Tour für Landschaftsbegeisterte

Die istrische Hauptstadt Pazin liegt zentral im Inneren Istriens, wo früher landwirtschaftliche Produkte der Region gehandelt wurden. Rund um die 6.000- Einwohner-Stadt gibt es eine Menge markierter Wanderwege. Der beschriebene Weg macht auf einem großteils bewaldeten Höhenrücken eine Runde nördlich um Pazin, Abstecher und Abkürzungen sind möglich.

- Start/Ziel: Pazin, Busbahnhof (und Parkplatz), GPS N 45°14.346' E 013°56.556'
- 14,1 km
- 4 Std.
- 380 m/380 m, An-/Abstieg überwiegend am Stück
- 225-460 m
- rot-weiß-rote Streifen sowie weißer Punkt mit rotem Rand. Leider sind die Markierungen oft erst 20 bis 30 m hinter den Gabelungen bzw. Abzweigungen angebracht, sodass man erst einmal suchen/raten muss …
- Wege durch Wälder und Weingüter, stellenweise auch Straßen
- Einkehrgelegenheiten am Start/Ziel sowie bei Varianten nach Beram
- keine Rastplätze am Weg
- Einkaufsgelegenheiten am Start/Ziel
- Für Kinder machbar, aber sie sollten über eine gewisse Grundkondition verfügen. Andernfalls belässt man es nur bei den Höhepunkten am Anfang: Grotte und Burg.
- Für Buggys kaum machbar wegen zu vieler kleiner Pfade, die stellenweise recht steil rauf und runter gehen.
- Hunde können gut mit. Beim Abstecher in die Grotte sowie im Ort Pazin sollte der Vierbeiner lieber angeleint sein.

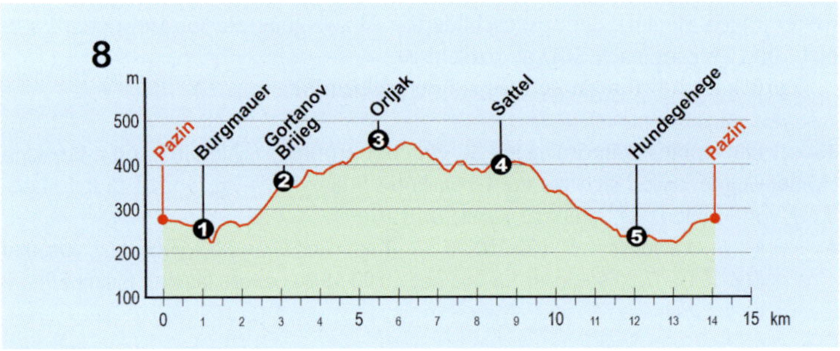

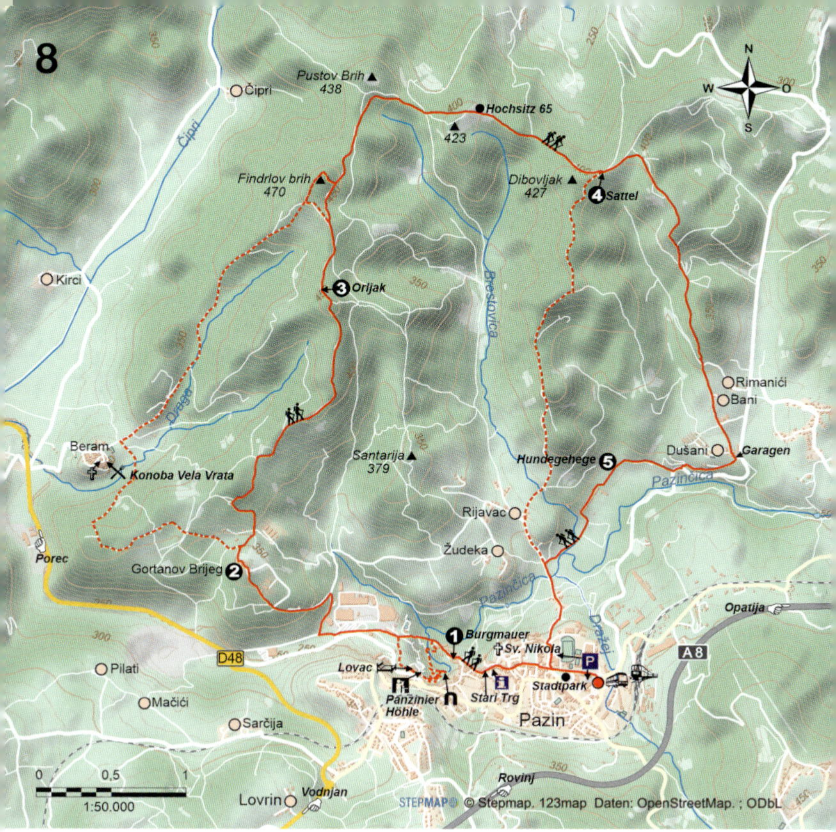

P	mehrere Parkplätze in Parzin, etwa neben dem Busbahnhof (Prolaz Otokara Kersovanija) oder nördlich vom Zentrum neben den Sportanlagen
Bus	Busbahnhof 500 m östlich vom Ortszentrum von Pazin mit mehreren Verbindungen täglich in alle größeren Orte Istriens sowie nach Rijeka und Zagreb. www.arriva.com.hr
Bahn	Bahnverbindungen von/nach Pula und Buzet, täglich etwa 6 Verbindungen pro Richtung. Der Bahnhof liegt 1 km östlich vom Zentrum. ☏ 052/62 43 10, www.prodaja.hzpp.hr (u.a. Englisch)

Die Rundtour beginnt am Busbahnhof von Pazin, neben dem sich auch ein großer Parkplatz befindet. Vom Busbahnhof bzw. Parkplatz gehen Sie nördlich davon (Richtung Bussteig 1) zur Allee und folgen dieser nach links Richtung Innenstadt.

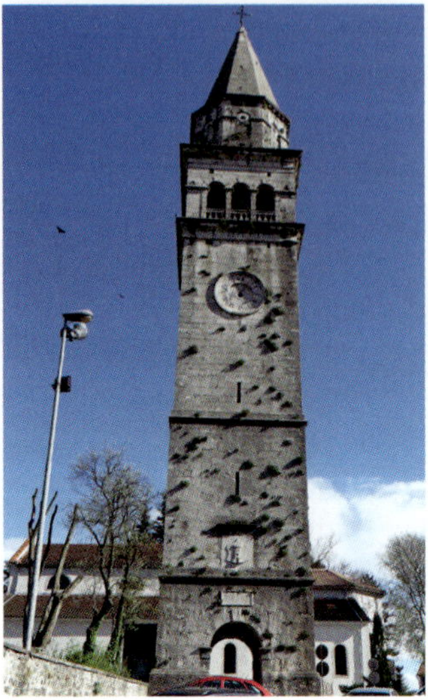
Turm der Kirche Sv. Nikola

Dann geht es weiter durch die Kleinstadt, vorbei an einem Park, Plätzen und Läden, teilweise auch als Fußgängerzone. Nach 700 m passieren Sie zur Rechten die Touristinfo, rechts dahinter erhebt sich der allein stehende Turm der Kirche Sv. Nikola.

Touristinfo Central Istria, Franine i Jurine 14, 52000 Pazin, ☎ 052/62 24 60, info@central-istria.com, www.central-istria.com, Mo- Fr 8:00-16:00, Sa 10:00-13:00

Weiter geht es geradeaus (Velog Joze) zum alten Marktplatz (Stari trg), wo Sie sich etwas rechts halten, um nach 100 m rechts unterhalb der Burgmauern ❶ entlangzugehen. 200 m nach der Burg (km 1,3, ⇧ 250 m) queren Sie auf der neueren Brücke Vršič die tiefe Schlucht der Pazinčica.

Abstecher zur Höhle Pazinska jama

(➲ zusätzlich 1,1 km und 80 Hm)

Dieser (kostenpflichtige) Abstecher führt links von der Brücke auf einem Lehrpfad in 5 Min. hinunter in die Schlucht und quert diese. Während des Anstiegs auf der anderen Seite gibt es zwei Aussichtspunkte, aber richtig nahe kommt man der Pazinska jama nicht. Unterwegs informieren Tafeln mehrsprachig über die Höhle.

Die **Pazinier Höhle** ist bekannt durch Jules Vernes, der in seinem Roman „Mathias Sandorf" den aus dem Kastell entflohenen Grafen Mathias Sandorf durch die Höhle von Pazin zum Limski-Fjord führt. Der Lauf des 16,5 km langen Flüsschens Pazinčica endet unterirdisch in einem sogenannten Schluckloch (Ponor) am Ende einer mehrere Hundert Meter langen und rund 100 m tiefen Schlucht. Von dort fließt das Wasser unterirdisch weiter durch einen Kanal mit mehreren Sälen, in denen das Flusswasser Seen bildet.

♦ geführte Touren in den Sommermonaten täglich um 10:00, 11:30, 13:30, 15:00, 17:00 sowie nach Voranmeldung, vorige Buchung notwendig!
www.pazin-cave.com/de, Eintritt € 30

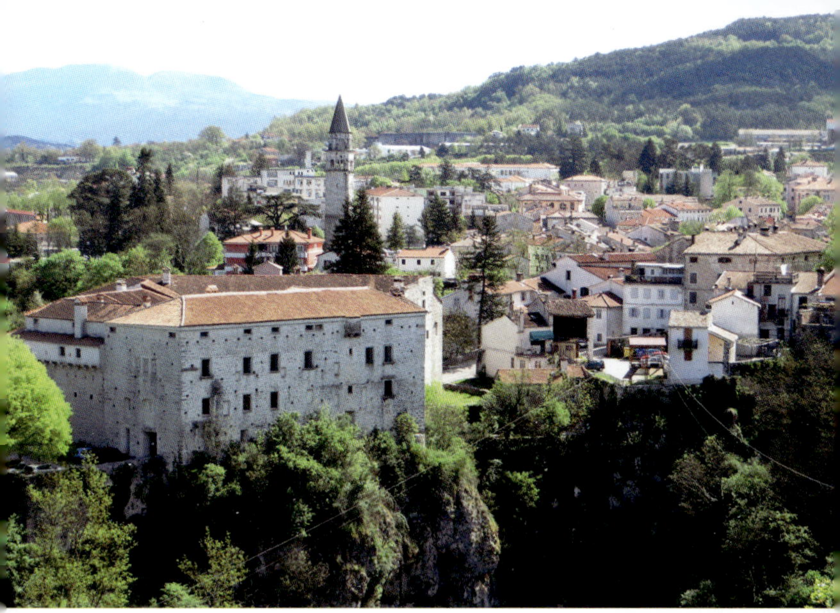

Blick auf Pazin

Nach dem Aufstieg auf der anderen Seite gibt es rechts einen schönen Aussichtspunkt auf Pazin mit der Burg.

Weiter geht es links auf dem Treppenweg aufwärts, links Richtung Hotel Lovac. Danach gehen Sie links am Hotel mit seiner Terrasse vorbei. Hinter dem Hotel nehmen Sie in der Rechtskurve der Straße den geradeaus abwärtsführenden Grasweg und nach 200 m nach einer Linkskurve rechts den Graspfad abwärts auf die kleine Straße zu, der Sie links folgen. Rechts liegt die Brücke über die Pazinčica.

Nach der Brücke folgen Sie der Straße geradeaus aufwärts, links am gelb-weißen Firmengebäude (Usluga) vorbei. Kurz darauf liegt rechts das große Gelände einer ehemaligen Textilfabrik. 600 m nach der Brücke (km 1,9) verlassen Sie die Straße, die links zur Hauptstraße führt, und folgen dem Schotterweg geradeaus (rot-weißer Pfeil) und nach 100 m bei einer Gabelung nach rechts (rot-weiß-rot) – das Fabrikgelände liegt immer noch rechts. Nach 300 m geht es bei einer Gabelung links aufwärts auf dem Schotterweg, den Sie nach 400 m in einer Rechtskurve verlassen (km 2,8, ⇧ 315 m): Hier geht es geradeaus auf dem Sandweg mit Steinen weiter (rot-weiß) und bei der Gabelung nach 30 m rechts bzw. im Verlauf geradeaus.

Beim Gehöft Gortanov Brijeg ❷ (km 3,1, ⇧ 365 m) folgen Sie dem Schotterweg links, zwischen den Gebäuden, und erreichen nach 200 m eine Abzweigung nach Beram (links). Sie folgen geradeaus dem Spurweg (rot-weiß).

Variante über Beram als Verlängerung (➲ 4,4 statt 3 km)

Nach Beram nehmen Sie den links abzweigenden Weg und erreichen das malerisch auf einem Hügel gelegene Dorf nach 2 km. Dort folgen Sie der Landstraße nach rechts in nordöstliche Richtung, während die Ortsmitte mit Kirche und Konoba links liegt.

Konoba Vela Vrata, Beram 39, ☎ 052/62 28 01, 09 17 81 49 95, Mo-Sa 12:00-23:00, regionaltypische Küche, u. a. mit Trüffeln und handgemachter Pasta, am Ortseingang neben der Kirche gelegen

Am Ende des Weilers gehen Sie geradeaus auf dem Weg aufwärts durch das Tal und halten sich nach 2,2 km etwas rechts, um nach 300 m auf dem bewaldeten Kamm wieder auf die Route zu stoßen, der Sie links in nördliche Richtung folgen.

Nach 100 m erreichen Sie einen Sattel mit Gebäuden hinter einem Zaun. Weiter geht es geradeaus, Abzweigungen ignorieren Sie.

Bei einer 5-fach-Kreuzung mit Hütte (km 4,1, ⇧ 375 m) folgen Sie dem Weg durch die Rechtskurve leicht aufwärts. Nach 100 m halten Sie sich bei einer Gabelung ohne Markierung links (aufwärts) und folgen im Weiteren dem Weg geradeaus (rot-weiß), bis Sie nach 1,4 km den höchsten Punkt erreichen, den Orljak ❸ (km 5,6, ⇧ 460 m) – wegen des Waldes allerdings ohne Fernblick. Nach 500 m halten Sie sich bei einer Gabelung rechts – die rot-weiße Markierung befindet sich an einem Baum in der Mitte und lässt daher verschiedene Interpretationen zu.

Abkürzung als Rundwanderung über Beram (➲ bis Pazin 8 km)

Wenn Sie eine kürzere Rundwanderung – über Beram – machen wollen, gehen Sie bei der Gabelung links und erreichen nach 400 m eine weitere Gabelung: Links geht es nach Beram (Wegweiser). Sie folgen dem Weg geradeaus abwärts, der Sie schließlich durch ein Tal und nach rund 2,2 km zum Weiler Beram mit Einkehrmöglichkeit (☞ oben) führt.

Kurz vor der Dorfmitte nehmen Sie den links abzweigenden Feldweg Richtung Pazin, der Sie nach 2 km wieder auf die reguläre Route führt, wo Sie rechts über Gortanov Brijeg denselben Weg zurückgehen wie gekommen.

Nach 700 m erreichen Sie eine weitere Gabelung zunächst ohne Markierung (km 6,9, ⇧ 420 m). Hier gehen Sie rechts abwärts (nach 30 m Markierung). Nach 500 m halten Sie sich bei einer Kreuzung im Sattel halb links aufwärts (rot-weiß) und passieren nach 300 m zur Rechten einen Jagd-Hochsitz (mit der Zahl 65). 1 km nach dem Hochsitz erreichen Sie eine Kreuzung in einem weiteren Sattel ❹ (km 8,7, ⇧ 395 m). Scharf rechts zweigt ein mit PPP markierter Weg ab.

↳ Abkürzung nach Pazin auf dem Weg PPP

(➲ zum Zentrum 3,8 statt 5 km)

Der scharf rechts abzweigende Weg bringt Sie schneller nach Pazin und führt aussichtsreich zunächst über den Kamm und dann direkt abwärts in den Ort Pazin. Kurz vor Pazin bzw. einer Brücke stoßen Sie wieder auf die Hauptroute (bei km 13).

Bei der Kreuzung im Sattel wandern Sie geradeaus und nach 150 m bei einer Gabelung rechts (geradeaus). Sie folgen dem Weg immer geradeaus und abwärts, nach kurzer Zeit vorbei an vereinzelten Weinstöcken und Oliven.

Nach längerem Abstieg endet der Wald und Sie folgen dem Schotterweg auf das Dorf zu, nach 200 m auf einem Asphaltweg (km 10,6, ⇧ 300 m). In der Linkskurve der Asphaltstraße (links Haus Nr. 73) geht es auf dem Spurweg in derselben Richtung wie vorher weiter und auf die Häuser zu. 100 m weiter queren Sie den Hof, um nach 50 m hinter den Garagen (rechts) dem Spurweg rechts zu folgen. Nach 100 m führt dieser Weg auf ein privates Anwesen. Direkt davor nehmen Sie rechts von Bäumen den links abwärtsführenden Grasweg. Nach 250 m geht es vor einem Schotterweg auf dem Pfad links abwärts (rot-weiß) und nach 30 m auf einer abenteuerlichen kleinen Holzbrücke über einen Bach. Kurz darauf folgen Sie der Straße nach rechts, um diese nach 70 m in der Linkskurve wieder zu verlassen (km 11,7, ⇧ 230 m) – rechts auf dem Schotterweg. Die Monotonie der Ebene wird nach 400 m jäh unterbrochen durch aufgeregtes Hundegebell in einem großen Vierbeinergehege ❺. Weiter geht es auf dem Schotterweg, der nach 800 m die Straße erreicht (km 13, ⇧ 230 m). Sie folgen ihr nach links über die Brücke und dann aufwärts in Kurven nach Pazin.

Nach 400 m passieren Sie kurz vor dem Zentrum von Pazin den Parkplatz. Am Anfang des Parkplatzes halten Sie sich links und nach 30 m rechts, um nach 100 m den Platz mit dem Stadtpark zu erreichen (km 13,7, ⇧ 270 m). Nach rechts sind Sie in wenigen Minuten im Zentrum mit vielen Einkehrgelegenheiten, nach links in 5 Min. am Busbahnhof bzw. an einem weiteren davorliegenden Parkplatz, dem Startpunkt.

Plitvicer Seen

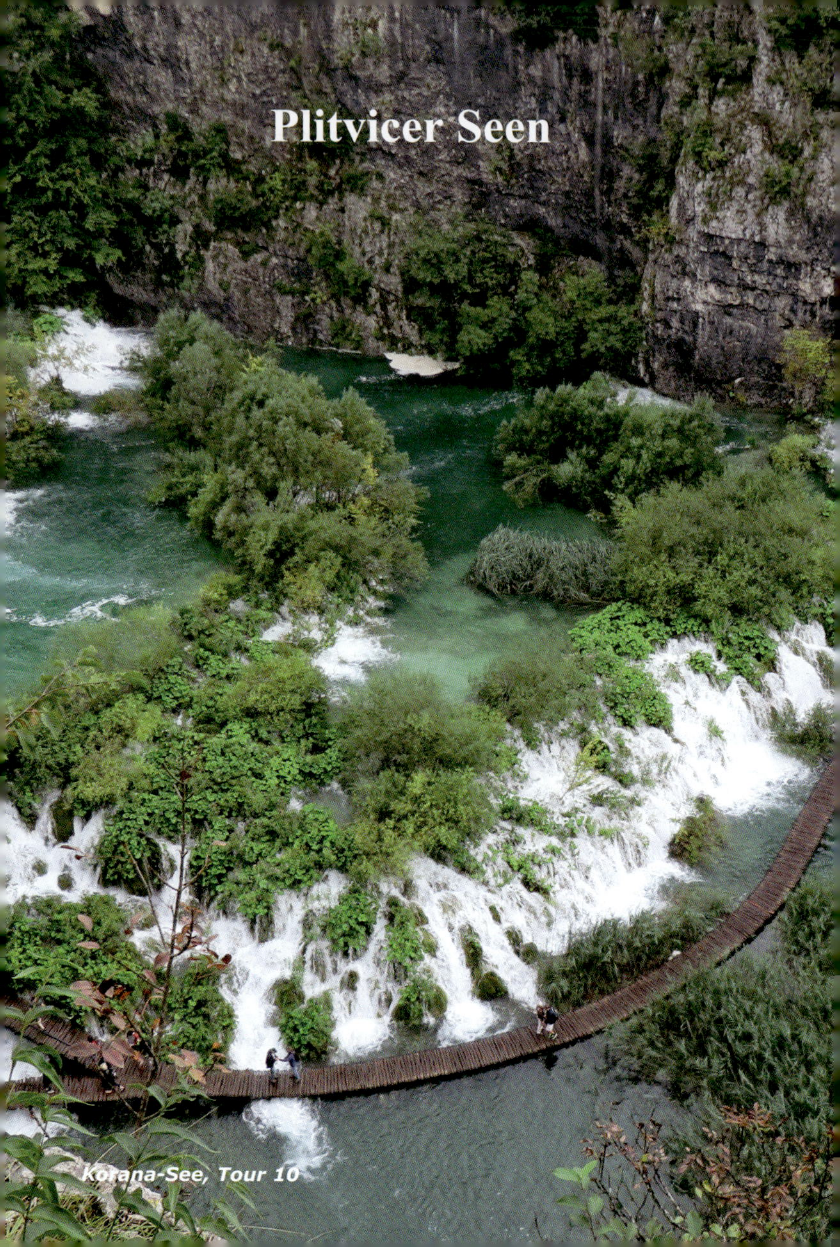

Korana-See, Tour 10

Die Plitvicer Seen sind eine der ganz großen natürlichen Attraktionen von Kroatien: Zwischen den Gebirgen Mala Kapela und Pljesevia sind 16 Seen auf einer Länge von 8 km in Höhen zwischen 503 und 637 m durch zahlreiche Wasserfälle miteinander verbunden – mit einem Höhenunterschied von 134 m.

Die Stufen zwischen den Seen bzw. Barrieren bestehen aus Travertin oder Rauwacke – einem porösen Gestein, das durch besondere Bedingungen entsteht: Das Wasser hat kaum organische Substanzen und ist mit Kalziumkarbonat übersättigt. Durch das Wachsen dieser Travertinbarrieren entstanden die Wasserfälle und sie entwickeln sich weiter, manche verschwinden und neue bilden sich. Dadurch ändern sich kontinuierlich Lage und Aussehen der Seen.

Der Tourismus begann bei den Plitvicer Seen um 1900, als österreichische Offiziere die Naturschönheiten entdeckten.

Seit 1949 sind die Plitvicer Seen als Nationalpark ausgewiesen und gelten damit nicht nur als ältester Park des Landes, sondern mit einer Fläche von 300 km^2 auch als der größte unter den acht kroatischen Nationalparks, wovon der größte Teil (rund 75 %) aus Wald besteht und nur 1 % aus Wasserflächen. Dem Wald verdankt der Nationalpark seine Besonderheit: Als Wasserspeicher und Hindernis verhindert er das Abtragen der Kalksinterbarrieren durch Sturzfluten bzw. Hochwasser.

Der Nationalpark beherbergt 1.267 Pflanzenarten, darunter 55 Orchideen und insgesamt 75 endemische Arten. Zoologinnen und Zoologen haben 321 Schmetterlings-, 161 Vogel- und 21 Fledermausarten gezählt. Kein Wunder also, dass den Plitvicer Seen 1979 auch das Etikett UNESCO-Weltnaturerbe verliehen wurde. Der spektakulärste Teil des Parks (2 % der gesamten Fläche) ist sehr gut mit Wegen erschlossen, von denen ein großer Teil direkt am bzw. auf dem Wasser auf Holzbohlen verläuft, sodass man die Wasserfälle hautnah erleben kann. Diese gute Erschließung führt aber auch dazu, dass die Plitvicer Seen der meistbesuchte Nationalpark Kroatiens sind – mit rund 1 Mio. Besucherinnen und Besuchern im Jahr und an manchen Tagen mehr als 10.000!

☹ An guten Tagen wälzen sich folglich Tausende von Besucherinnen und Besuchern über die schmalen Holzpfade. Viele sind eher mit Selfiestick als mit Wanderausrüstung ausgestattet, machen also eher einen Spaziergang als dass sie wandern – Staus sind dann keine Seltenheit. Sie sollten daher genügend zeitlichen „Puffer" einplanen.

Nacionalni Park Plitvička Jezera, 53231 Plitvička Jezera, ☎ 053/75 10 14, www.np-plitvicka-jezera.hr, Der Nationalpark ist täglich ab 7:00 geöffnet, im Winter bis 16:00, im Sommerhalbjahr bis 18:00. Die Eintrittsgebühren schwanken je nach Saison zwischen € 12 und € 27 (!). Wer länger bleibt, sollte gleich eine 2-Tages-Karte nehmen und spart dabei etwa 20 %. ☺ Gäste der Nationalparkhotels

(☞ unten) erhalten beim Lösen des Nationalparktickets zusätzlich (im Hotel) ein Gratisticket für einen weiteren Tag.

Für die Touren 9 und 10 ist eine Eintrittskarte für den Nationalpark erforderlich, nur bei Tour 11 benötigt man keine Eintrittskarte.

B&B In der Nähe vom Nationalpark gibt es mehrere Unterkunftsmöglichkeiten, von denen einige Hotels und Campingplätze zum Nationalpark gehören.

Oberhalb der Plitvicer Seen ist der Nationalpark mit drei eigenen Hotels präsent, d. h., mit dem Besuch der Hotels fördert man den Nationalpark. Die Hotels (in aufsteigender Reihenfolge bzgl. Ausstattung und Preis): Bellevue, Plitvice, Jezero (Ü/F im DZ ab etwa € 60 pro Person). www.np-plitvicka-jezera.hr → Deutsch → Planen Sie Ihren Besuch → Unterkunft

B&B Mehrere Privatunterkünfte gibt es in bzw. bei Mukinje, 1,5 km südöstlich vom Parkeingang 2, etwa Etno Houses mit Ferienhäusern, DZ p. P. ab etwa € 30, ☏ 053/77 47 60, www.ethnohouses.com, oder Pension Knezevic, DZ p. P.: ab etwa € 35, ☏ 053/77 40 81, www.villa-knezevic-plitvice-lakes.lakesplitvice.com/de.

Der Nationalpark betreibt neben Hotels auch Campingplätze, Anfang April bis Mitte Oktober, www.np-plitvicka-jezera.hr → Deutsch → Planen Sie Ihren Besuch → Unterkunft.

- Camp Korana, ☏ 053/75 18 88, kampkorana@np-plitvicka-jezera.hr, 35 ha großer Park mit 2.500 Plätzen und 45 Bungalows, 6 km nordöstlich vom Parkeingang.
- Camp Borje, ☏ 053/75 17 89, autocamp-borje@np-plitvicka-jezera.hr, 6,5 ha großer und bewaldeter Platz mit 350 Stellplätzen und Restaurant, 15 km südlich vom Parkeingang, zuletzt (2022) „vorübergehend geschlossen".

kleiner Lebensmittelladen in Mukinje, 1 km südlich vom Eingang

P Oberhalb vom Park gibt es zwei offizielle größere Parkplätze, die alles andere als günstig sind: pro Stunde etwa € 1 bis 1,50. Die Parkplätze liegen jeweils bei den Haupteingängen: Rastovača beim (nördlichen) Eingang (Ulaz) 1, Hladovina beim (südlichen) Eingang 2.

Der Nationalpark Plitvicer Seen liegt an der Busstrecke zwischen Zagreb und Split und wird daher häufig mit Linienbussen bedient (bis zu 10x täglich je Richtung). Bei der Haltestelle Plitvička Jezera halten die meisten Busse aber nur nach Bedarf. Die Fahrzeit von Zagreb beträgt etwa 2 Std. 30 Min. (etwa € 14). www.buscroatia.com Im Park verkehrt zwischen drei Stationen oberhalb der Seen ein Pendel-Geländebus, mindestens stündlich (in der Saison auch halbstündlich). Die Benutzung ist im Eintrittspreis inkludiert.

Zwischen den drei Anlegemolen am See Kozjak verkehren zwei Schiffslinien: eine kurze zwischen P1 und P2 (Dauer: 5 Min., Abfahrten nach Bedarf) und eine lange von P1 und P2 von/nach P3 (Dauer: 15 Min., Abfahrten halbstündlich, in der Saison auch häufiger). Die Benutzung ist im Eintrittspreis enthalten.

✎ Entlang der Seen und Wasserfälle führt ein dichtes Wegenetz, teilweise mit Holzbohlenwegen. Deren Breite von rund 1,5 m reicht bei hohem Besucheraufkommen (fast ständig der Fall, auch in Nebensaison) oft nur für eine Gehrichtung. Daher sind die meisten offiziellen Touren rund um den See als „Einbahnstrecken" markiert – in Laufrichtung gegen den Uhrzeigersinn. Alle markanten Punkte sind ausgeschildert, genauso die mit Buchstaben gekennzeichneten Rundwege (☞ Kasten). Orientierungspunkte sind neben den Eingängen (Ulaz 1-2) die drei Stationen der Geländebusse (ST1-3) sowie die drei Anlegemolen der Schiffe (P1-3). Die Wege weiter oberhalb sind mit farbigen Markierungen gekennzeichnet.

✋ In der Nebensaison (außerhalb der Monate Juni bis August) können einige Wege als Folge starker Niederschläge stellenweise überschwemmt sein. Am Parkeingang wird man Ihnen darüber Bescheid geben können.

🕮 einfache (schlechte) Karte des Nationalparks an den Eingängen zum Nationalpark sowie in Hotels (€ 3), alternativ Karte im Maßstab 1:1.000 und 1:25.000 vom Projekt-Nord – Mollenhauer & Treichel GbR, erhältlich für € 14,90 bei 💻 www.mapfox.de

Kroatische Karl-May-Filme: doppelte Mogelpackung

Bei der Verfilmung der legendären Karl-May-Filme in den 1960-Jahren diente Kroatiens Karst als Kulisse (bzw. damals Jugoslawien). Die Filmcrew musste also für die Dreharbeiten mit Cowboys und Indianern genauso wenig nach Amerika reisen wie Karl May seinerzeit, der die Filme um Winnetou und Old Shatterhand am Schreibtisch ausbrütete bzw. schrieb, ohne damals Amerika besucht zu haben. Erst 15 Jahre nach den erfolgreichen Winnetou-Filmen bereiste er das Land (1908).

In den drei Nationalparks Plitvicer Seen, Paklenica und Krka sowie an anderen Orten in Kroatien wurden Szenen für „Schatz am Silbersee", „Unter Geiern" und neun andere Winnetou-Filme gedreht.

Nach dem Vorbild von Neuseeland mit den „Herr-der-Ringe"-Locations vermarktet auch Kroatien die Drehorte professionell: Es gibt eine eigene Winnetou-Touristenkarte und ab Starigrad Paklenica werden mit Bussen und Geländewagen Ausflüge zu den Drehorten der Karl-May-Filme angeboten.

Auch das Winnetou-Remake (seit 2015) wurde wieder an „Originalschauplätzen" in Kroatien gedreht.

⌘ Eine kleine Ausstellung im Starigrader Blue Sun Hotel Alan dokumentiert die Dreharbeiten der 1960er-Jahre. Zu sehen sind alte Filmplakate und -requisiten sowie die Original-Einzelzimmer der beiden Hauptdarsteller Lex Barker alias Old Shatterhand und Pierre Brice alias Winnetou, die aus heutiger Sicht wie Gefängniszellen anmuten.

♦ Mo, Mi, Fr 17:00-18:00 sowie Di, Do, So 11:00-12:00, für Hotelgäste gratis, sonst gegen Spende

Reguläre Routen im Nationalpark Plitvicer Seen

Im Nationalpark sind sieben Rundwanderungen ausgeschildert, die auf den Wegweisern und Karten mit Buchstaben gekennzeichnet sind. Sechs beginnen bei einem der beiden Eingänge, eine (K) bei zweien; grün markiert sind die offiziellen Rundrouten ab Eingang 1 und orange ab Eingang 2.

Die Routen 9 und 10 dieses Wanderführers verlaufen großteils auf diesen ausgewiesenen Routen.

Anbei eine Übersicht über diese regulären Routen mit Länge und grober Zeitangabe.

Beachten Sie dabei, dass bei großem Besucheraufkommen infolge von Staus eine durchschnittliche Gehzeit von rund 2 km pro Stunde nicht ungewöhnlich ist!

Tour	Strecke	Gehstrecke	Gesamtzeit
A	Veliki Slap, Kozjak	3,5 km	2-3 Std.
B	Eingang 1:Veliki Slap, Kozjak-Bahn ST2>ST1, Schiff P3>P2>P1	4,0 km	3-4 Std.
C	Eingang 1: Veliki Slap, Kozjak, ob. Seen-Bahn ST2>ST1, ST3>ST2 | Schiff P3>P2	8,0 km	4-5 Std.
E	Eingang 2: ob. Seen-Bahn ST2>ST3, Schiff P2>P1	5,1 km	2-3 Std.
F	Eingang 2: Veliki Slap, Kozjak-Schiff P1>P2>P3, Bahn ST1>ST2	4,6 km	3-4 Std.
H	Eingang 2: Veliki Slap, Kozjak, ob. See-Bahn ST2>ST3, ST1>ST2, Schiff P2>P3	8,9 km	4-5 Std.
K	Eingang 1 & 2: Veliki Slap, ob. Seen, Panoramaweg, Uferweg Kozjak-Schiff P2>P1	18,3 km	6-8 Std.

⑨ Rundweg bei den oberen Plitvicer Seen

Tour für Wasser- und Spektakelfans

Diese Rundwanderung führt Sie entlang der oberen Plitvicer Seen – großteils auf schmalen Holzpfaden direkt am bzw. über dem Wasser, umgeben vom Getöse der Wasserfälle. Dank der guten Erschließung sind zahlreiche Abkürzungen und Verlängerungen auf den mit Buchstaben gekennzeichneten Wegen möglich. Der Rückweg führt Sie oberhalb der Seen und damit abseits von den Menschenmassen zurück zum Startpunkt.

Start/Ziel: (südlicher) Parkplatz Hladovina bei Eingang (Ulaz) 2,
GPS N 44°52.977' E 015°37.411'

9,1 km

3 Std. 30 Min.

345 m/345 m

520-740 m

zahlreiche Wegweiser im Nationalpark, teilweise Rundtouren C, E, H und K

abenteuerliche Wege oft über Holzstege am und über dem Wasser sowie zwischen ❷ und ❸ großteils Waldweg

Einkehrgelegenheiten am Eingang und Weg zum Parkplatz sowie am Start/Ziel, außerdem bei optionalem Abstecher nach km 4,2 zu ST3. Die Öffnungszeiten entsprechen denen des Parks.

mehrere Sitzbänke entlang der Strecke

WC am Eingang sowie bei ST3 (Abstecher ab km 4,2)

Für Kinder ist die Tour ideal: viele Höhepunkte und nicht zu lang.

Für Buggys machbar auf den gut erschlossenen Wegen. Allerdings gibt es auch einige Stufen.

Hunde sind an der Leine erlaubt (gratis im Nationalpark). Allerdings ist es bei großem Besucherandrang nicht immer leicht, sich mit angeleintem Hund den Weg durch die Menschenmassen zu bahnen ...

P (südlicher) Parkplatz 2 (Hladovina), ☞ S 70

☞ S. 70

Die Rundtour beginnt am Parkplatz Hladovina oberhalb des (südlichen) Eingangs (Ulaz) 2. Von dort folgen Sie dem Weg zum Eingang, der auf einer Holzbrücke die Straße quert. Kurz danach nehmen Sie den breiten, asphaltierten Weg rechts leicht abwärts zum Eingang mit Kassenhaus ❶ (km 0,8, ⇧ 580 m), wo Sie das Nationalparkticket lösen können.

✕ WC In dem Gebäude des Kassenhäuschens befinden sich auch eine Cafeteria sowie Toiletten.

Vor dem Kassenschalter stehend gehen Sie scharf links abwärts durch die Kontrolle und folgen dem Weg Richtung Schiffsanleger P1, nach 200 m halten Sie sich etwas rechts zum Ufer mit dem Anleger für die Fußgängerfähren (km 1,1, ⇧ 540 m).

✕ WC Links vom Anleger ist eine weitere Cafeteria mit WC.

Vom Anleger P1 setzen Sie mit der Fußgängerfähre auf der kurzen Linie über nach P2 ❷ (Dauer: 5 Min., Abfahrten nach Bedarf).

Auf der anderen Seite, bei P2, folgen Sie dem Weg aufwärts bis zu einer Gabelung, wo Sie den Routen K, C und E rechts folgen. Nach 170 m zweigen hinter einem Stufenanstieg C und E nach links ab, während Sie K geradeaus aufwärts durch Wald oberhalb der oberen Seen folgen. Nach 1,5 km halten Sie sich bei einer Gabelung rechts (km 3, ⇧ 720 m)

Obere Plitivcer Seen bei starkem Regen

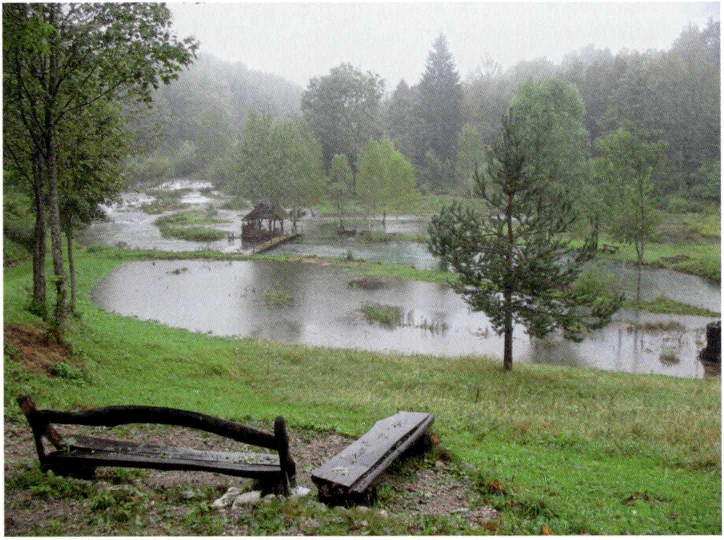

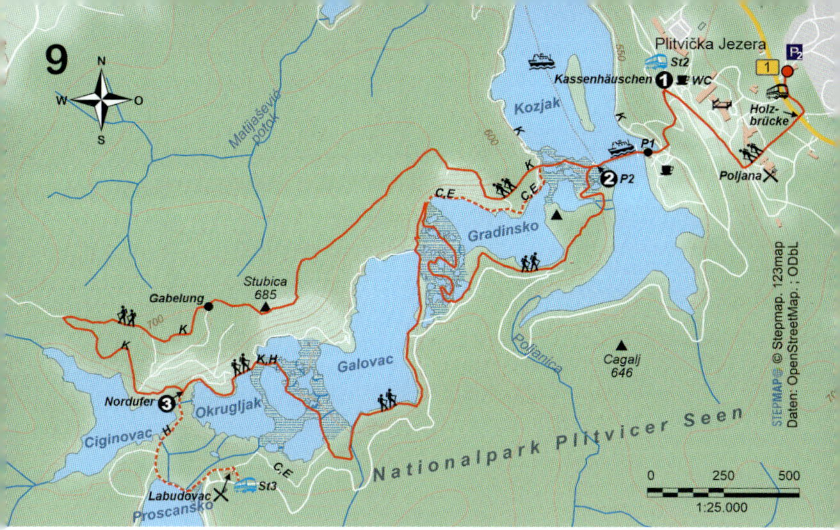

Folgen Sie dem Weg K noch etwa 200 m aufwärts, ehe der Abstieg einsetzt mit einer scharfen Linkskurve nach etwa 10 Minuten. Nach dem Abstieg erreicht K das Nordufer des Sees Okrugljak ❸. Rechts zweigt H zu ST3 mit Einkehrgelegenheit ab (☞ Variante), Sie aber folgen K (sowie H) geradeaus entlang des Nordufers.

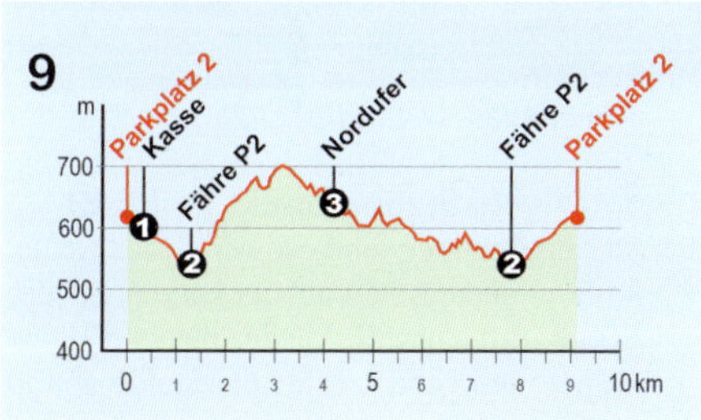

↳ **Abstecher zu ST3 mit Einkehrgelegenheit** (➲ 700 m)

Rechts führt Sie der Holzbohlenweg südwärts Richtung ST3 (H), zwischen den Seen Okrugljak (links) und (auf der rechten Seite) Ciginovac sowie Proscansko, dem zweitgrößten Plitvicer See. Nach 500 m erreichen Sie eine Straße und folgen dieser geradeaus zu einer ✕ Einkehrgelegenheit. Gleich dahinter geht es rechts aufwärts zu ST3, der Abfahrtsstelle für den Geländebus (Abfahrten: ☞ S. 70).

Nach 350 m folgen Sie K über den Brückenweg zwischen mehreren Seen zum Südufer, wo nach rechts ein weiterer Zubringer zu ST3 abzweigt (C, E). Sie halten sich hier links (K, H) und erreichen nach einer Linkskurve im Wald das Ufer des Galovac. Genussreich folgen Sie K und H am Ufer entlang, am Nordufer geradeaus und 150 nach jenem scharf rechts.

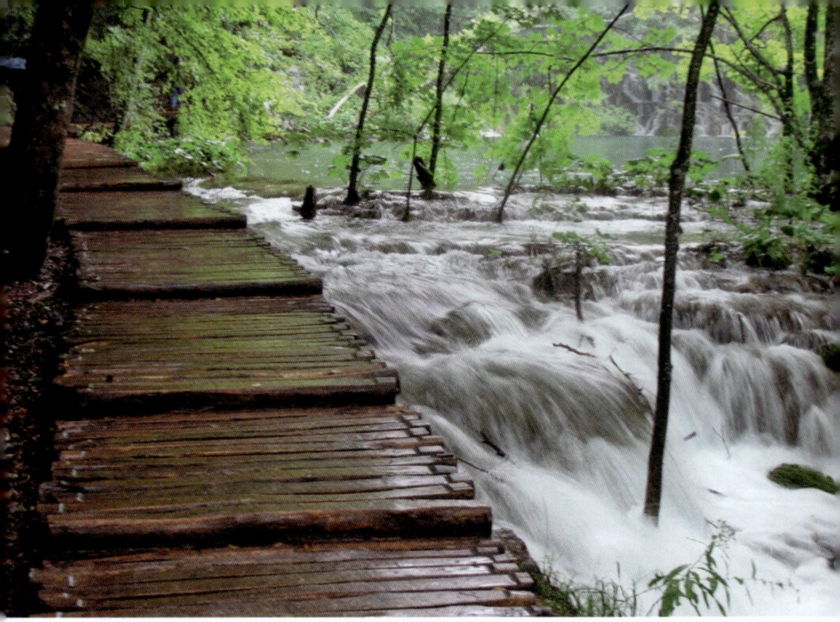

Hoher Wasserstand bei P2

↳ **Abkürzung direkt zu P2 ❷** (➲ 700 m statt 1,6 km)
Der direkte Weg führt Sie geradeaus weiter (C und E) am Nordufer des Gradinsko-Sees entlang statt auf der kurvenreichen, aber sehr schönen Hauptroute. Nach 500 m erreichen Sie wieder die vom Hinweg bekannte Gabelung oberhalb einer Treppe und gehen rechts die Stufen abwärts Richtung des Anlegers P2 ❷, den Sie nach 200 m erreichen.

Kurvenreich geht es in Schleifen auf einem Holzbohlenweg am Gradinsko-See mit mehreren Wasserfällen weiter. Bei allen folgenden Gabelungen halten Sie sich links und erreichen schließlich wieder die vom Hinweg bekannte Abzweigung oberhalb von P2 ❷; dort gehen Sie rechts abwärts zum Schiffsanleger.

Von dort geht es mit der Fähre hinüber und auf bekanntem Weg aufwärts zum Eingang 2 ❶ und weiter zum Parkplatz 2 (Hladovina).

⑩ Panorama-Rundwanderung bei den unteren Plitvicer Seen

Tour für Wasser(fall)begeisterte

Die unteren Seen sind ähnlich dicht mit Wegen erschlossen wie die oberen, und auch hier verlaufen viele auf schmalen Holzpfaden. Ebenso wie bei Tour 9 sind beliebige Variationen auf den mit Buchstaben markierten, vom Park vorgeschlagenen Wegen möglich. Die Rundwanderung ist mithilfe der im Park verkehrenden Schiffe und Geländebusse (im Eintritt inkl.) auch als Streckentour machbar.

Start/Ziel: (nördlicher) Parkplatz Rastovača am Eingang (Ulaz) 1, GPS N 44°54.335' E 015°36.767'

4,8 km

2 Std.

190 m/190 m

510-595 m

zahlreiche Wegweiser im Nationalpark, teilweise Rundtouren A, B, C, F, K, H

abenteuerliche Wege oft über Holzstege am und über dem Wasser

Einkehrgelegenheiten am Start/Ziel, außerdem bei Schiffsanleger P3 (km 2,4). Die Öffnungszeiten entsprechen denen des Parks.

viele Rastplätze/Sitzbänke

WC am Eingang sowie bei Schiffsanleger P3 (km 2,4)

Für Kinder ist der Weg ideal: viele Höhepunkte und nicht zu lang.

Für Buggys machbar auf den gut erschlossenen Wegen, allerdings gibt es auch einige Stufen.

Hunde sind an der Leine erlaubt (gratis im Nationalpark). Allerdings ist es bei großem Besucherandrang nicht immer leicht, sich mit angeleintem Hund den Weg durch die Menschenmassen zu bahnen ...

P (nördlicher) Parkplatz 1 (Rastovača), ☞ S. 70

☞ S. 70

Vom Parkplatz 1 (Rastovača) kommend queren Sie die Hauptstraße und passieren den (nördlichen) Eingang 1 des Nationalparks mit dem Kassenhäuschen, wo Sie das Nationalparkticket lösen.

Rund 100 m nach dem Eingang erwartet Sie der erste spektakuläre Ausblick auf das unter Ihnen liegende Tal mit den unteren Seen und dem Wasserfall Veliki Slap („Großer Fall") dahinter, der 72 m tief in die Korana-Schlucht stürzt.

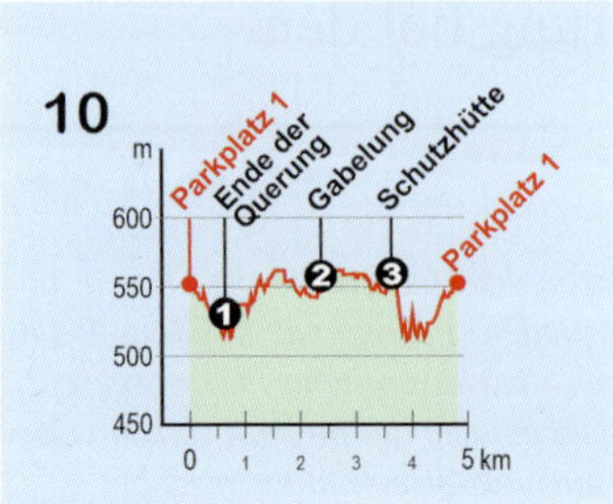

Gleich danach halten Sie sich rechts und wandern abwärts auf dem betonierten Fußweg (P3, A, B, C, G2, K), um nach 150 m denselben Wegmarkierungen scharf rechts abwärts zum See zu folgen, der auf einem Holzsteg gequert wird. Am Ende der Querung ❶ (km 0,7, ⇧ 520 m) folgen Sie dem Holzsteg nach links, zunächst am Westufer des Sees Kaluderovac entlang (P3, A, B, C, G2), dem am niedrigsten gelegenen Plitvicer See (⇧ 515 m), bekannt als Drehort von Karl Mays „Der Schatz am Silbersee" in den 1960er-Jahren.

Abstecher zum Wasserfall Veliki Slap (➲ 2 x 80 m)

Nach rechts erreichen Sie nach weniger als 100 m den Wasserfall Veliki Slap, der allerdings auf dem Rückweg dieser Rundwanderung sowieso auf dem Programm steht (bei km 3,7).

☺ Dieser Abstecher lohnt sich dann, wenn Sie diese Tour nicht wie vorgeschlagen machen, sondern einen anderen Weg zurückgehen.

Nach 350 m passieren Sie zur Linken die ∩ Höhle Šupljara, wo eine konstante Temperatur von 10 °C herrscht. Weiter geht es südwärts am Ostufer des Sees Gavanovac (A, B) und nach 300 m eine Etage höher am Ostufer des Sees Milanovac entlang.

Kurz nach dem Ende des Sees Milanovac (km 1,9, ⇧ 560 m) halten Sie sich bei einer Kreuzung rechts und folgen dem Holzbohlenweg rechts über den See Richtung P3 (B, C). Der 2 km lange und bis zu 46 m tiefe Kozjak ist der größte See des Nationalparks.

Abkürzung zurück via ST1 (➲ 500 m bis ST1, 1,5 km bis Eingang 1)

Bei der Kreuzung führt scharf links ein Weg aufwärts Richtung ST1 (A), das Sie nach 500 m erreichen.

✕ WC Café Rapajinka, Josipa Jovića, ☏ 0 53/75 10 15, täglich 8:30-19:30

Von hier fährt stündlich der Geländebus nach ST3 via ST2 in der Nähe von Parkplatz 2.

☺ Damit lassen sich die Touren 9 und 10 an einem Tag kombinieren.

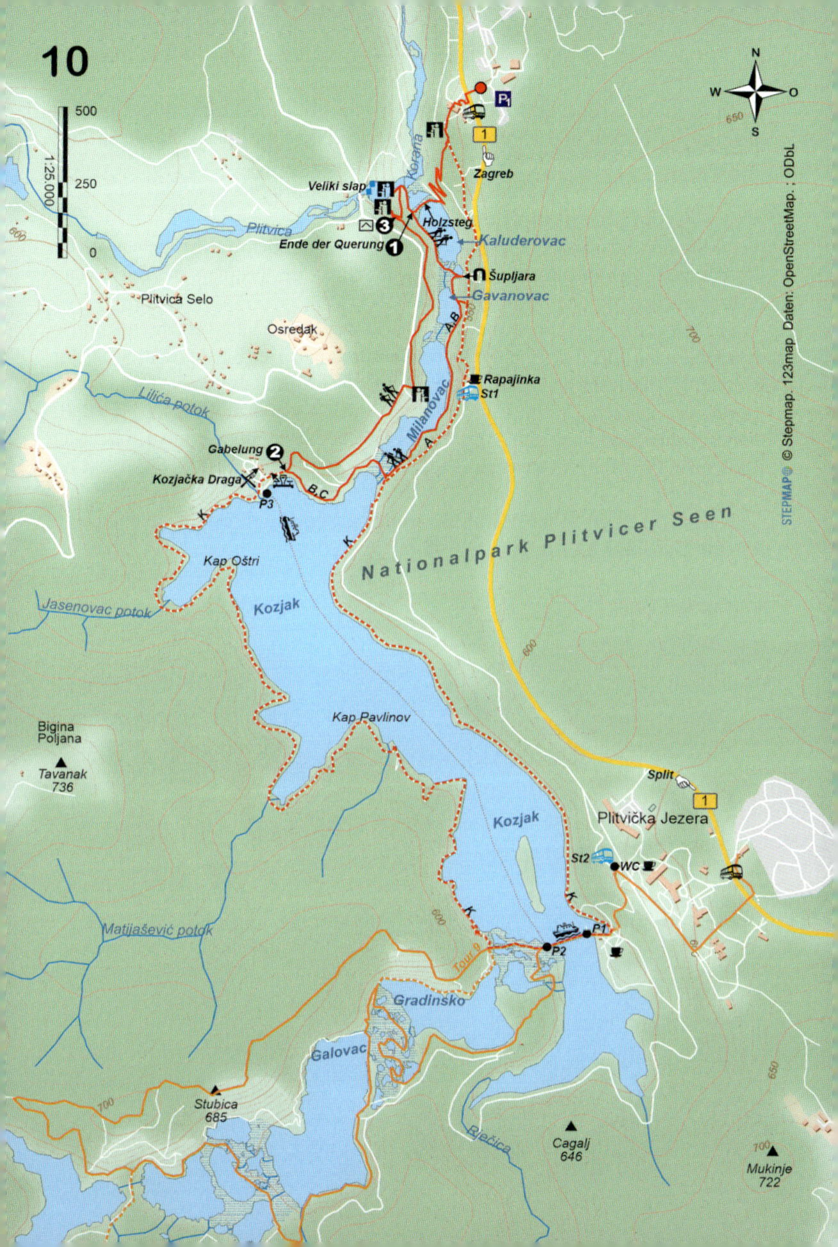
10
500
250
0
1:25.000
N
W
O
S
650
Zagreb
1
P1
Veliki slap
Korana
Holzsteg
Kaluđerovac
3
Ende der Querung 1
Plitvica
Šupljara
Gavanovac
A,B
Plitvica Selo
Osredak
600
700
Rapajinka
St1
Milanovac
Lilića potok
Gabelung 2
Kozjačka Draga
P3
B,C
A
K
Kap Oštri
Nationalpark Plitvicer Seen
Kozjak
Jasenovac potok
Bigina Poljana
Tavanak 736
Kap Pavlinov
Split
Plitvička Jezera
St2
WC
P1
P2
Matijašević potok
Tour 9
Gradinsko
Galovac
Stubica 685
Rječica
Cagalj 646
Mukinje 722
STEPMAP © Stepmap. 123map Daten: OpenStreetMap ; ODbL

Links an ST1 vorbei geht es geradeaus (A) auf etwa gleichbleibender Höhe mit schönen Ausblicken und oberhalb der Höhle Šupljara nach 1,1 km wieder zum Eingang 1.

Verlängerung um den Kozjak-See (➲ 1,5 oder 5,3 km länger)

Wenn Sie den Kozjak-See (ganz oder teilweise) umrunden wollen, gehen Sie bei der Kreuzung geradeaus und folgen Weg K entlang des Ostufers des Sees. Nach 2 km erreichen Sie den Schiffsanleger P1.

Für die ganze See-Umrundung setzen Sie mit dem häufig verkehrenden Pendelschiff zu P2 über. Für eine nur halbe Umrundung fahren Sie mit dem Schiff von P1 oder P2 nach P3 und setzen dort die reguläre Route ab km 2,4 fort.

Bei der ganzen Umrundung halten Sie sich nach dem Übersetzen zu P2 immer rechts und folgen dem Weg K am westlichen Ufer entlang, um 3,8 km nach P2 den Anleger P3 zu erreichen.

Nach 500 m erreichen Sie an der anderen Seeseite direkt vor dem Anleger P3 eine Gabelung ❷ (km 2,4, ⇧ 545 m).

Wasserfall Veliki Slap

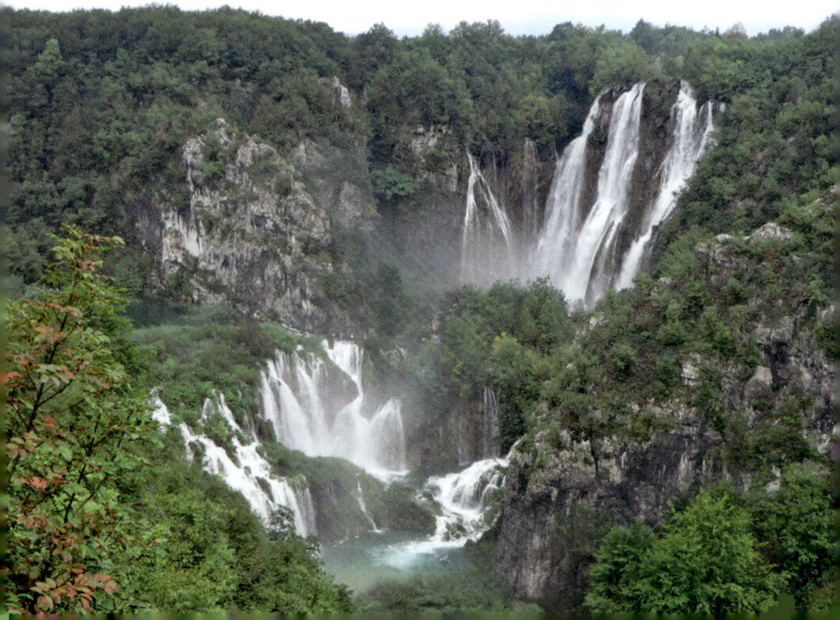

🍴 ⚓ WC Links finden Sie neben dem Anleger einen Souvenirladen und das Restaurant Kozjačka Draga, Josipa Jovića, täglich 8:00-19:00.

⛴ Vom Schiffsanleger fahren stündlich (in der Saison halbstündlich) Schiffe über den Kozjak-See zu P1 und P2 nahe Eingang 2 (Dauer: 15 Min., Fahrpreis im Eintritt inkl.).

Bei der Gabelung nehmen Sie rechts das kleine Sträßchen, P3 im Rücken.

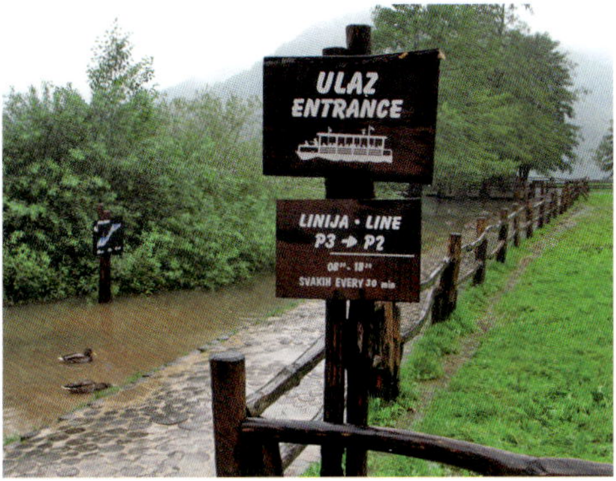

Wegweiser

✋ Der folgende Abschnitt – bis Veliki Slap – ist mit keiner vorgeschlagenen Rundroute markiert, sollte aber begehbar sein. Falls nicht, nehmen Sie am besten zunächst denselben Weg zurück, den Sie auch hin genommen haben, und folgen weiter der oben beschriebenen Variante „Abkürzung zurück via ST1".

✋ Nach 500 m, 100 m nach einer links abzweigenden kleinen Straße, folgen Sie rechts dem Pfad, wo es gleich rechts zu einem schönen Aussichtspunkt mit Blick auf den Milanovac-See geht (km 3, ⇧ 595 m).

Weiter wandern Sie überwiegend durch Wald oberhalb vom See. Schließlich erreichen Sie bei einer Schutzhütte ❸ eine Kreuzung (km 3,7, ⇧ 590 m).

↳ Geradeaus lohnt sich ein 30 m langer Abstecher zu einem Aussichtspunkt mit Blick auf Veliki Slap, den „Großen Wasserfall".

Sie steigen rechts steil hinab in das Tal, das durch den Großen Wasserfall geprägt ist. Unten angekommen geht es auf einem Holzbohlenweg weiter. Sie halten sich zunächst rechts, um 100 m nach dem Wasserfall bei der Gabelung dem Holzbohlenweg nach links über den (niedrigsten) See Korana Richtung Eingang 1 (Ulaz 1) zu folgen (A, B). Nach 80 m gehen Sie auf der anderen Seite rechts denselben Weg aufwärts wie beim Hinweg und erreichen nach 500 m Eingang 1.

11 Wanderung oberhalb der Plitvicer Seen

Tour für Wald- und Gipfelgenießerinnen und -genießer

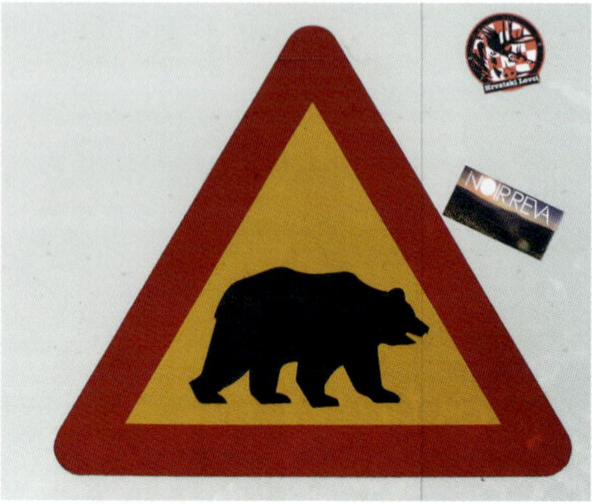

Rund 20 Bären leben im Nationalpark

Auch oberhalb der Plitvicer Seen lässt es sich prima wandern und die Einsamkeit ist ein angenehmer Kontrast zum Trubel bei den Seen. Diese Rundwanderung führt Sie auf die Höhen des Medvjedak, der sich östlich der Plitvicer Seen erhebt. Der Berg bietet die typische Vegetation, die drei Viertel des Nationalparks prägt: Wald. Daher gibt es leider auch nur wenige gute Aussichtspunkte.

- Start/Ziel: (südlicher) Parkplatz Hladovina bei Eingang (Ulaz) 2, GPS N 44°52.977' E 015°37.411'
- 9,3 km
- 3 Std.
- 375 m/375 m, An-/Abstieg überwiegend am Stück
- 600-878 m
- rot umrandeter weißer Kreis sowie einige (wenige) Wegweiser
- fast durchgehend Wege und Pfade durch Wald
- keine Einkehrmöglichkeit am Weg
- Rastplatz mit Tisch/Bank am Kamm bei Pfahl 3 (km 4)
- Für Kinder geeignet, allerdings gibt es wenig kindgerechte Höhepunkte und für die Höhe relativ wenig Aussicht. Für Kinder sind die beiden Touren direkt an den Seen (9 + 10) besser geeignet, da spektakulärer.
- Für Buggys ist der Weg kaum machbar.
- großteils für Vierbeiner gut zu gehender Waldboden
- (südlicher) Parkplatz 2 (Hladovina), ☞ S. 70
- ☞ S. 70
- Für diese Wanderung muss kein Eintritt für den Nationalpark gelöst werden – anders als bei den beiden vorangegangenen Touren.

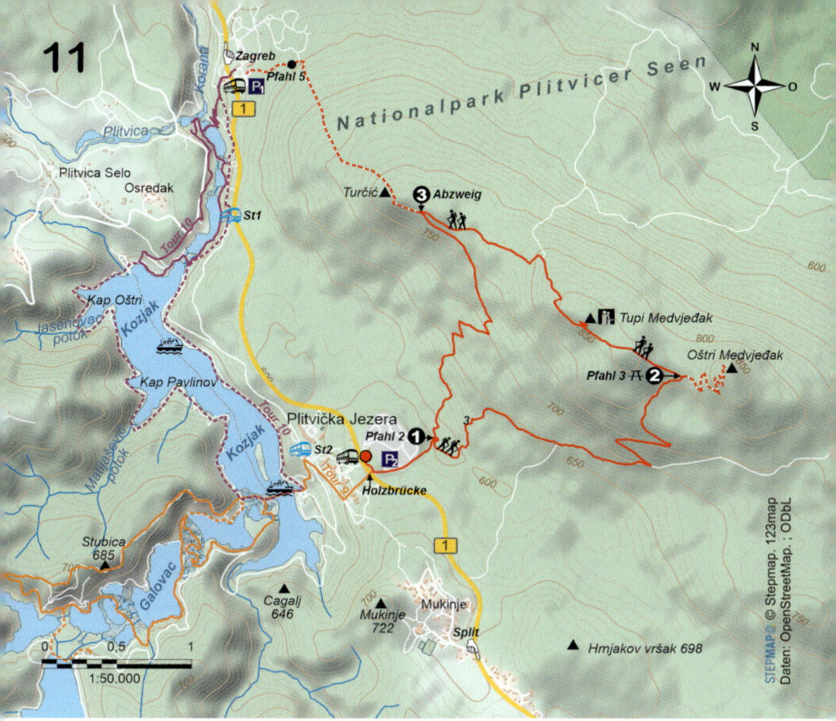

Die Rundtour beginnt am (südlichen) Parkplatz 2 (Hladovina), wo Sie sich zunächst Richtung Eingang (Ulaz) 2 des Nationalparks orientieren. Aber noch vor der Überquerung der Hauptstraße über die Holzbrücke halten Sie sich links (bzw. geradeaus) und folgen dem Weg durch eine Linkskurve, die Straße und die Plitvicer Seen im Rücken. Der zunächst asphaltierte Weg führt an einer Karte und weiter am Rand des hier mit Bäumen bestandenen Parkplatzes entlang (rot-weiß markiert).

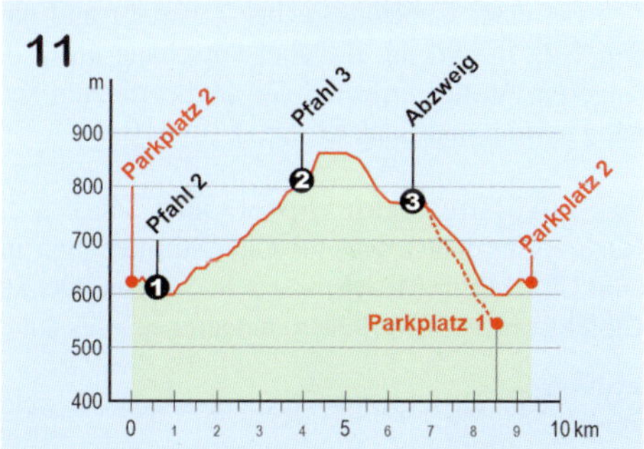

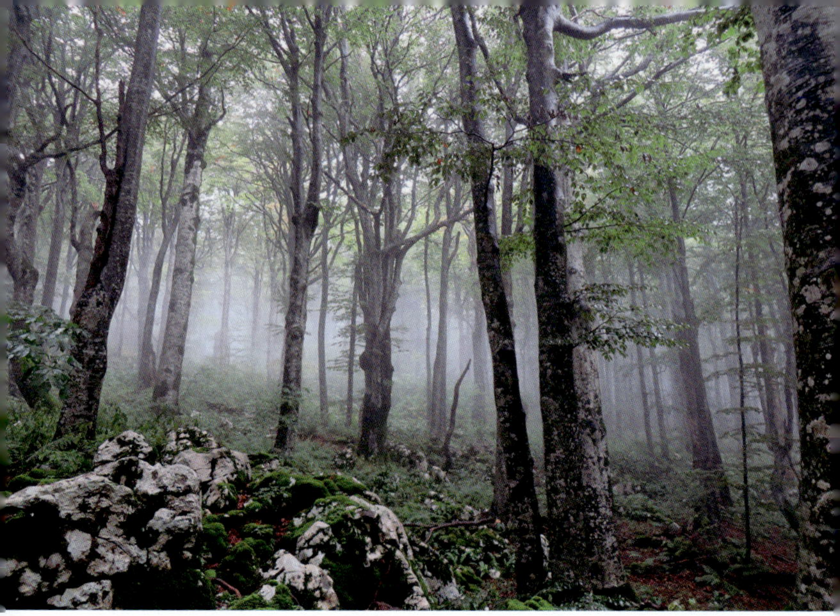

Dunstiger Laubwald am Medvjedzak

Etwa 300 m nach der Brücke macht der Asphaltweg eine Linkskurve; Sie folgen geradeaus dem leicht abwärtsführenden Kiesweg (rot-weiß) und nach 300 m nach Pfahl 2 ❶ dem Hauptweg scharf rechts (rot-weiß). Nach 500 m halten Sie sich bei einer Gabelung rechts (rot-weiß) und passieren kurz darauf eine Tafel (km 1,2, ⇧ 630 m), die über Forschung im Ökosystem Wald informiert. Nach längerem Anstieg erreichen Sie am bewaldeten Kamm eine Gabelung bei Pfahl 3 mit ⛩ Tisch und Bank ❷ (km 4, ⇧ 810 m).

↳ **Aufstieg zum Gipfel Oštri Medvjeđak (➲ 2 x 1 km, 85 Hm)**
Nach rechts bietet sich für Gipfelstürmerinnen und Gipfelstürmer der Anstieg zum Gipfel Oštri Medvjeđak (⇧ 895 m) an. Der kurvenreiche Pfad aufwärts zum Gipfel ist nicht zu verfehlen, hinunter geht es auf demselben Weg.

☹ Vom Gipfel ist die Aussicht wegen der vielen Bäume eher enttäuschend.

Sie halten sich bei der Gabelung links und folgen dem auch zum Mountainbiken genutzten Weg auf bzw. am bewaldeten Kamm, der stellenweise infolge mangelnder Pflege von Brennnesseln bewachsen sein kann.

Nach 800 m (km 4,7, ⇧ 865 m) führt rechts ein kurzer Abstecher (2 x 100 m) auf den Gipfel Medvjeđak Tupi (⇧ 875 m), der eine bessere Sicht auf die Umgebung bietet als der vorige Gipfel (Oštri Medvjeđak).

1,6 km nach der Abzweigung (km 6,6, ⇧ 790 m) zweigt scharf links ein Pfad ab ❸, dem Sie abwärts folgen.

Variante über den Kamm zu Parkplatz 1 (➲ 2 km)

Geradeaus führt der Weg am Kamm entlang zu Parkplatz 1, Richtung Turcic.

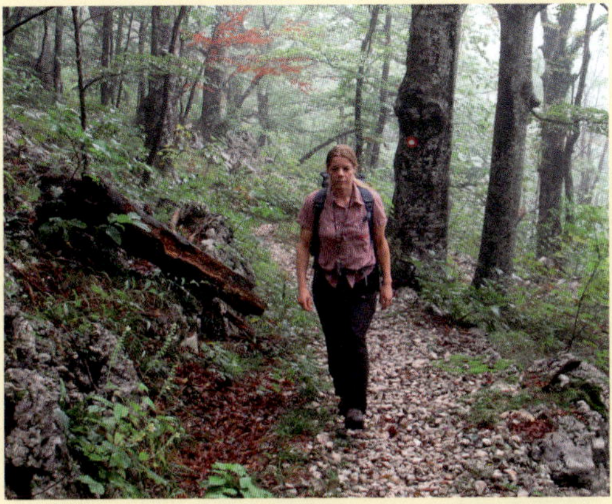

Gut markierter Waldpfad

Nach 200 m scharf rechts halten! Geradeaus führt der Weg als Abstecher (➲ 2 x 50 m) auf den dritten Gipfel des Medvjedak, den (ebenfalls bewaldeten) Turcic (⇧ 800 m).

Nach längerem Abstieg erreichen Sie eine Gabelung (1,5 km nach der Turcic-Abzweigung): Links geht es zu Pfahl 5 und dem Eingang 1 zum Nationalpark (➲ 400 m) sowie zum Parkplatz 1, geradeaus auf etwas schönerem und längerem Weg (➲ 600 m) zum Parkplatz 1 (Rastovača).

Nach 2 km erreichen Sie wieder Pfahl 2 ❶ und damit die Route des Hinwegs. Dort gehen Sie rechts auf den Schotterweg, der Sie zum Parkplatz P2 und damit zurück zum Startpunkt führt.

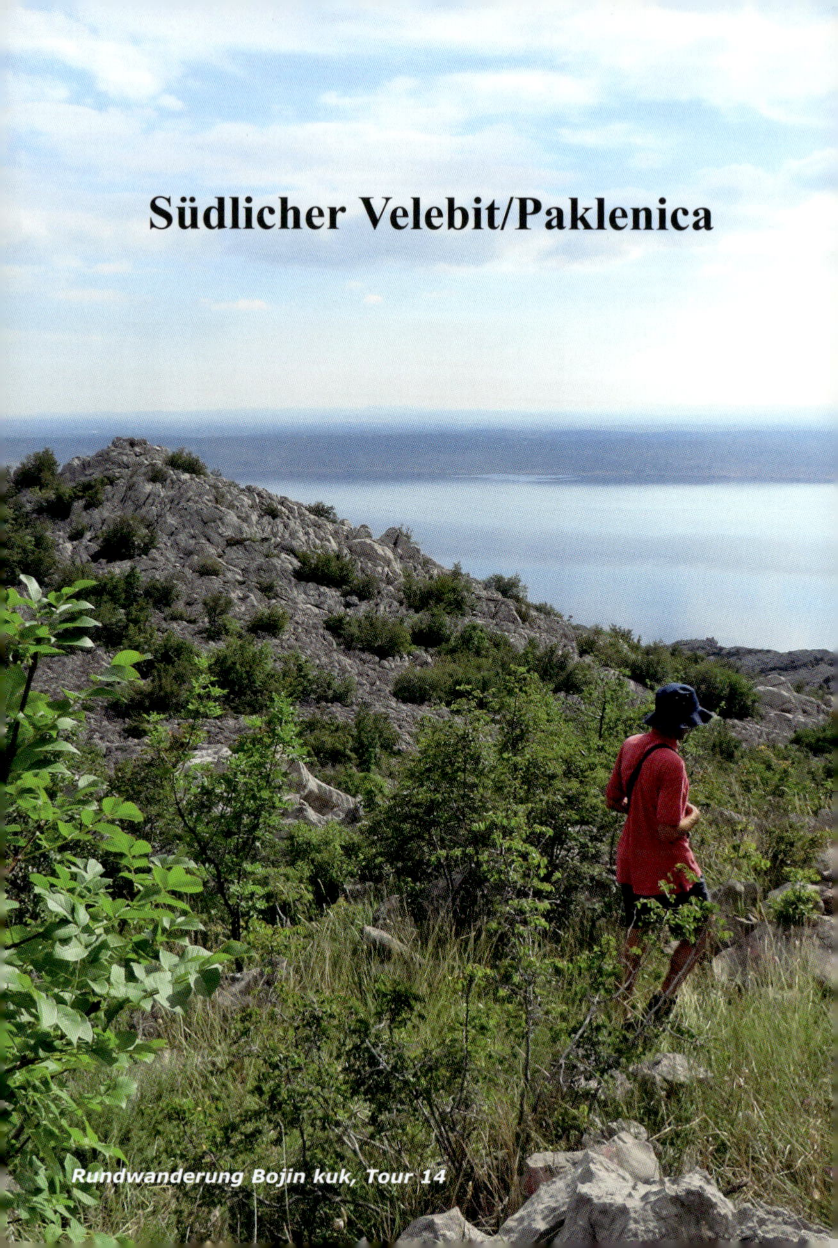
Südlicher Velebit/Paklenica
Rundwanderung Bojin kuk, Tour 14

Östlich der Kvarner Bucht erhebt sich der 150 km lange Velebit-Gebirgskamm mit seinen höchsten Gipfeln Vaganski Vrh (⇧ 1.757 m) und Sveto brdo (⇧ 1.753 m). Unterhalb dieser Gipfel, die selbst nur als 2-Tages-Tour zu erreichen sind, erstreckt sich rund um die beiden Schluchten Velika und Mala Paklenica im gleichnamigen Nationalpark ein abwechslungsreiches Wandergebiet, aus dem hier drei Touren beschrieben sind. Der Name *Paklenica* geht auf die Schwarzkiefer zurück: *paklina* bedeutet auf Kroatisch „Pech" oder „Teer", weil der aus den Kiefern gewonnene Baumharz zu teerartigem Pech destilliert und so beim Schiffbau zum Kalfatern verwendet wurde, d. h. zum Abdichten der Nähte zwischen den hölzernen Schiffsplanken. Zwei Drittel des 9.600 ha großen und 1949 gegründeten Nationalparks Paklenica werden aus Wald gebildet – mit (u. a.) diesen Schwarzkiefern.

Gänsegeier & Gämsen – Natureldorado Paklenica-Park

Insgesamt haben Botanikerinnen und Botaniker rund 1.000 Pflanzenarten im Nationalpark gezählt, darunter 79 endemische. Typisch sind z. B. die in Felsspalten wachsende weiß blühende endemische Vogelmiere (*Arenaria orbicularis*) oder die Steingarten-Glockenblume (*Campanula fenestrella*) mit hellblauen Blütenblättern. In höheren Lagen sind alpine Pflanzen wie Schottischer und Wilder Krokus sowie Clusius-Enzian anzutreffen. 4.000 Tierarten besiedeln den Park, darunter 230 Vogelarten mit u. a. Gänsegeier, Schlangenadler und Sperber. Gämsen wurden hier in den 1970-Jahren (wieder) angesiedelt. Die zurückgezogen lebenden Bären und Wölfe werden Sie kaum zu Gesicht bekommen.

Der Nationalpark ist beliebt zum Wandern und Klettern: 150 km Wanderwege durchziehen das von vielen Kletterfelsen durchsetzte Gebiet. Ausgangspunkt für die Wanderungen und damit idealer Standort ist **Starigrad Paklenica**, das günstig liegt – am Eingang der Velika Paklenica –, aber als Ort eher enttäuscht: Hafen minimal, historische Altstadt Fehlanzeige, dafür eine große Durchgangsstraße.

- NP Paklenica, Dr. Franje Tuđmana 14a, ☏ 023/36 91 55, 💻 www.np-paklenica.hr
- Die Schluchten können nur zu den Öffnungszeiten der Kassenhäuschen betreten werden: täglich im Sommerhalbjahr 6:00-20:30, im Winterhalbjahr 9:00-16:00. Das Eintrittsgeld von je nach Saison € 3 bis € 8 ist nur nötig für die Schluchten, nicht für die Wege oberhalb des Parks (Tour 14).
- Hunde müssen im Nationalpark angeleint werden.
- SMAND: Wanderkarte 19 Nationalpark Paklenica, 1:30.000, erhältlich vor Ort (ca. € 10) oder im Internet, z. B. bei 💻 www.smand.hr (€ 9,99) oder bei 💻 www.landundkarte.de (€ 15,90)
- ♦ ProjektNord – Mollenhauer & Treichel GbR: Velebit 6 & Velebit 7 – Nacionalni park Paklenica, Wander-/Radkarten im Maßstab 1:35.000, erhältlich für € 14,90 bei 💻 www.mapfox.de

Starigrad Paklenica

ℹ TZO Starigrad Paklenica, Trg Tome Marasovića 1, 23244 Starigrad Paklenica, ☏ 023/36 92 45, 💻 www.rivijera-paklenica.hr, zentral im Ort an der Hauptstraße, variabel

In Starigrad gibt es drei Hotels, das erste mit einem kleinen Museum:

♦ Blue Sun Hotel Alan, Dr. Franje Tuđmana 14, ☏ 023/20 90 50, 💻 www.hotel-alan.hr, große Urlaubsanlage mit rund 138 Zimmern, DZ ab € 100. ⌘ Im Hotel erinnert ein Museum an die Dreharbeiten zu den Karl-May-Filmen in dieser Gegend. (☞ Infos siehe Kasten)

♦ Hotel Vicko, Jose Dokoze 20, ☏ 023/36 93 04, 💻 www.hotel-vicko.hr, DZ ab etwa € 60 (mindestens 3 Nächte), Hund € 15

♦ Hotel Rajna, Dr. Franje Tudjmana 105, ☏ 023/36 91 30, 💻 www.hotel-rajna.com, DZ ab etwa € 70. Der Hotelier gibt Tipps zu Wanderungen und bietet Transfers an, aber das Hotel liegt direkt an der Hauptstraße (nachts wenig Verkehr).

B&B Es gibt mehrere Pensionen und Anbieter von Apartments (☞ Touristinfo). Einige Beispiele:

♦ Pension Andelko, S. Bušljete 3, ☏ 023/36 93 07, 📱 098 83 13 03, 💻 www.pansion-andelko.hr, Preise auf Anfrage, direkt am Wasser gelegene Pension mit Zimmern und Apartments

♦ Panzion Plantaža, Put Plantaže 2, ☏ 023/36 91 31, 💻 www.pansion-plantaza.com, Preise auf Anfrage, Apartments und ⛺ ein kleiner Zeltplatz sowie Restaurant direkt an der Küste

✕ mehrere Einkehrgelegenheiten in Starigrad, etwa Plantaža, Put Plantaže 2, ☏ 023/36 91 31, Hauptgericht ab etwa € 12

🅿 Parkplatz am Hafen von Starigrad (etwa € 1 pro Stunde)

🚌 Busverbindungen von Starigrad Paklenica in Richtung Rijeka (ca. 3 Std. 30 Min., rund € 20), Zadar (ca. 1 Std., etwa € 8) und Split (ca. 4 Std., rund € 25) mit täglich jeweils etwa mindestens drei Verbindungen, 💻 www.buscroatia.com

Von Schlangen und Schleichen

Der Nationalpark Paklenica bietet mit seinen vielen Felsen mehr als 30 Reptilienarten einen Lebensraum, darunter 12 Schlangenarten. Eine davon ist die Hornotter, eine der giftigsten Schlangen Europas. Zu erkennen ist die bis zu 1 m lange und farblich unauffällige **Hornotter** an dem schuppenbesetzten Schnauzenhorn. Unbehandelt (d. h. ohne Gegengift) kann ein Biss fatale Folgen haben! Allerdings gelten Hornotter als wenig aggressiv.

✋ Sollten Sie von einer Schlange gebissen werden, rufen Sie sofort den Notruf an (☏ 112 oder 194) und versuchen Sie, die Schlange zu fotografieren bzw. zu beschreiben. Das Gegengift ist in allen Apotheken erhältlich.

Häufiger und harmlos ist der schlangenartig aussehende **Scheltopusik**, der zur Familie der Schleiche gehört. Der scheue Scheltopusik ist am besten morgens zu beobachten, wenn er nicht auf „Betriebstemperatur" ist und sich in der Sonne wärmt. Die bis zu 1,40 m lange, dunkelbraune Schleiche ernährt sich von Schnecken, Würmern und Insekten, manchmal auch von Kleinsäugern und Eiern.

Von Dolinen und anderen Karsterscheinungen

Kroatien gilt als Land des Karstes, d. h. Kalkgesteins, das 45 % der Landesfläche prägt. Typisch sind vor allem die trichterförmigen Vertiefungen in der Landschaft, Dolinen genannt. Die im Durchmesser zwei bis mehrere Hundert Meter großen Dolinen entstehen durch Auslaugung von Kalk- und Salzgestein: Regen absorbiert das Kohlendioxid aus der Luft und dem Boden und wird zu einer schwachen Kohlensäure, die in Steinspalten versickert und dort das basische Kalkgestein löst bzw. Gesteinsfugen aufweitet. So entstehen auch die vielen Höhlen im Karst.

Die Bezeichnung „Doline" stammt aus dem Slowenischen und bedeutet „Tal".

Dolinen werden nach der Art der Entstehung sowie nach ihrer Form unterschieden. Eine knappe Zusammenfassung:

▷ **Einsturzdolinen** sind eine besondere Form, wo über einer Höhle das Gestein plötzlich eingebrochen ist.

▷ **Korrosions- oder Lösungsdolinen** werden durch Lösung oder Ausspülung des Oberflächengesteins gebildet. Die Trichterform entsteht durch Korrosion am Rand, wenn das Wasser wegen der Sedimente am Boden nicht oder nur schwer abfließen kann. Im Ideal sind sie kreisrund und haben einen Neigungswinkel von 30°-45°. Bei Abdichtung des Untergrunds durch Sedimente werden sie flacher und dann als Wannen-, Schüssel- oder Muldendolinen bezeichnet. Durch das Zusammenwachsen mehrerer Dolinen entstehen größere flache Vertiefungen im Boden: die schüsselförmigen Uvalas, von denen mehrere wiederum Poljen bilden, wannenförmige Becken mit steilen Hängen und ebenem Boden aus Verwitterungsrückständen. Beide Begriffe stammen aus Kroatien, dem „Musterland" der Karstformationen in Europa (*uvala* = Bucht, *polje* = Feld).

▷ **Erosions- oder Ponordolinen** haben eine ähnliche Form wie Korrosionsdolinen, aber eine andere Entstehungsgeschichte: Wasser fließt durch Öffnungen im Felsen ab und spült lockeres Bodenmaterial weg, durch Schwund- oder Schlucklöcher (engl. *sinkhole*, kroatisch *ponor* für Kluft).

▷ Bei **Schwemmlanddolinen** wird Feinmaterial der Deckschichten in den verkarsteten Untergrund ausgeschwemmt, d. h., die Hohlformen im Boden entstehen durch Ausspülung.

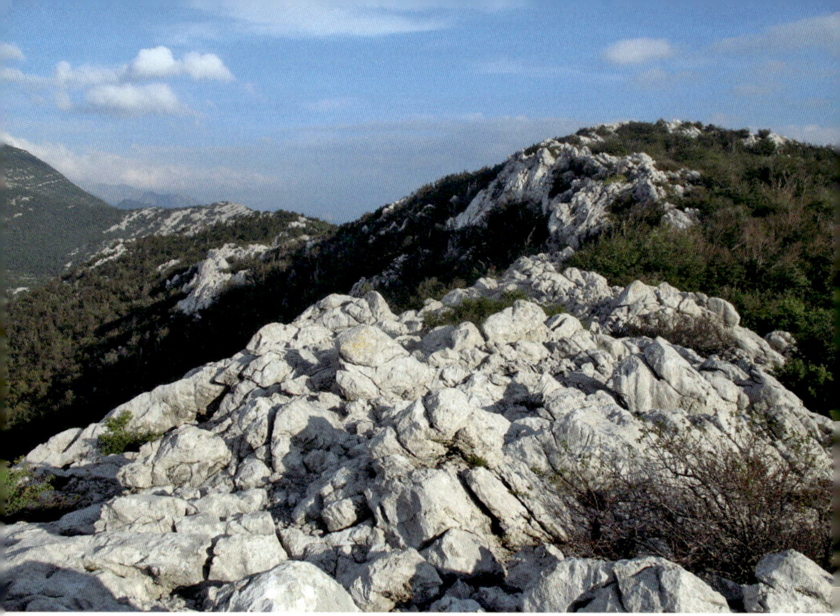

Karstfelsen bei Bojin kuk, Tour 14

▷ Erdfälle sind im engeren Sinne keine Dolinen, weil sie nicht durch Lösung an der Erdoberfläche entstehen. Wegen des dolinenähnlichen Aussehens werden sie aber oft als Erdfall- oder Sackungsdoline geführt. Bei Erdfällen ist der Untergrund (die Erde) eingefallen – das kann durch tektonische Bewegung passieren oder durch die Lösung des darunterliegenden Gesteins, also des Einstürzens unterirdischer Hohlräume.

Zusammengefasst die Reaktionsgleichung für die wesentlichen Vorgänge bei der Lösung des Kalkgesteins und damit bei der Entstehung von Dolinen:

$CaCO_3 + CO_2 + H_2O > Ca\,(HCO_3)_2$

12 Wanderung in die Paklenica-Schlucht

Tour für Karst- und Karl-May-Fans

Die Velika Paklenica (Große Paklenica) ist das Herzstück des Nationalparks. Die gut erschlossene Schlucht ist bei Kletterern, Wanderern und Tagesausflüglern äußerst beliebt und entsprechend gut frequentiert. Der Weg durch die Schlucht selbst hat stellenweise fast straßenartigen Charakter, während die aus der Schlucht hinaufführenden Pfade und damit auch die zweite Hälfte der Wanderung einige alpinistische Mindestanforderungen stellen. Wenn man nur hin und zurück geht, ist diese Wanderung (fast) nur ein Spaziergang, untermalt von zahlreichen Infotafeln und durchnummerierten Schildern (1 bis 10), die auf Drehorte der Karl-May-Filme hinweisen.

Start/Ziel: Velika Paklenica, Eingang, GPS N 44°17.628' E 015°27.458'

18,3 km (●), nur hin und zurück in der Schlucht 15 km (●)

7 Std., nur hin und zurück in der Schlucht etwa 5 Std. 30 Min.

970 m/970 m, nur hin und zurück in der Schlucht 450 m/450 m; An-/Abstieg überwiegend am Stück

5-745 m

Wegweiser sowie rot-weiße Streifen und Punkte

anfangs breiter, aber stellenweise felsiger Weg durch die Schlucht, im zweiten Teil Pfade mit teilweise alpinem Charakter

Einkehrgelegenheiten in der Velika Paklenica: am Eingang (km 1,8), in der Forsthütte Lugarnica (km 6), der Paklenica-Hütte (km 7,6) sowie in Starigrad Paklenica (150 m), außerdem im Ethnohaus (km 18,2)

Rastplätze/Sitzbänke beim Lehrpfad zu Beginn, bei den Infotafeln über Fledermäuse (km 5,3), bei den Hütten in der Paklenica-Schlucht, bei Ramici (km 11,6)

Läden und kleiner Supermarkt in Starigrad Paklenica (150 m)

Brunnen in der Velika Paklenica (km 3)

WC in den genannten Einkehrgelegenheiten sowie am Anfang der Schlucht (km 1,8)

Für Kinder mit Kondition machbar und besonders anschaulich, wenn sie einen alten Karl-May-Film gesehen haben. Der Abschnitt zwischen Ramici 4 und Tomici 6 ist sehr steinig und erfordert daher viel Konzentration! Um diesen Abschnitt zu meiden und abzukürzen, könnte man mit Kindern auch nur in der Schlucht bleiben und eventuell zur Höhle Manita peć gehen.

Für Buggys kaum geeignet: Der Weg ist zwar breit, aber stellenweise recht steinig. Ausnahme: Wenn man nur in der Schlucht bleibt und dort kurze Zwischenstücke trägt, wäre die Tour auch mit Buggy möglich.

Hunde dürfen angeleint in den Nationalpark. Problematisch sind eventuell die Kalksteine sowie die Besuchermassen.

Parkplätze am Eingang des Nationalparks (in Nebensaison frei) und nach 1,5 km am Anfang der Schlucht (Vignette etwa € 2 pro Tag)

rund fünf Verbindungen täglich zwischen Zadar und Starigrad Paklenica (etwa 1 Std., ca. € 8), www.buscroatia.com

Eintritt in den Nationalpark: je nach Saison € 3 bis € 8, Höhle Manita peć zusätzlich € 4. Schummeln lohnt nicht, dabei riskiert man ca. € 100 Bußgeld!

In der ersten Maiwoche ist es wegen der internationalen Kletterwettkämpfe in der Regel sehr voll!

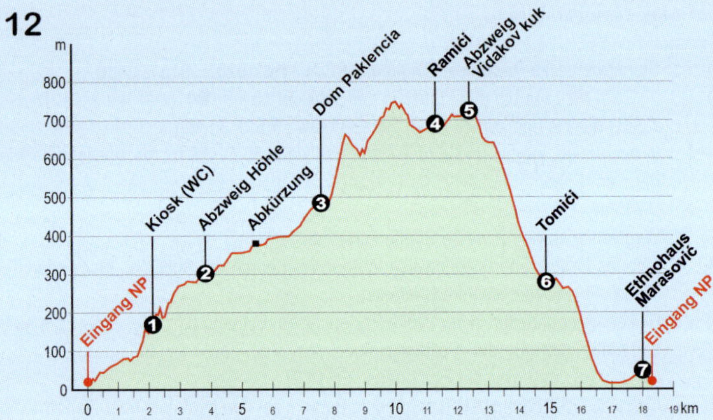

Start ab Starigrad (➲ 150 m bis zur Route)

Wenn Sie in Starigrad Ihr Quartier haben, können Sie die Wanderung auch dort beginnen: Dazu nehmen Sie von der Hauptstraße die rechts neben dem Supermarkt landeinwärts führende Straße (Alojzija Stepinca) und erreichen nach 150 m und leichtem Anstieg eine Kreuzung, wo Sie sich rechts halten, parallel zur Küste. Hier führt die Tour sonst am Ende entlang, bei km 16,9.

Die Wanderung beginnt am Haupteingang zum Nationalpark Paklenica mit dem Kassenhäuschen, wo Sie die Eintrittskarte erhalten (ganzjährig täglich, in der Wintersaison 7:00-15:00, in der Sommersaison 6:00-20:30).

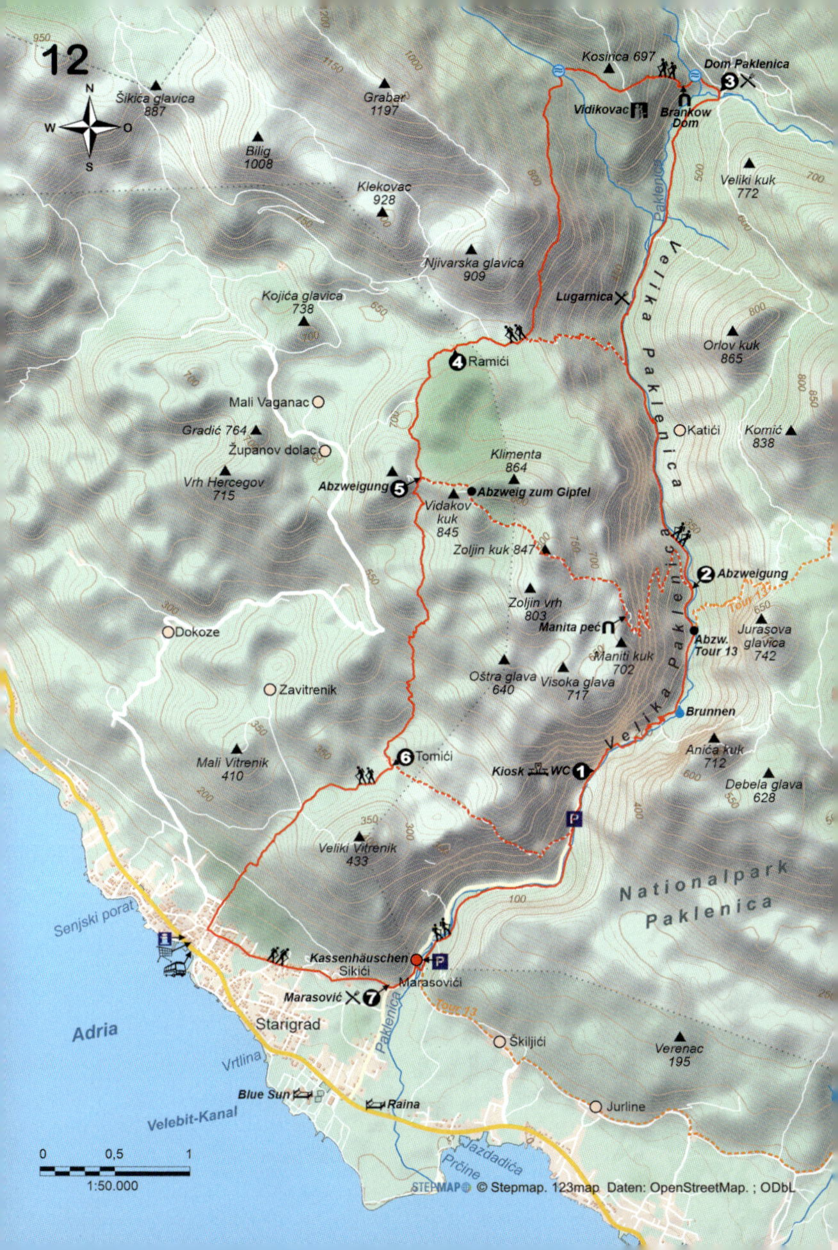

12
N
W
O
S
Šikića glavica 887
Grabar 1197
Bilig 1008
Klekovac 928
Kosirica 697
Dom Paklenica
3
Vidikovac
Brankow Dom
Veliki kuk 772
Paklenica
Njivarska glavica 909
Lugarnica
Kojića glavica 738
Velika Paklenica
Orlov kuk 865
4 Ramići
Mali Vaganac
Katići
Komić 838
Gradić 764
Županov dolac
Klimenta 864
Vrh Hercegov 715
Abzweigung 5
Abzweig zum Gipfel
Vidakov kuk 845
Zoljin kuk 847
2 Abzweigung
Tour 13
Zoljin vrh 803
Manita peć
Abzw. Tour 13
Jurasova glavica 742
Dokoze
Maniti kuk 702
Oštra glava 640
Visoka glava 717
Zavitrenik
Brunnen
Anića kuk 712
Mali Vitrenik 410
6 Tomići
Kiosk
WC 1
Debela glava 628
Veliki Vitrenik 433
Nationalpark Paklenica
Senjski porat
Kassenhäuschen
Sikići
Marasovići
Marasović 7
Tour 13
Adria
Starigrad
Škiljići
Verenac 195
Vrtlina
Blue Sun
Raina
Jurline
Velebit-Kanal
Jazdadića
Pričine
0 0,5 1
1:50.000
STEPMAP © Stepmap. 123map Daten: OpenStreetMap. ; ODbL

Vor dem Kassenhäuschen und den Parkstellflächen queren Sie das Flussbett und passieren zur Linken eine alte Wassermühle (🚪 in der Sommersaison), gehen über die Betonbrücke und danach auf dem Schotterweg nach links aufwärts. Sie folgen ihm geradeaus Richtung Schlucht, durch ein Kiefernwäldchen. Nach 150 m veranschaulicht rechts eine vertikale Zeitleiste die Gesteine des Nationalparks. Sie folgen dem auf Kies angelegten Lehrpfad mit vielen Infotafeln und Rastplätzen geradeaus durch Wald und rechts vom Fluss Paklenica, bis Sie nach 1,5 km über eine neuere Holzbrücke bei Parkplätzen auf die links verlaufende Zufahrtsstraße stoßen (km 1,6, ⇧ 95 m), der Sie nach rechts Richtung Schlucht folgen, am Parkplatz vorbei.

Erste Abkürzungsmöglichkeit (➲ 1,7 km bis Tomici und 3,7 km bis Starigrad statt 13 km bis Tomici und 15 km bis Starigrad)
Vom Parkplatz führt scharf links ein Pfad Richtung Tomici aufwärts, mit dem Sie die Tour beträchtlich abkürzen könnten, dann haben Sie allerdings nur den Anfang der Paklenica-Schlucht gesehen. Der Pfad führt auf dem ersten Kilometer rund 300 Höhenmeter aufwärts. Die restlichen 700 m geht es leicht abwärts auf etwa derselben Höhe bis Tomici, wo Sie bei km 15,1 auf die normale Route stoßen und dieser links folgen.

Wanderweg in Velika Paklenica

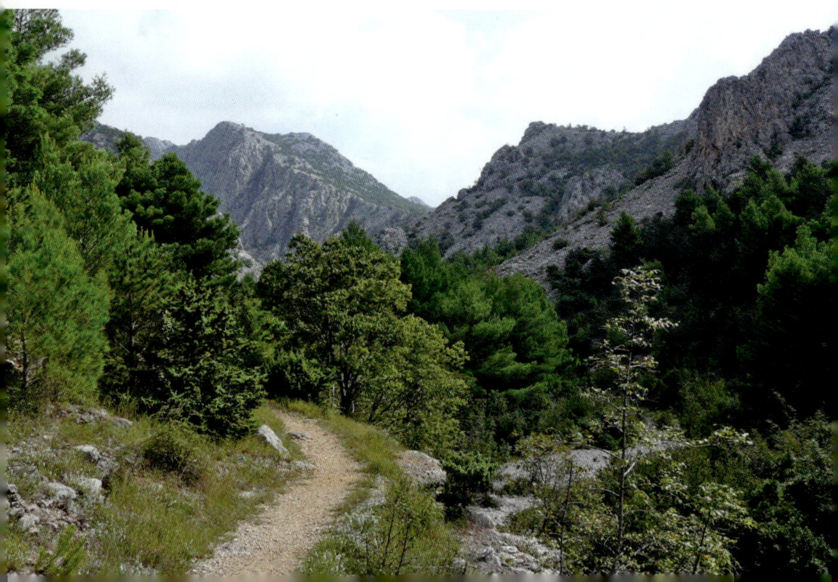

Nach 200 m endet die Straße und Sie folgen geradeaus dem Beton-Stein-Weg.

WC Nach 150 m passieren Sie zur Linken die letzten Ver- und Entsorgungsmöglichkeiten vor der Schlucht ❶: Kiosk, Laden und WC, entsprechen Parköffnungszeiten. Der Laden führt auch Topo-Karten zum Park.

Ansonsten ist der weitere Verlauf kaum zu verfehlen: immer auf dem Hauptweg aufwärts durch die Schlucht. Gleich zu Beginn hängen links in den steilen Felsen des Debeli kuk oft viele Kletterinnen und Kletterer. Alljährlich Anfang Mai finden hier die internationalen Kletterwettkämpfe „Big Wall Speed Climbing" statt.

800 m nach dem Laden können Sie beim Brunnen rechts Ihre Wasserflasche auffüllen (km 2,9, ⇧ 265 m).

Rechts erhebt sich der steile Felsen der Anika kuk (⇧ 712 m) mit der wohl bekanntesten Kletterwand des Landes und mehr als 40 Kletterrouten.

600 m nach der Quelle zweigt rechts der Pfad zur Mala Paklenica ab (☞ Tour 13); Sie aber folgen dem Hauptweg durch das Tal geradeaus aufwärts bis zu einer weiteren Abzweigung ❷, dieses Mal nach links: zur Höhle Manita peć und der zweiten Abkürzungsmöglichkeit (km 3,8, ⇧ 295 m).

Abstecher zur Höhle Manita peć (➲ 2 x 1,7 km, 200 Hm) und zweite Abkürzungsmöglichkeit (➲ 8,3 statt 13 km bis Starigrad)

Der links abzweigende Pfad führt Sie in 30 bis 40 Min. zur 200 m höher gelegenen Höhle Manita peć mit ihren bis zu 30 m hohen Hallen und einem 20 m hohen Stalagmiten.

♦ im April Sa 10:00-13:00, im Mai, Juni und Okt Mo, Mi und Sa 10:00-13:00 sowie im Juli, Aug und Sep täglich 10:00-13:00, Eintritt € 4 (zzgl. zum Nationalparkticket)

Zur Paklenica-Schlucht zurück geht es wie auf dem Hinweg. Oder Sie kürzen die Tour ab, indem Sie ab Manita peć dem Pfad weiter aufwärts folgen Richtung Vidakov kuk. Es geht noch etwa 1 km aufwärts (bis etwa ⇧ 840 m), dann senkt sich der Pfad ab und führt rechts an dem steil aufragenden Gipfel des Vidakov kuk (⇧ 882 m) vorbei, auf den nach links ein anspruchsvoller Pfad führt (etwa 200 m und 100 Hm hinauf).

Nach kurzem Abstieg erreichen Sie 2,5 km nach der Manita peć die reguläre Route bei km 12,6 und folgen ihr nach links.

Der weitere Weg geradeaus durch das Tal (Richtung Dom Paklencia) wird mit Infotafeln zu Flora, Vögeln und Fledermäusen gesäumt. Nach 1,3 km kommen Sie zu einem Rastplatz, 500 m nach der Infotafel über die Fledermäuse. Hier führt der Talweg links aufwärts. Nach 300 m passieren Sie zur Linken wieder einen nach links führenden Pfad (Richtung Veliko Rujno), aber Sie gehen geradeaus durch die Schlucht weiter.

Dritte Abkürzungsmöglichkeit

(➲ 7 km bis Starigrad statt 11,4 km)

Sie folgen dem links abzweigenden Pfad Richtung Veliko Rujno/Njive aufwärts, der nach 1,1 km und 320 Hm wieder auf die Hauptroute trifft (bei km 11), der Sie links folgen.

Nach 350 m queren Sie rechts den Fluss über eine Brücke und folgen dem Talweg weiter auf der rechten Seite des Flusses und gehen nach 100 m vorbei an einer Einkehrgelegenheit auf der linken Seite (km 5,9):

Forsthaus Lugarnica, Mai bis Okt täglich 10:00-17:00

Vom Forsthaus Lugarnica sind es noch etwas mehr als 30 Min. zur nächsten Hütte, Dom Paklenica, die für diese Tour das Ende der Paklenica-Schlucht markiert. Dorthin folgen Sie dem Hauptweg durch die Schlucht weiter auf der rechten Seite und ignorieren Abzweigungen. Nach 1,7 km gehen Sie links über die Brücke und erreichen die Berghütte Dom Paklenica ❸ (km 7,6, ⇧ 480 m).

Dom Paklenica (⇧ 480 m), betrieben vom lokalen Bergsteigerverein, ☏ 023/30 16 36, täglich. Das Angebot ist einfach: Als einziges (warmes) Gericht wird eine (günstige) Tagessuppe angeboten.

Von der Hütte starten Wanderpfade in verschiedene Richtungen, u. a. auch auf den Vaganski (⇧ 1.757 m), den höchsten Gipfel des Velebit.

Optional können Sie durch die Schlucht auf demselben Weg zurückgehen wie gekommen. Kalkulieren Sie dafür etwa 2 Std. 30 Min. ein.

Sie folgen dem Weg ganz links („Vidakov Kuc 3 h, V. Rujno 2.30, Golic 2.30"). Nach 200 m queren Sie einen kleinen Bach an einer Furt mit Steinen und nach 100 m passieren Sie zur Rechten die Höhle Brankow Dom, einen natürlichen Felsüberhang. Nach 500 m und einem zuletzt steilen und steinigen Anstieg gehen Sie bei einer Kreuzung geradeaus.

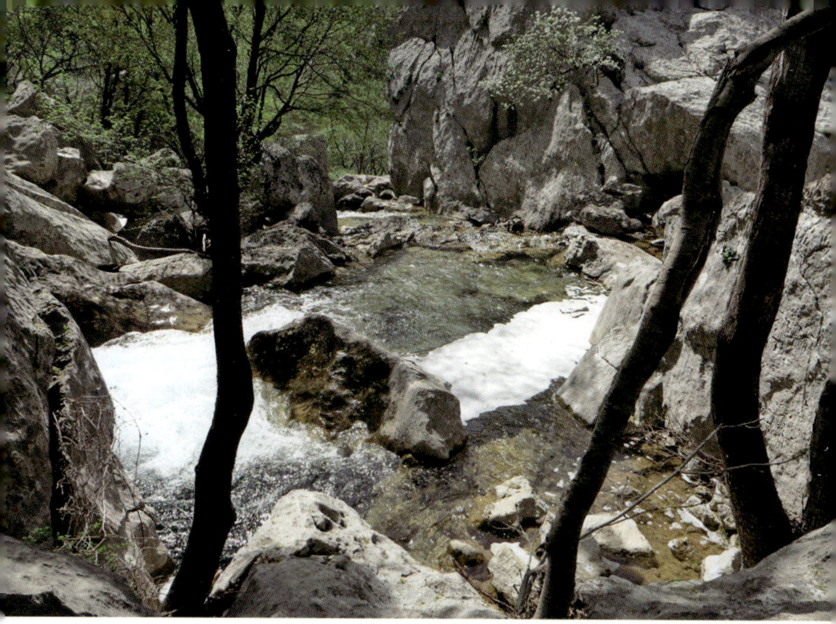

Von Felsen aufgestautes Wasserbecken in Velika Paklenica

☹ Den Abstecher nach links (➲ 2 x 100 m) zur Aussicht (Vidikovac) fand der Autor nicht lohnend.

Nach weiteren 500 m durchquert der Weg eine Seitenschlucht, den tiefsten Punkt dieser Teilstrecke (km 9,1, ⇧ 600 m), ehe es wieder hinaufgeht und nach knapp 2 km eine Kreuzung im Wald erreicht wird (km 11, ⇧ 670 m). Von links führt die dritte Abkürzungsmöglichkeit aus der Schlucht (Kanjon) herauf, Sie aber gehen geradeaus weiter (V. Rujno, Golic, Njive, Vid. Kula), zunächst aufwärts. 🖐 Nach 250 m, bei einer Mauer zur Rechten, biegen Sie links ab Richtung Ramici, Starigrad, Vidakov kuk (geradeaus sind Veliko Rujno und Golic angegeben). Der Graspfad führt nach 250 m in den (verlassenen) Weiler **Ramici** ❹, wo Sie sich rechts halten (km 11,4, ⇧ 685 m). Bei dem verlassenen Haus finden Sie (rechts) einen ⩧ Tisch mit Bänken.

Nach 400 m halten Sie sich bei einer Abzweigung bei einem Pass links, links an der Steinmauer vorbei. 600 m weiter erreichen Sie nach kurzem Anstieg einen Sattel mit einer Abzweigung ❺ nach links zum Vidakov kuk (km 12,5, ⇧ 735 m), dem links hoch aufragenden Gipfel (⇧ 882 m), der nur mit leichter Kletterei erreicht werden kann. Der Weg ist identisch mit der zweiten Abkürzungsmöglichkeit aus der Paklenica-Schlucht, vorbei an der Höhle Manita peć.

Sie lassen die Abzweigung links liegen und folgen dem Pfad geradeaus über den Pass und nach 50 m für längere Zeit abwärts. Nach 2,4 km, 500 m nach einem kleinen Geröllfeld, erreichen Sie den ebenfalls verlassenen Weiler **Tomici** ❻ (km 14,9, ⇧ 275 m) mit einer Gabelung.

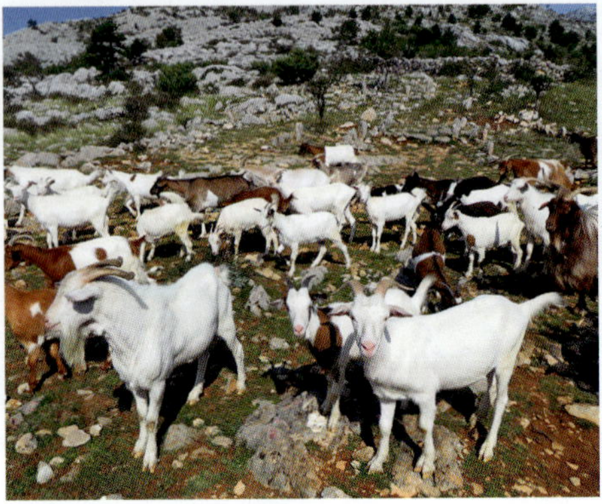

Ziegenherde unterwegs

Nach links führt ein weiterer Weg in die Paklenica-Schlucht (Abkürzungsvariante 1). Sie halten sich rechts und verlassen nach 20 m Tomici durch das Holztor. Der Weg führt streckenweise neben einer Steinmauer entlang und 300 m nach Tomici über eine Passhöhe, wo Sie sich leicht rechts halten, um dann dem Pfad abwärts zu folgen, nach 200 m vorbei an einer Infotafel über Mirila und nach 200 m vorbei an einem Pass mit rechter Abzweigung nach Veliko Rujno (Markierung bzw. Beschriftung auf Stein am Boden). 50 m danach passieren Sie einen Schrein (km 15,7, ⇧ 250 m) und wandern geradeaus weiter abwärts Richtung Starigrad bzw. Küste.

Nach 900 m erreichen Sie kurz vor Starigrad wieder die Zivilisation mit einer asphaltierten Straße (km 16,6, ⇧ 45 m), der Sie geradeaus abwärts bis zu einer Kreuzung nach 200 m folgen, wo Sie links auf die oberhalb von Starigrad parallel zur Küste verlaufende kleine Straße abbiegen. Nach 250 m passieren Sie links eine Infotafel über Wasserversorgung und nach 250 m links den Friedhof. Nach weiteren 700 m erreichen Sie einen Platz mit Brunnen und dem linker Hand liegenden Ethnohaus Marasović ❼ mit Einkehrgelegenheit nahe dem Eingang zur Paklenica-Schlucht:

⌘ 🍷 Ethnohaus Marasović (Stari grad 49) mit kleiner Ausstellung zum früheren Leben und Arbeiten in der Region, darunter die mirilia (Steinmonumente vom 17. bis 20. Jh.), Konoba und Souvenirladen, 🚪 in der Hauptsaison (Mai bis Ende September) täglich 13:00-22:00

Am Ende des Platzes folgen Sie hinter dem Ethnohaus der Straße nach links leicht abwärts Richtung Paklenica und erreichen nach 250 m den Startpunkt, den Eingang zum Nationalpark.

⑬ Rundwanderung durch die Paklenica-Schluchten

Tour für Landschaftsbegeisterte

Sie wandern durch beide Schluchten des Nationalparks: Velika (Große) und Mala (Kleine) Paklenica. Als Verbindung zwischen den Schluchten warten auf Sie ein aussichtsreicher Bergpfad sowie im Küstentiefland ein bequem zu gehender Weg, der als Rad- und Lehrpfad eingerichtet wurde. Im Gegensatz zur Velika Paklenica erfordert der deutlich schlechter erschlossene Weg durch die Mala Paklenica allerdings ziemliche Trittsicherheit und Kondition, großteils wandert man hier über Geröll durch das Bachbett.

- Start/Ziel: Mala Paklenica, Eingang, GPS N 44°16.978' E 015°29.562'
- 17 km
- 6 Std. 30 Min.
- 950 m/850 m, An-/Abstieg überwiegend am Stück
- 20-705 m
- teilweise rot-weiße Markierungen
- Vielseitiges Angebot an Wegen: Von alpinistischen Bergpfaden zwischen den Schluchten über Schotterwege in Schluchten bis zu Radweg und Straße im Tiefland ist alles dabei.
- Kiosk am Ausgang der Velika Paklenica (km 11,5)
- Rastplätze/Sitzbänke in der Velika Paklenica
- Brunnen in der Mala Paklenica (km 3) und in der Velika Paklenica (km 10,5)
- WC am Ausgang der Velika Paklenica (km 11,3)
- Für Kinder ist der Weg machbar, aber nur wenn sie bergerfahren und konditionsstark sind.
- Mit Buggy ist die Tour nicht machbar.
- Hunde dürfen angeleint in den Park. Die steinigen Wege, v. a. in der Mala Paklenica, stellen aber harte Anforderungen an Hundepfoten (eventuell „Hundeschuhe“ mitnehmen).
- P Parkplatz am Eingang der Mala Paklenica (gratis). Optional können Sie auch am Eingang 1 des Nationalparks bei der Velika Paklenica parken und dann die Wanderung bei km 13,3 starten.
- rund fünf Verbindungen täglich zwischen Zadar und Starigrad Paklenica (etwa 1 Std., ca. € 8), www.buscroatia.com
- Eintritt in den Nationalpark: je nach Saison € 3 bis € 8
- Die Mala Paklenica ist nur von Anfang Mai bis Ende Oktober geöffnet. In der Wintersaison steht der Talgrund manchmal unter Wasser.

Nachdem Sie am Eingang der **Mala Paklenica** das Nationalparkticket gelöst haben, starten Sie Ihre Wanderung in diese „kleine“ Schlucht. Vorher können Sie sich noch am Parkplatz auf den Infotafeln über Flora und Fauna der Region informieren, etwa über den weißköpfigen Gänsegeier, den bekanntesten Brutvogel der Schlucht.

Der Pfad führt zunächst links vom Fluss in die Schlucht hinein. Nach 1 km wird das Gehen beschwerlicher: Sie wandern kaum noch auf einem richtigen Pfad, sondern über Steine durch das Bachbett (mit rot-weißen Markierungen), gelegentlich gibt es auch kurze Klettereinlagen und einige ausgesetzte Stellen. Nach 2 km (km 3, ⇧ 420 m) passieren Sie einen 💧 Trinkwasserbrunnen ❶.

Nach weiterhin beschwerlicher, aber eindrucksvoller Passage durch die urige Schlucht folgen Sie nach 1,5 km (km 4,5, ⇧ 485 m) bei einer Schluchtgabelung dem Haupttal nach links. Der Weg führt bald an der linken Talseite entlang aufwärts zu einer Kreuzung am Ende der Schlucht ❷ (km 6, ⇧ 680 m), wo Sie geradeaus gehen („Starigrad 2.30, Jurline 45'“) und nach 50 m nach einem Mauerdurchgang dem Pfad links neben der Mauer über die bewaldete Hochfläche folgen.

↳ Abkürzung ohne Velika Paklenica

(➲ 5,8 km statt 11 km zum Ausgangspunkt)

Bei der Kreuzung führt Sie der Pfad links (Schild: „Rimenic 1 h, Seline 3 h“, tatsächlich eher 2 Std. 30 Min.) auf mehr oder weniger direktem Weg zurück zum Ausgangspunkt. Nach 50 m gehen Sie bei einer Abzweigung geradeaus Richtung Seline und weiter kurz aufwärts, danach erst weniger steil und später steiler hinunter. 2 km nach der Kreuzung passieren Sie zur Linken ein verfallenes Haus mit Mauer (⇧ 560 m) und erreichen nach weiteren 1,3 km eine 3-fach-Kreuzung (⇧ 340 m), bei der Sie links gehen, kurz hinauf und dann weiter hinunter. Nach insgesamt 5,3 km ab der Kreuzung führt Sie der durchgehend gut markierte Pfad zwischen Steinmauern auf ein kleines Sträßchen nahe der Mala Paklenica, wo diese Tour am Schluss entlangführt. Diesem folgen Sie 500 m nach links zum Eingang der Mala Paklenica, dem Startpunkt.

Sie wandern noch 700 m aufwärts und erreichen den höchsten Punkt dieser Tour ❸ (⇧ 705 m). Nach 1 km mit leichter Abwärtstendenz halten Sie sich bei einer 3-fach-Kreuzung mit einem verfallenen Haus links (Schild: „Starigrad“) und ignorieren den nach rechts abzweigenden Pfad Richtung Dom Paklencia. Der Pfad führt durch die Mauer und weiter neben einer Mauer und einem verfallenen Tisch mit Bank vorbei. Nach 450 m gehen Sie bei einer weiteren 3-fach-Kreuzung (km 8,9, 630 m) geradeaus abwärts in die Velika Paklenica (Schild: „Starigrad“).

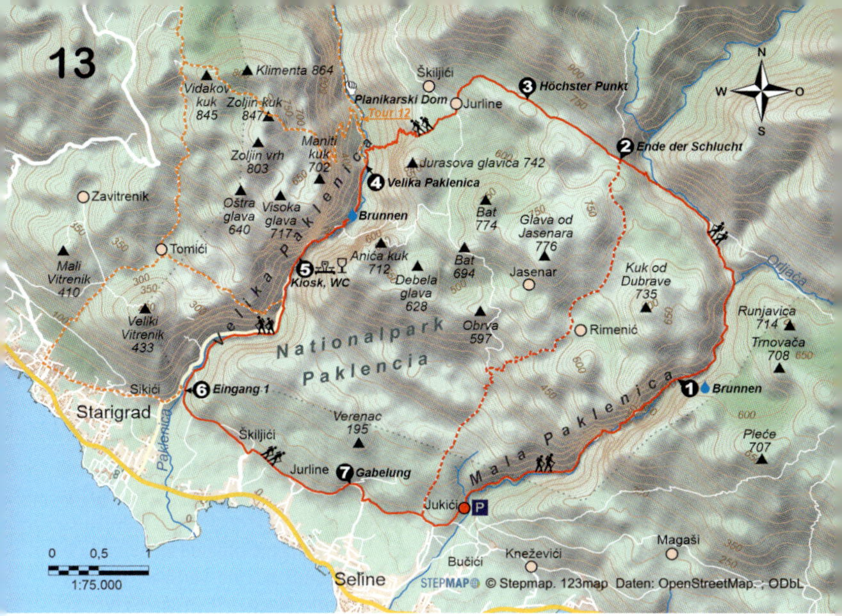

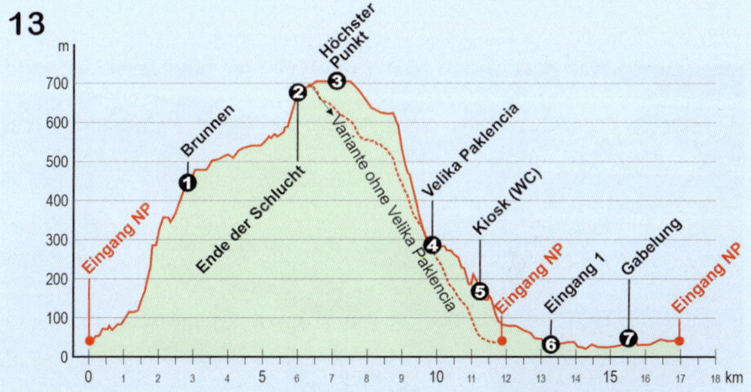

Schließlich erreichen Sie den Talboden der **Velika Paklenica** ❹ (km 9,9, ⇧ 280 m) und folgen dort dem Hauptweg links abwärts. Nach 600 m bietet sich links ein 💧 Trinkbrunnen zum Nachfüllen der Wasserflasche an.

Kurz darauf führt der etwas steiniger werdende Weg zunehmend steiler abwärts, aber das ist nichts verglichen mit dem Weg durch die Mala Paklenica! Links erhebt sich der beliebte Kletterfelsen Anica kuk, der von mehr als 40 Routen erschlossen wird.

800 m nach dem Brunnen erreichen Sie den Ausgang aus der Schlucht mit diversen Ver- und Entsorgungsmöglichkeiten ❺ (km 11,3, ⇧ 140 m):

WC Souvenirladen, Kiosk mit Erfrischungen und WC, siehe Park

Weiter geht es geradeaus abwärts über Parkplätze. Am Ende des letzten größeren Parkplatzes auf der linken Seite, 400 m nach dem Kiosk, queren Sie den Fluss links über die Holzbrücke und folgen dem gekiesten Naturlehrpfad für 1,5 km rechts abwärts auf der linken Seite des Flusses.

Mehrere Rastplätze säumen den Lehrpfad an ruhigen Punkten im Wald, wo der Trubel der Paklenica-Schlucht weit entfernt scheint, obwohl die Zufahrtsstraße in nur rund 50 m Entfernung vorbeiführt.

Nach 1,5 km erreichen Sie bei Tischen und Bänken eine offene Fläche und folgen dort dem Spurweg geradeaus. Links veranschaulicht eine vertikale geologische Zeitleiste das Alter der Steine im Nationalpark. Nach 150 m erreichen Sie die Spitzkehre eines (Rad-)Weges (km 13,3, ⇧ 625 m), dem Sie links folgen (Verbotsschild).

Velika Paklenica

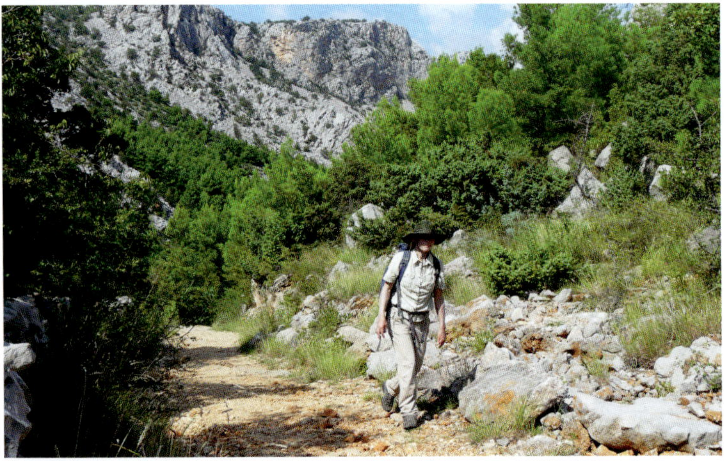

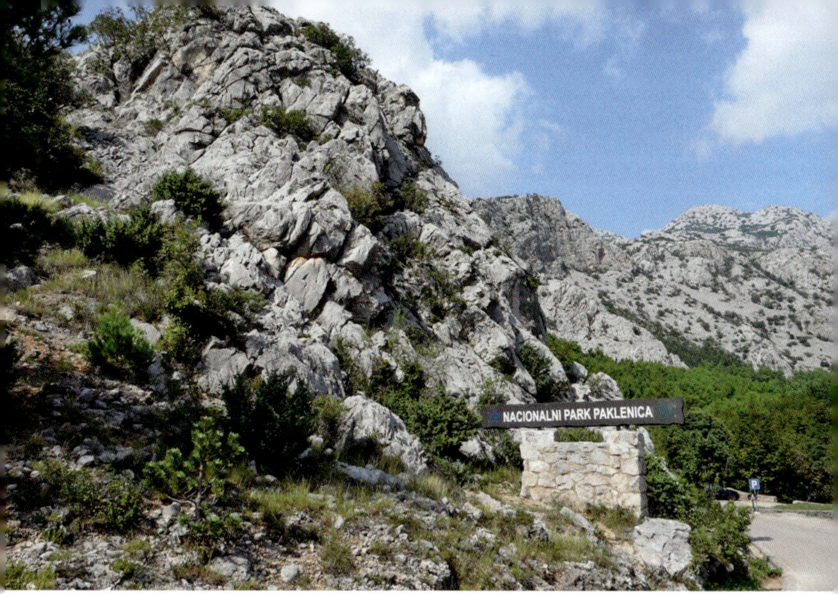

Eingang zur Mala Paklenica

Rechts unterhalb liegt der Eingang 1 des Nationalparks ❻ mit dem Kassenhäuschen und einer alten Wassermühle davor. Sie folgen diesem Weg weiter, der oberhalb von Starigrad auf etwa gleichbleibender Höhe verläuft und als Radweg und geschichtlicher Lehrpfad ausgewiesen wurde. Sie passieren u. a. Infotafeln zu Mesolithkultur, Neolithikum, Kupfer- und Römerzeit sowie zum Mittelalter.

20 m nach den Infotafeln zum Neolithikum und zur Kupferzeit halten Sie sich bei der Gabelung rechts und ignorieren weitere Abzweigungen.

450 m nach der Gabelung mündet der Schotterweg in eine Straße, der Sie durch den Weiler Skiljici bis zu einer T-Kreuzung vor einem Haus mit Metallgatter folgen, wo Sie sich links halten und der als Radroute „Poucna Staza" ausgewiesenen Straße links aufwärts folgen. Sie geht nach 80 m in einen Schotterweg über, der nach wenigen Minuten an einer Infotafel zu den Zisternen von Seline vorbeiführt.

1,2 km nach der T-Kreuzung wandern Sie bei einer Gabelung ❼, an der links oben ein umzäuntes Haus liegt, rechts abwärts und folgen bei weiteren Abzweigungen dem Radweg immer links. 1,1 km nach der Gabelung mit dem umzäunten Haus erreichen Sie die Zufahrtsstraße zur Mala Paklenica und folgen dieser nach links 350 m zum Eingang der Mala Paklenica, dem Ausgangspunkt dieser Tour.

14 Bojin kuk

Tour für Bergfans mit optionalen Klettereinlagen

Der schroff aufragende, blockartige Bojin kuk ist Mittelpunkt der fast märchenhaft anmutenden Felsgruppe Bojinac am Westrand des Nationalparks Paklenica, deren steile und fast weiße Felswände beliebt zum Klettern sind. Viele Felstürme bzw. -blöcke sowie Wiesen säumen die Felsgruppe. Der Gipfel ist nur mit Klettereinlagen erreichbar und daher nicht für diese Rundwanderung vorgesehen, die Sie zum Fuß des Bojin kuk führt und optional um den Gipfel herum. Sie wandern großteils auf Pfaden. Lediglich die 1,5 km hinter Veliko Rujno führen Sie über die geschotterte Zufahrtsstraße zu diesem verlassenen Weiler – mit sehr wenig Autoverkehr und dafür toller Aussicht.

Start/Ziel: kleiner Parkplatz Vaganac auf der Hochebene am Rand der Schotterstraße nach Veliko Rujno, 6,5 km nach der Abzweigung aus Starigrad Paklenica. Der Parkplatz liegt in 660 m Höhe in einer Rechtskurve der Straße auf der linken Seite, mit weitem Ausblick. GPS N 44°19.804' E 015°26.738'

9,1 km (◐), Runde um Bojin kuk zusätzlich 2,1 km (●)

3 Std. 30 Min., Runde um Bojin kuk zusätzlich etwa 1,5-2 Std.

590 m/590 m, An-/Abstieg überwiegend am Stück; Runde um Bojin kuk zusätzlich etwa 300 m/300 m

590-1.005 m

rote und rot-weiße Markierungen (teilweise lückenhaft)

Schotterwege sowie steile und steinige Bergpfade, wo Trittsicherheit und ein Mindestmaß an Schwindelfreiheit vorhanden sein sollten.

Es gibt am Weg weder Rastplätze noch Einkehrmöglichkeiten oder Einkaufsgelegenheiten.

Für Kinder machbar, aber nur wenn sie bergerfahren und konditionsstark sind. Der Abstieg hinunter nach Veliko Rujno ist nicht nur steil, sondern felsig und erfordert Trittsicherheit – an einigen Stellen erleichtern Stahlseile das Hinuntergehen. Auf die Bojin-kuk-Runde mit Kindern lieber verzichten!

Mit Buggy nicht machbar

Für Hunde eher nicht geeignet

kleiner (unbewachter) Parkplatz auf der Hochebene am Rand der Schotterstraße nach Veliko Rujno (☞ Start/Ziel)

Eine Anfahrt mit dem Bus zum Startpunkt ist leider nicht möglich.

Sie verlassen den Parkplatz Vaganac auf dem Wanderpfad nach links in nordwestliche Richtung. Nach 1 km auf dem abwärtsführenden Weg halten Sie sich bei

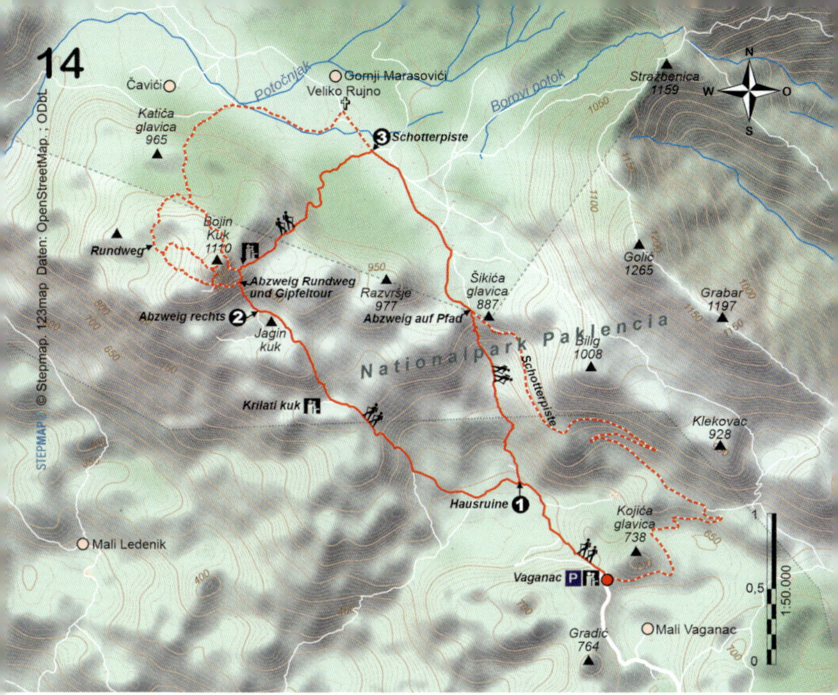

der Gabelung (Veliki Vaganac) vor einer Hausruine ❶ links, etwa auf gleichbleibender Höhe, und erreichen nach 800 m mit zuletzt leichtem Anstieg eine weitere Abzweigung mit etwas Vegetation in der ansonsten kargen Landschaft (km 1,8, ⇧ 635 m). Links geht es nach Milovci („1.40"), Sie aber gehen rechts aufwärts und passieren nach 10 m ein Nationalparkschild. Nach 800 m kontinuierlichen Anstiegs (km 2,6, ⇧ 800 m) halten Sie sich bei einer Abzweigung in einer Ebene mit Gras und Kiefern sowie einem Felsen mit Aufschrift rechts und nach kurzer Zeit weiter aufwärts.

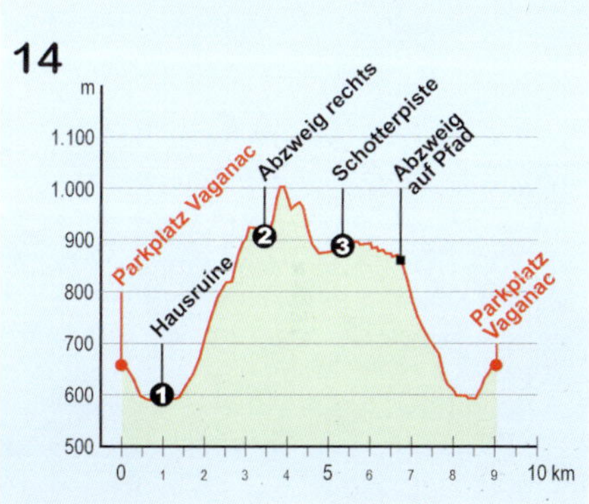

↳ Die linke Abzweigung führt zum netten Aussichtspunkt Krilati kuk.

Nach 700 m (km 3,3, ⇧ 905 m) erreichen Sie bei einem Zwischenabstieg eine Gabelung und folgen dort dem rot-weiß markierten Pfad rechts, um nach 250 m bei einer Gabelung in einer Senke mit Gras, Kiefern und Steinen (Jagin kuk) ❷ nach rechts zu gehen, Richtung Bojin kuk und Veliko Rujno (links führt der Pfad abwärts Richtung Voda). Nach 150 m kurzen Anstiegs (km 3,7, ⇧ 915 m) folgen Sie vor einer großen Felsplatte dem Pfeil und rot-weißen Markierungen rechts aufwärts über Felsen. Es folgt eine kurze Klettereinlage, wo die Hilfe der Hände erforderlich ist. Nach kurzem und recht steilem Anstieg erreichen Sie eine Kreuzung zu Füßen der steilen Felswände des Bojin kuk (km 3,8, ⇧ 975 m). Ihre Route führt geradeaus weiter aufwärts über Felsen in nördliche Richtung, östlich am Bojin kuk vorbei.

↳ Variante: Um oder auf den Bojin kuk (➲ Runde 2,1 km)

Die Bojinac-Felsgruppe lässt sich auf einem felsigen Pfad umrunden, der allerdings ein gewisses Maß an Trittsicherheit und einige leichte Klettereien erfordert. Optional ist auch die Besteigung des Gipfels vom Bojin kuk möglich, die allerdings dann schon in die Kategorie Klettern fällt.

Bizarr geformte Felsen des Bojin kuk

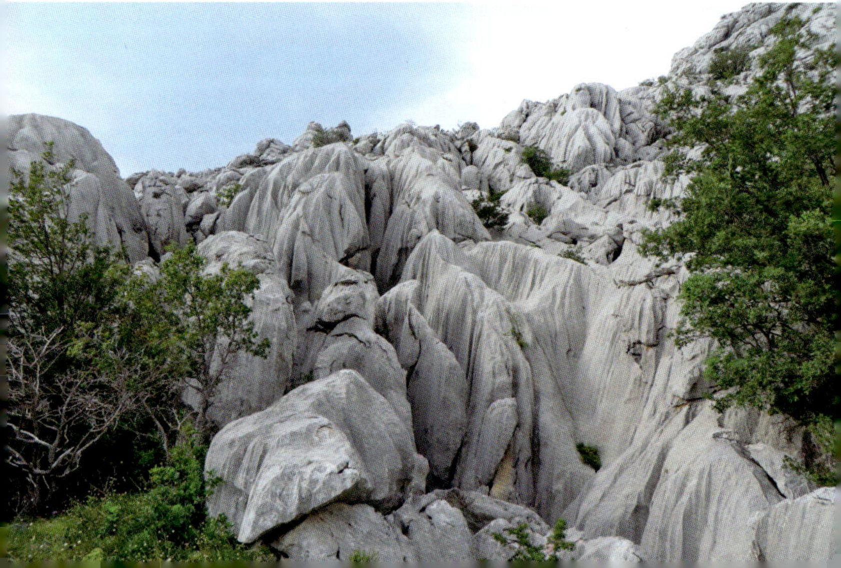

Für Umrundung wie Gipfelvarianten gehen Sie bei der Kreuzung zu Füßen der Felswand links Richtung Bojin kuk. Der kleine Pfad über Felsen führt zunächst kurz abwärts, dann stetig ansteigend zur Gipfelabzweigung nach 250 m.

1. Abzweig zum Gipfel (gleiche Entfernung, aber zusätzlich 100 Höhenmeter und eher Klettersteig als Wanderweg!): Die mit Kletterstellen gespickte Variante nach rechts auf den Gipfel führt nach 160 Strecken- und 80 Höhenmetern bis fast auf den Gipfel Bojin kuk mit toller Aussicht (⇧ 1.110 m).

Zurück nehmen Sie die vom Gipfel kommende rechts in nordwestliche Richtung abzweigende Variante, die – ebenfalls mit Kletterpartien, aber etwas leichter – nach 600 m auf 965 m Höhe wieder auf den Rundweg um die Felsgruppe führt.

Nach 750 m zweigt in 965 m Höhe rechts die **zweite (nordwestliche) Gipfelvariante** ab, oben als Abstieg beschrieben.

Nach 600 m überwiegend leichten Abstiegs zweigt links im Norden des Massivs Bojinac ein Pfad nach Veliko Rujno ab (auf der Höhe von 970 m):

Abstecher nach Veliko Rujno (➲ 2 x 0,3 km): Der links abzweigende Pfad führt anfangs sehr steil abwärts nach Veliko Rujno, wo Sie auf einem Gras-/Spurweg bei der Kapelle herauskommen. Dort folgen Sie der Schotterpiste nach rechts, wo nach 350 m von rechts die reguläre Route einmündet (bei km 5,4), der Sie weiter geradeaus auf der Schotterstraße abwärts folgen.

Sie folgen dem Rundweg nach rechts ansteigend, links bzw. nördlich am Felsmassiv vorbei. Nach 800 m stoßen Sie wieder auf die reguläre Route und folgen dieser nach links Richtung Veliko Rujno.

Nach 100 m Aufstieg erreichen Sie eine weitere Abzweigung unterhalb der Felswand des Bojin kuk mit toller Aussicht auf die Küste – der höchste Punkt (⇧ 1.005 m) dieser Tour. Sie ignorieren den linken Pfad – die nördliche Variante der Umrundung des Bojinac-Felsmassivs – und folgen dem Pfad abwärts auf den bald sichtbaren Weiler zu. Der Pfad mündet 200 m rechts von dem Weiler in die Zufahrts-Schotterpiste ein ❸ (km 5,4, ⇧ 885 m), der Sie rechts (zunächst) Richtung Velika Paklenica folgen.

Die Piste wird kaum befahren, nur sporadisch von Ausflüglerinnen und Ausflüglern oder Jeeps für Exkursionen. Nach links abzweigende Wege ignorieren Sie. Nach 1,4 km verlassen Sie die Straße, indem Sie rechts dem Pfad steil abwärts folgen (rote und rot-weiße Markierungen).

↳ **Längere, aber knieschonendere Variante zum Start- und Endpunkt, dem Parkplatz Vaganac** (➲ 4,8 statt 2,4 km)
Sie verlassen die Schotterpiste nicht, sondern folgen ihr geradeaus. Die Piste zieht sich noch etwa 1,5 km am Hang hin und bietet dabei weite Aussichten auf die karstige Hochfläche, ehe sie mit einigen Spitzkehren stärker abwärtsführt. 4,8 km nach der Abzweigung der Variante erreichen Sie in einer Linkskurve zur Rechten den Startpunkt, den Parkplatz Vaganac.

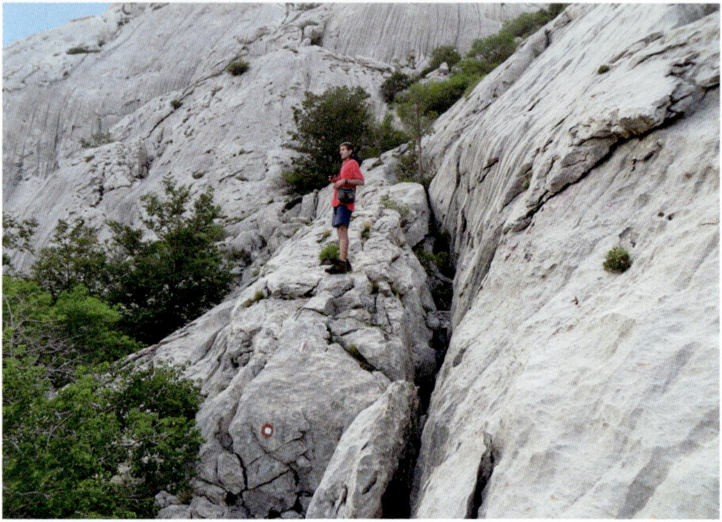

Auf der Rundwanderung

Der Pfad führt zunächst recht steil abwärts. Nach 1,3 km erreichen Sie bei Veliki Vaganac wieder den Pfad vom Hinweg und folgen ihm nach links 1 km zum Start-/Endpunkt.

Dalmatien

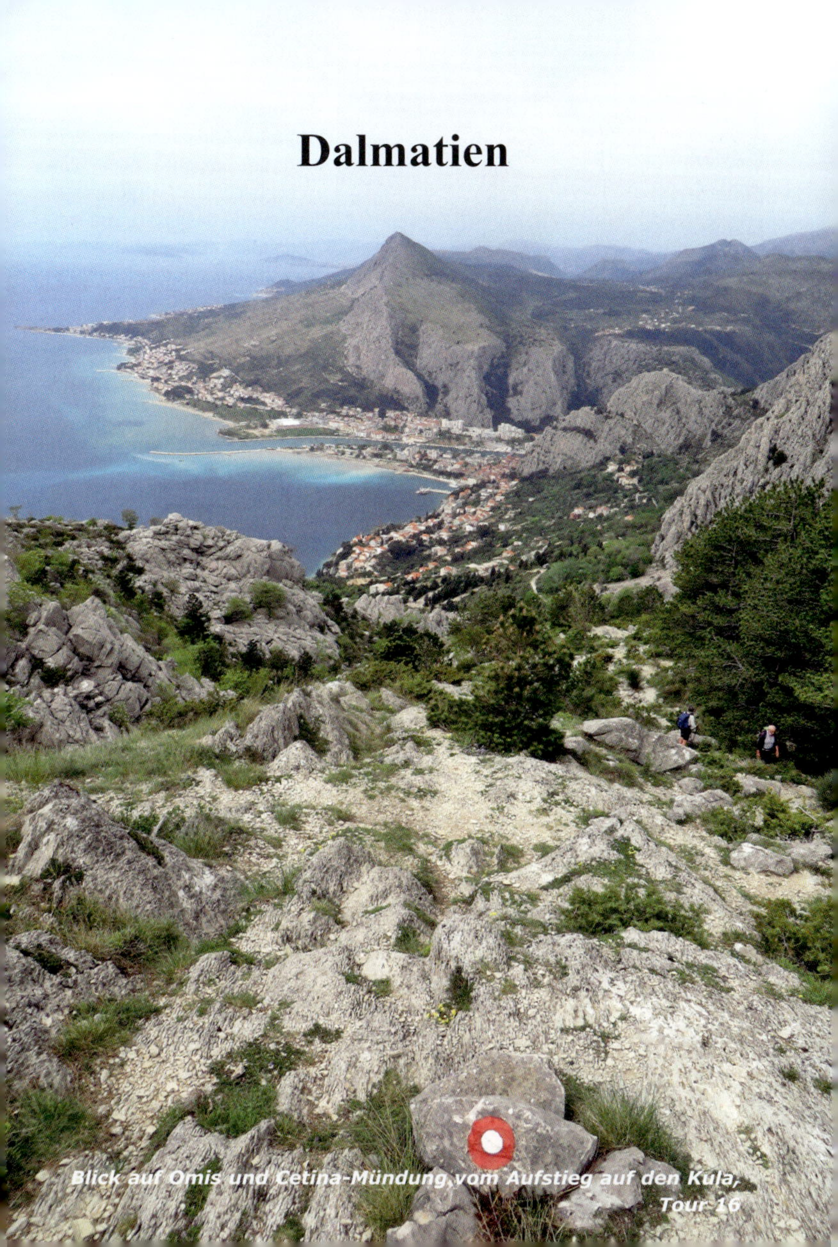

Blick auf Omis und Cetina-Mündung vom Aufstieg auf den Kula, Tour 16

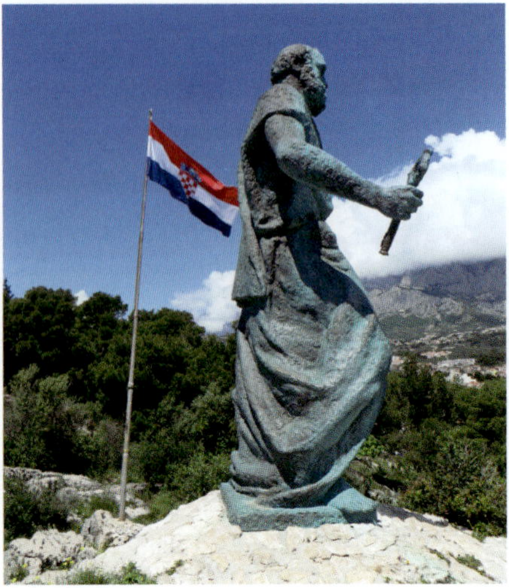
Statue in Makarska

Dalmatien – das ist die zerklüftete Adriaküste Kroatiens südwärts ab etwa Zadar einschließlich der vorgelagerten Inseln und des gebirgigen Hinterlandes. Diese Landschaft lädt zu mehreren netten Wanderungen ein, von denen hier einige im nördlichen Teil vorgestellt sind. Die meisten liegen an der Makarska Riviera, der Region rund um Makarska, wo das Biokovo-Gebirge am schmalen Küstensaum steil ansteigt und mehrere Wanderungen auf verschiedenen Höhenlagen möglich sind.

Daher ist die 14.000-Einwohner-Stadt Makarska mit ihrem großen Naturhafen in einer weiten Bucht als Standort für die meisten der hier beschriebenen Touren in Dalmatien ideal, zumal von Makarska auch eine Fähre zur Insel Brač fährt, wo zwei weitere Wanderungen beschrieben sind.

Übernachtungsgelegenheiten aller Art gibt es in großer Zahl entlang der Küste, in der Nähe der meisten Wanderrouten vor allem in Makarska und Tučepi.

SMAND: Wanderkarte 32 Biokovo, 1:25.000, erhältlich vor Ort (ca. € 10) oder im Internet, z. B. bei www.smand.hr (€ 9,99) oder bei www.landundkarte.de (€ 15,90)

Makarska

TZ Makarska, Franjevački put 2, 21300 Makarska, 0 21/61 20 02, www.makarska-info.hr

B&B Makarska bietet eine große Auswahl an Hotels, Apartments und privaten Unterkünften.

mehrere Läden und Supermärkte im Ortszentrum; täglich großer Gemüsemarkt neben der Hauptkirche unterhalb der Hauptstraße

Der Busbahnhof von Makarska liegt an der Hauptstraße oberhalb vom Zentrum. Infos zu An-/Abfahrten: www.buscroatia.com → Busbahnhöfe → Dalmatien → Makarska. Die Fahrt von/nach Split dauert etwa 1 Std. 15 Min. und kostet zwischen € 7 und 15.

⑮ Wanderung im Nationalpark Krka

Tour für Wasser(fall)freundinnen und -freunde

Der 72 km lange Karstfluss Krka ist bekannt für seine sieben Wasserfälle und seit 1985 Mittelpunkt des gleichnamigen Nationalparks. Die am weitesten unten liegenden und wasserreichsten Wasserfälle stürzen bei Skradinski buk hinunter – die Hauptattraktion des Nationalparks, die von den Hauptzugangsorten Lozovac und Skradin bequem zu Fuß erreichbar ist. Diese beliebte Rundwanderung (bzw. eher Spaziergang) führt vom Parkplatz Lozovac hinunter in das Krka-Tal und zum Skradinski buk, dem siebten und längsten Wasserfall von Krka. Das Wasser stürzt hier in 17 Stufen fast 50 m tief herunter, aufgestaut durch Barrieren aus Travertin. Dazwischen schlängeln sich Holzbohlenwege, die – wie auch die Besuchermassen – ein wenig an Plitvice erinnern. Die Wanderung ist als Rundtour ab Lozovac möglich, optional auch als Streckenwanderung nach Skradin.

Start/Ziel: Parkplatz Lozovac oberhalb des Nationalparks Krka, GPS N 43°47.792' E 015°58.081'

4 km

1 Std. 30 Min.

180 m/180 m, An-/Abstieg überwiegend am Stück

5-180 m

Wegweiser im Nationalpark

abenteuerliche Wege und Pfade – stellenweise über Holzstege – am und über dem Wasser

mehrere Einkehrgelegenheiten im Nationalpark, am Start sowie in Skradin

Rastplätze/Sitzbänke in großer Zahl im Nationalpark

Souvenirläden am Parkplatz Lozovac und in Skradin

WC an den Eingängen des Nationalparks (gratis) sowie im Park (Gebühr etwa € 1)

Bademöglichkeit beim Wasserfall Skradinski buk (km 2,4)

für Kinder ideal: viel Abwechslung, Badegelegenheit und nicht zu lang

für Buggys machbar, aber nicht ideal wegen Holzbohlenwegen und der Besuchermassen

Hunde dürfen an der Leine (gratis) in den Nationalpark. Aber wenn Bello gerne bei Fremden schnuppert, wird es nicht leicht angesichts der vielen Menschen vor Ort.

P Parkplatz Lozovac (gratis) am Eingang des Parks sowie Parkplatz in Skradin (Gebühr)

Stadtbus von Sibenik zum Parkplatz Lozovac und nach Skradin, allerdings nur mit wenigen Verbindungen: täglich etwa 11:15 (Fahrpreis ca. € 3)

Schiffsverbindungen zwischen Skradin und Skradinski buk (im Eintritt inkl.) sowie zu weiteren Wasserfällen (zusätzliche Kosten)

☹ Für den Nationalpark Krka muss am Kassenhäuschen ein Eintrittsticket gelöst werden (je nach Saison etwa zwischen € 7 und 30). Dieses gilt für den Skradinski buk und gewährt Zugang zu allen weiteren „erdgebundenen“ Sehenswürdigkeiten des Parks, aber nicht zu den Toiletten im Park (noch einmal etwa € 1 extra).

Vom Parkplatz oberhalb des Nationalparks passieren Sie nach dem Lösen des Tickets am Kassenhäuschen die Schranke, um nach 20 m hinter dem Holzschild „Footpath – Length of Path 875 m“ dem Kiesweg links abwärts zu folgen.

Ab dem Parkplatz Lozovac fährt auch ein Shuttle-Bus ins Tal hinunter (im Eintritt inkl.) – bis zu km 1.

Sie treffen unten nach 900 m auf die Straße und folgen dieser links an der Endhaltestelle für Shuttle-Busse ❶ (km 1, ⇧ 55 m) und danach dem Verkehrsverbotsschild vorbei. Nach 100 m verlassen Sie nach Karte und Kiosk die Straße und folgen rechts dem Weg über Holzbohlen, wo Sie mehrere Infotafeln und Aussichtspunkte passieren, die Sie mit den Wasserfällen theoretisch und praktisch vertraut machen. Der Holzbohlenweg verläuft in vielen eindrucksvollen Schleifen leicht abwärts über die Krka zu deren anderer Seite.

800 m nach der Abzweigung von der Straße befindet sich ein Rastplatz mit Tischen und Bänken sowie Infotafeln (km 1,9, ⇧ 40 m).

nach 100 m schöner Aussichtspunkt ❷ mit Blick auf den Wasserfall Skradinski buk

Nationalpark Krka

Der 110 km² große Nationalpark Krkra wurde in seiner jetzigen Form 1985 gegründet, aber einzelne Flächen standen bereits früher unter Schutz. Der Park erstreckt sich entlang der unteren 50 km des insgesamt 72 km langen dalmatischen Karstflusses Krka zwischen Knin und Skradin sowie dem Unterlauf des Nebenflusses Čikola. Bekannt ist der Nationalpark vor allem für seine sieben größeren Wasserfälle. Zwischen den beiden unteren Wasserfällen Roški slap und Skradinski buk liegt inmitten des Sees Visovac die gleichnamige Insel mit einem Franziskanerkloster aus dem 15. Jh. Für Biologinnen und Biologen sind unter den 220 Tierarten des Nationalparks vor allem Fledermäuse von Bedeutung, die hier mit 18 Arten vorkommen, darunter vielen geschützten. Als weitere seltene Tiere leben Fischotter, Schlangen- und Steinadler im Nationalpark, der im Frühjahr und Herbst als wichtige Raststätte von vielen Zugvögeln aufgesucht wird. Von den 18 Fischarten sind 10 endemisch.

www.npkrka.hr

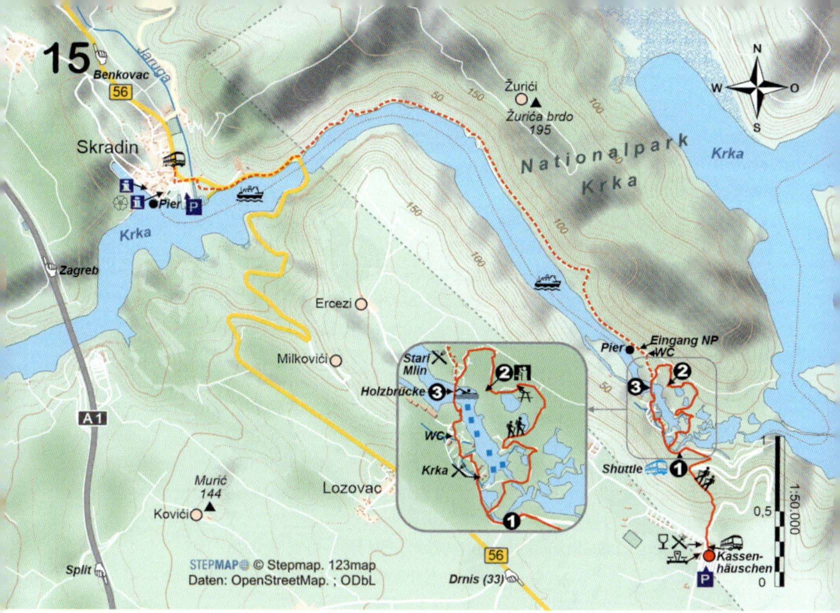

Sie folgen dem Pfad und halten sich bei Gabelungen links, bis Sie 500 m nach dem Aussichtspunkt das unterhalb der Wasserfälle liegende Wasserbecken mit einer Holzbrücke erreichen (km 2,4, ⇧ 5 m). Links stürzt das Wasser des Skradinski buk hinunter, des siebten und längsten Wasserfalls von Krka.

Als einziges der vielen Wasserbassins ist dieses zum Baden freigegeben.

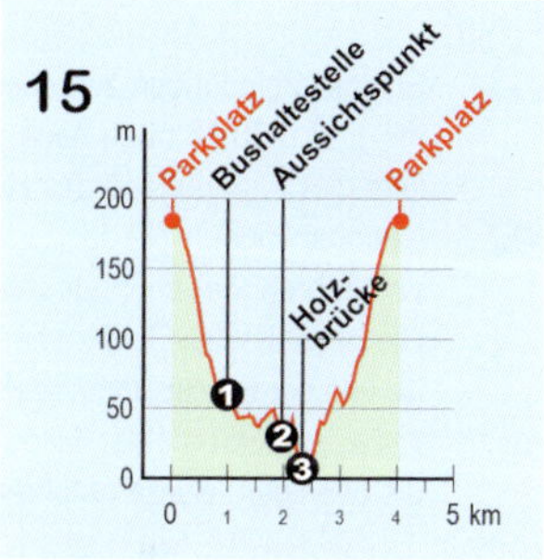

Variante entlang der Krka nach Skradin (➲ 4,7 km)

Wenn Sie etwas mehr von dem Fluss Krka und den Hafenort Skradin sehen möchten, wandern Sie auf dem Uferweg mit einigen netten Aussichtspunkten entlang der Krka nach Skradin, von wo Sie mit dem Schiff (im Eintritt inkl.) zurück zum Nationalpark fahren können (oder umgekehrt).

Dazu halten Sie sich vor der Brücke rechts und passieren das Restaurant Stari Mlin. Der Weg führt weiter vorbei an öffentlichen Toiletten, am Eingang 2 zum Nationalpark sowie links danach an der Anlegestelle für Schiffe nach Skradin.

Geradeaus folgen Sie dem breiten Kiesweg rechts oberhalb der Krka (4 km bis Skradin) und passieren nach 3,2 km eine Schranke und Kassenhäuschen. Kurz darauf folgen Sie der von rechts über die Brücke kommenden Straße geradeaus, weiter auf der rechten Flussseite. Die Brücke wurde 1953 erbaut und ersetzt einen von den Deutschen im Zweiten Weltkrieg zerstörten Vorgängerbau, der 1930 als schönste Stahlkonstruktion gerühmt wurde.

Nach 100 m auf der Straße geht es links weiter auf dem Pfad, der nahe dem Ufer Richtung Skradin verläuft und die Straße nach 600 m kurz vor einer Brücke wieder erreicht, wo Sie links der Straße über die Brücke und in den 700-Einwohner-Ort Skradin folgen.

i Skradin Tourist Board, Trg Male Gospe 3, ☏ 022/77 13 29, www.skradin.hr, variabel

Infozentrum zum Nationalpark Krka in Skradin mit kleinem Shop, ☏ 022/77 16 88, täglich 9:00-16:00, in der Saison auch länger, modernes Gebäude mit viel Glas am Beginn des Hafens

mehrere Einkehrgelegenheiten entlang der Hafenpromenade

Supermarkt (Studenac) zwischen Nationalparkinfo und Bushaltestelle

Zurück von Skradin geht es entweder auf demselben Weg oder mit dem Schiff:

Schiffsverbindungen zwischen Skradin und Eingang 2 des Nationalparks (im Eintritt inkl.), 8:00-18:00 je nach Saison alle 20 bis 60 Min. Die Anlegestelle in Skradin liegt gleich am Anfang des Hafens, nahe dem Infozentrum.

Optional können Sie auch von Skradin mit dem Linienbus nach Sibenik (oder Lozovac) fahren, der aber nur selten verkehrt: täglich 12:05, 17:00 (Fahrpreis ca. € 3). Die Bushaltestelle in Skradin liegt 100 m im Landesinneren: Sie folgen der Hauptstraße von der Brücke kommend vor dem Hafen durch die Rechtskurve. 100 m nach der Kurve markiert auf der linken Seite ein grünes Bushäuschen die Haltestelle, von der die (wenigen) Busse abfahren.

Der beschriebene Rundweg führt geradeaus auf der Holzbrücke ❸ über die Krka und auf der anderen Seite aufwärts.

WC öffentliches WC 150 m nach der Brücke nach einer Linkskurve auf der rechten Seite

☺ Es lohnt sich, möglichst weit links zu gehen und die dort liegenden Panoramapunkte mitzunehmen, die schöne Aussichten auf die Wasserfälle bieten.

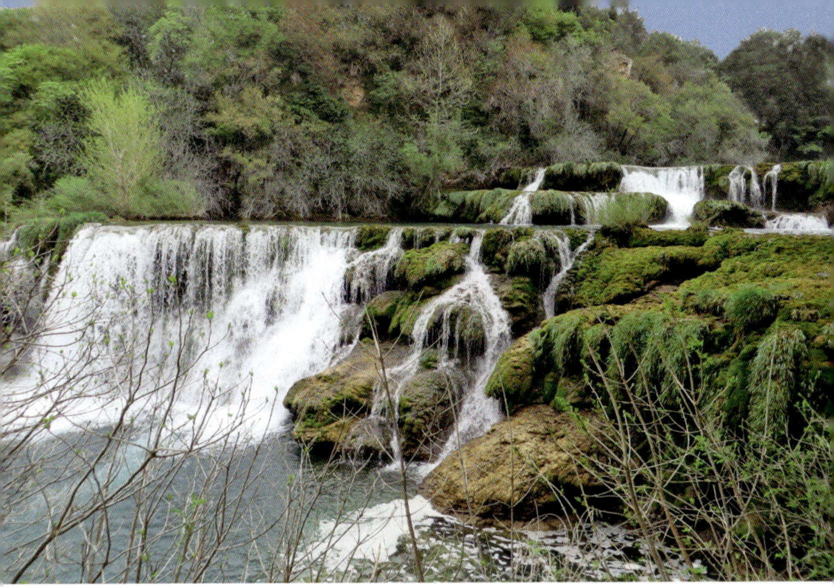

Skradisnki buk – mit 17 Stufen über 800 m der längste Wasserfall des Nationalparks

Links sind Reste eines alten Wasserkraftwerks zu sehen, das 1895 unter Ante Šupuka und dem Ingenieur Vjekoslav Meinsch angelegt wurde. Dieses Wasserkraftwerk war das erste zur elektrischen Energieumwandlung in Europa und das zweite weltweit: Das erste wurde drei Tage vorher, am 25.8.1895, bei den Niagara Falls eröffnet und erbaut unter Westinghouse sowie dem Serbokroaten Nikola Tesla, der sich als Erfinder im Bereich der elektrischen Energietechnik und -übertragung einen Namen machte, der heute in elektrischen Edelkarossen fortlebt.

✕ 400 m nach der Brücke (km 2,8, ⇧ 40 m) passieren Sie links das Restaurant Krka, täglich 8:00-20:00.

Wenige Meter hinter der Einkehrgelegenheit ist nach links ein kurzer Abstecher zu einer alten Wassermühle möglich (➲ 2 x 20 m).

Weiter geht es geradeaus auf dem Hauptweg, der nach 150 m wieder die Haltestelle des Shuttle-Busses zum Parkplatz Lozovac passiert. Entweder Sie fahren damit aufwärts oder gehen auf demselben Weg hinauf wie auf dem Hinweg, also 100 m nach der Haltestelle rechts aufwärts und durch Wald zum Parkplatz.

16 Traumblick oberhalb von Omis

Tour für Gipfelfans und kulturell Interessierte

Diese Wanderung führt durch das Omiska Dinara, den nördlichen Ausläufer vom Biokovo-Gebirge an der Mündung der Cetina bei Omis, einem ehemaligen berüchtigten Piratennest. Weite Ausblicke auf die spektakuläre Cetina-Schlucht und die Adria sind garantiert, dazu kommen Festungen und ein aussichtsreicher Gipfel.

Start/Ziel: Parkplatz nördlich von Omis an der Cetina,
GPS N 43°26.837' E 016°41.684'

9,9 km (●), kleine Runde ohne Gipfel Kula 3 km (●)

4 Std. 30 Min., kleine Runde ohne Gipfel Kula 1 Std. 45 Min.

990 m/990 m, kleine Runde ohne Gipfel Kula 400 m/400 m; An-/Abstieg überwiegend am Stück

5-864 m

teilweise rot-weiße Markierungen sowie Wegweiser

Schotter- und Waldwege, stellenweise recht steil und steinig, im Ort Omis kleine Straßen

Einkehrgelegenheiten am Start/Ziel

Rastplatz bei km 4,3/km 6

mehrere Läden in Omis, darunter Supermarkt Konzum in der Nähe vom Startpunkt, bei der Brücke

Bademöglichkeit beim Abstecher zur Einkehrgelegenheit Radmanove Mlinice

Für Kinder mit guter Kondition geeignet, Höhepunkte sind die Aussicht und die Burg. Für eine kürzere Runde mit Kindern könnte auf den Kula verzichtet werden (gesamt 3 km, 400 Hm). Nett für Kinder ist als Ergänzung die Bootsfahrt Radmanove Mlinice (s. u.).

Für Buggys ist der Weg nicht geeignet.

Für Hunde möglich, aber auch hier sind Hundeschuhe hilfreich wegen der stellenweise steinigen bzw. felsigen Wege.

P Parkplätze an der Brücke Richtung Split und Richtung Cetina-Tal zwischen den beiden Tunneln, 200 m vom Ort entfernt. Letzterer ist gratis und gleichzeitig Startpunkt.

Omis liegt an der häufig – mindestens stündlich – bedienten Busstrecke Split – Makarska etwa auf der Hälfte der Strecke. Die Fahrt nach/von Makarska dauert 45 Min. und kostet rund € 8, von/nach Split etwa € 5, www.buscroatia.com. Der Busbahnhof liegt in der Neustadt an der Hauptstraße, von der Cetina-Brücke 300 m Richtung Split.

Der Anstieg auf den Gipfel Kula erfordert kurzzeitig Schwindelfreiheit; im Zweifelsfall belassen Sie es bei der beschriebenen kurzen Variante!

Bootstour von mehreren Anbietern auf der Cetina von Omis nach Radmanove Mlinice („Radmans Mühle"), einem beliebten Biergarten im Grünen, idyllisch gelegen mit Park direkt an der Cetina, in der Saison täglich 9:00-21:00

Das frühere Piratennest Omis verlassen Sie vom 200 m nördlich des Ortes landeinwärts an der Cetina zwischen zwei Tunneln gelegenen Parkplatz. Neben dem Parkplatz liegt ein betonierter Basketballplatz. 20 m links davon, links neben einem alten Betongemäuer, folgen Sie dem Pfad aufwärts (angegeben sind 45 Min. nach Starigrad Fortica). Es geht kontinuierlich durch ein Seitental zwischen steilen Felsen aufwärts zu dem **Fort Starigrad** ❶ (km 0,8, ⇧ 300 m), das im 15. Jh. von Venezianern zur Verteidigung gegen die heranrückenden Osmanen erbaut wurde (möglicherweise in der Hauptsaison Eintritt von etwa € 4) und einen tollen Ausblick hinunter auf die Cetina-Mündung bietet.

Vom Fort folgen Sie dem Pfad auf dem Kamm entlang ostwärts und nach 200 m bei der Abzweigung mit Infotafel dem Pfad nach rechts – zunächst kurz aufwärts, dann abwärts. Nach 5 Min. halten Sie sich bei einer Gabelung links (Wegweiser u. a. „Kula 2:30 h") und folgen dem gelegentlich rot-weiß markierten Pfad aufwärts Richtung Kula.

Fort Starigrad oberhalb von Omis

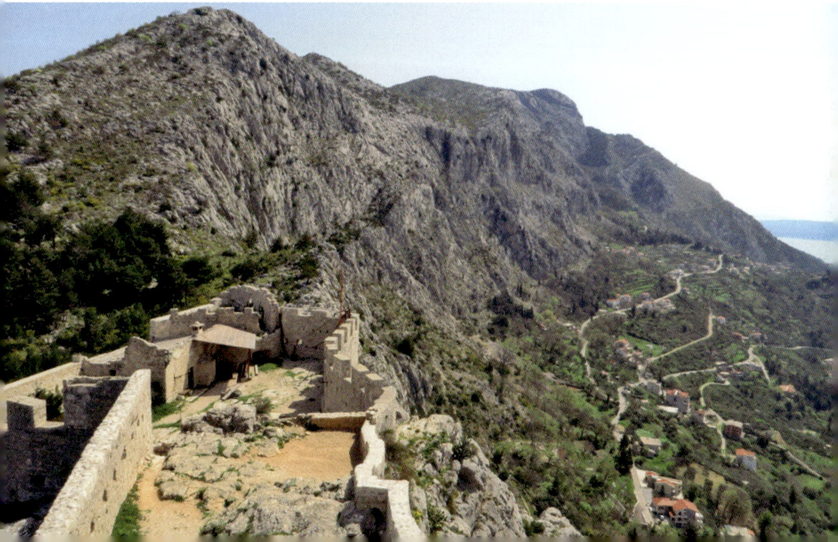

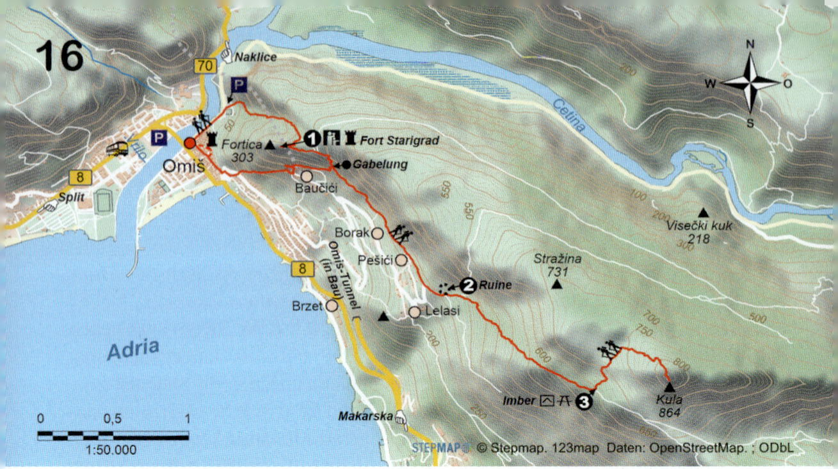

Abkürzung ohne Kula (➲ 3 km, ⌛ 2 Std., ↑ 400 m, ↓ 400 m)
Falls Sie auf den Kula-Gipfel verzichten wollen, dessen Besteigung im letzten Teil kurzzeitig bei einer Felspassage Schwindelfreiheit voraussetzt, verzichten Sie lieber auf den folgenden Abschnitt und steigen bei der Gabelung lieber rechts ab nach Omis wie ab km 8,6 beschrieben.

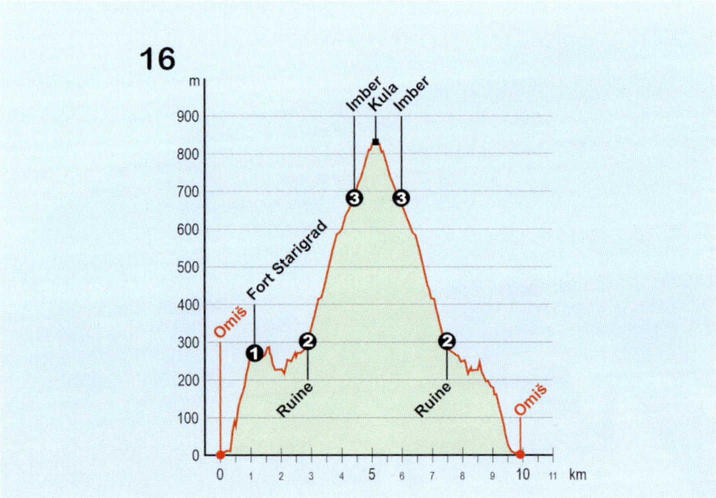

Nach 1 km erreichen Sie oberhalb vom Weiler Borak eine Straße – möglicherweise steht hier noch ein alter LKW mit verrotteten Bienenkästen – und folgen ihr geradeaus für 150, um bei der Gabelung an einer Ruine ❷ am Ende der Straße den links aufwärtsführenden Pfad zu nehmen. Der Wanderpfad schlängelt sich nach oben und erreicht nach 1 Stunde Anstieg die Hütte Imber ❸ (km 4, ⇧ 655 m).

schöner Rastplatz bei der Hütte mit Tischen und Bänken, Wasser

Für das Gipfelerlebnis führt links ein Pfad auf den 864 m hohen Kula, angegeben ist eine großzügige Stunde für die 800 m lange Strecke mit 210 Hm.

Nach 200 m beginnt eine felsige Passage von etwa 100 m Länge, bei der Schwindelfreiheit erforderlich ist. Nach etwa 45 Min. erreichen Sie den Gipfel des Kula, einen schönen Aussichtsberg mit Rundumblick.

Nach dem Abstieg vom Gipfel halten Sie sich bei der Hütte Imber rechts und folgen bis zur Abzweigung unterhalb vom Fort Starigrad demselben Weg wie zuvor, dem abwärtsführenden Pfad Richtung Omis („2 h"). Nach 1,5 km erreichen Sie kurz nach der Ruine wieder die kleine befestigte Straße (km 7,1, ⇧ 300 m) und folgen dieser, um sie gleich wieder in der ersten scharfen Linkskurve zu verlassen. Sie nehmen den in dieser Kurve rechts zwischen Steinen abzweigenden Pfad in derselben Richtung wie zuvor, abwärts durch lichten Wald.

Nach 1 km erreichen Sie wieder die Abzweigung kurz vor dem Fort (km 8,2, ⇧ 240 m) und gehen jetzt links abwärts Richtung Omis.

Nach 350 m bietet sich rechts eine schöne Aussicht auf Omis (km 8,6, ⇧ 175 m).

80 m nach dem Aussichtspunkt halten Sie sich nach kurzem steilerem Abstieg rechts und folgen dem markierten Weg abwärts nach Omis mit der angegebenen Gehzeit von 30 Min. (rot-weiß). Bei den ersten Häusern queren Sie zunächst die Serpentinenstraße und folgen dem Treppenweg geradeaus abwärts, halten sich am Ende der Stufen zweimal rechts und steigen kurz darauf links wieder über Stufen hinunter, ehe Sie rechts die Straße durch das Tor hindurch in die Altstadt nehmen und der engen Gasse Ulica Knezova Kačica durch den Ortskern folgen.

Nach rechts sind Abstecher (⮊ etwa 2 x 100 m) zur romanischen Burg (13. Jh.) oberhalb von Omis möglich, den Wegweisern „Peovica (Mirabela)" folgend (in Hauptsaison möglicherweise Eintritt, etwa € 4). Der Legende nach sollen 1537 die Bewohner angreifende Türken durch lautes Brüllen vertrieben haben, indem sie dadurch eine größere Truppenstärke als vorhanden vortäuschten.

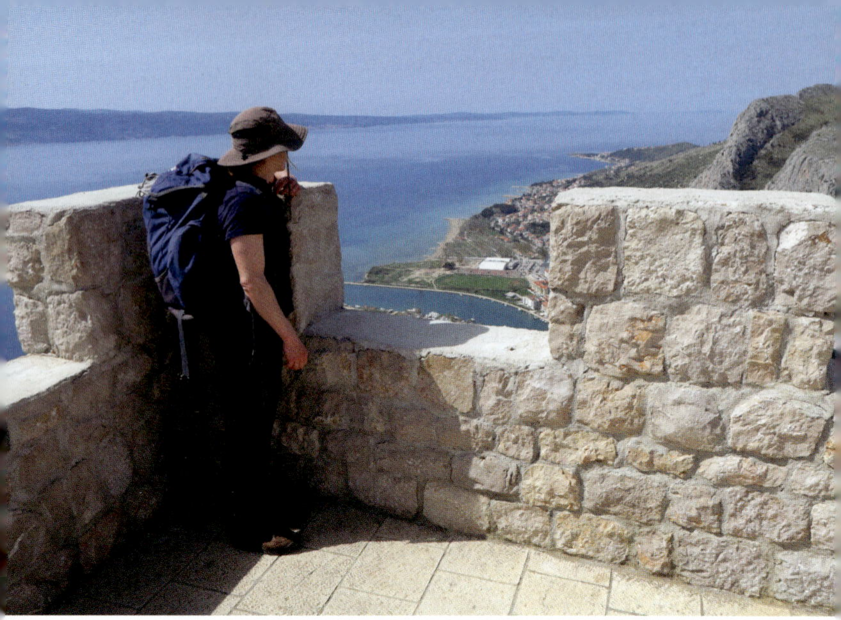

Auf der Rundwanderung bei Omis

Am Ende der Altstadt erreichen Sie die Cetina, die links in die Adria mündet und auf deren Schwemmlandkegel der Ort Omis entstand. Sie folgen der Uferstraße nach rechts aus dem Ort heraus, um gleich nach dem Tunnel den Parkplatz und damit den Startpunkt dieser Rundwanderung zu erreichen.

Das an der Mündung der Cetina gelegene **Omis** war früher ein Piratennest, dessen Bewohnerinnen und Bewohner Handelsschiffe der Städte Venedig, Split und Dubrovnik das Fürchten lehrten, indem sie im Auftrag der Fürsten Kačići, die oberhalb von Omis in der Festung Peovica residierten, die Schiffe kaperten. Heute ist das früher von der venezianischen Bevölkerung *Asmissa* genannte Omis ein Durchgangsort zwischen Split und Makarska mit 15.000 Ew. Er besteht aus einer Alt- und einer Neustadt, die von der Cetina getrennt sind.

i Turistička Zajednica Grada Omiša, Fošal 1a, 21310 Omis, ☏ 021/86 13 50, www.visitomis.hr (u. a. Deutsch), in der Saison Mo-Fr 7:00-20:00, Sa und So 8:00-20:00

Badestrände an der Adria in Alt- und Neustadt

Mehrere Einkaufs- und Einkehrgelegenheiten. Ein Supermarkt (Konzum) liegt in der Ortsmitte an der Hauptstraße bei der Cetina-Brücke, Put Skalica 13, Mo-Sa 7:00-22:00, So 8:00-21:00.

⑰ Küstenwanderung von Baska Voda nach Makarska

Tour für Küsten- und Badebegeisterte

Diese leichte Küstenwanderung führt Sie an der überwiegend touristisch gut erschlossenen, stellenweise aber auch ursprünglichen Küste nördlich von Makarska entlang. Am Schluss ist noch eine Runde über die Halbinsel Sv. Petar beschrieben.

→ Start: Bushaltestelle Baska Voda oberhalb vom Ort, GPS N 43°21.412' E 016°57.348', oder Hafen von Baska Voda (km 0,6), GPS N 43°21.481' E 016°56.880'; Ziel: Makarska, Hafen, GPS N 43°17.612' E 017°01.177'

12,1 km

3 Std. 30 Min.

↑↓ 120 m/170 m

5-60 m

Kaum Markierungen, aber ein Küstenweg spricht für sich …

Wege und Pfade am stellenweise steinigen Ufer, Promenaden an Stränden und durch Parks sowie großteils verkehrsarme Straßen

einige Sitzbänke an den Uferpromenaden

Läden bzw. Supermarkt am Start/Ziel sowie in Promajna (km 4)

Einkehrgelegenheiten am Start/Ziel, außerdem in Promajna (km 4)

viele Badegelegenheiten am Strand, etwa in Baska Voda, Promajna Krvavica sowie vor bzw. in Makarska

Für Kinder ist der Weg recht kurzweilig, nicht zu lang und anstrengend, außerdem mit Badegelegenheiten.

Mit Buggy machbar, schwierig ist allerdings die 1,2 km lange schmale Felspassage nach km 6.

Für Hunde geeignet, allerdings sollten diese bei stärker frequentierten Promenaden – vor allem vor Makarska – an der kurzen Leine gehalten werden. Strände sind für Hunde verboten.

P Parkplatz in Baska Voda neben dem Jachthafen (gebührenpflichtig), großer Parkplatz nahe dem Zentrum von Makarska hinter dem Hotel Biokovo (Gebühr). Für den gesamten Parkraum in Makarska besteht ein abgestuftes System für Parkgebühren, abhängig von Zeit und Dauer.

Busverbindungen zwischen Baska Voda und Makarska: Linie Split-Makarska mit mindestens stündlichen Verbindungen (10 Min. Fahrzeit, ca. € 4). Direkt im Ort halten nur die (wenigen) Stadtbusse, während an der Haltestelle oben an der Hauptstraße auch alle Fernbusse halten (die häufiger fahren). Daher beginnt die Wanderung oben an der Hauptstraße. www.buscroatia.com. Bei beiden Websites unterscheiden sich die angegebenen Zeiten teilweise beträchtlich, da sie auf unterschiedliche Datenbanken (bzw. unterschiedliche Unternehmen) zurückgreifen. Im Zweifelsfall Zeiten vorab beim Busbahnhof in Makarska kontrollieren!

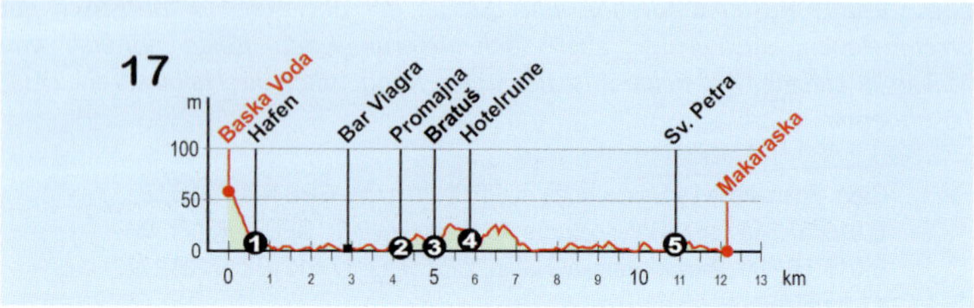

Von der Bushaltestelle oberhalb von Baska Voda an der Hauptstraße gehen Sie zunächst 50 m zurück – gegen die Fahrtrichtung des Busses (egal aus welcher Richtung Sie gekommen sind, denn die Haltestellen liegen 100 m versetzt zueinander). Weiter wandern Sie die kleine Straße Put Kapelice abwärts Richtung Küste hinunter und passieren anfangs Poller, die verhindern, dass hier Autos abbiegen.

Nach 400 m passieren Sie zur Rechten das idyllisch in einem kleinen Park mit Kiefern liegende spätbarocke Kirchlein Sv. Lovre, 1750 an der Stelle eines älteren Heiligtums errichtet.

120 m nach dem Park erreichen Sie die Uferstraße mit dem Hafen von **Baska Voda** ❶ dahinter (km 0,6, ⇧ 5 m). Zur Rechten liegt das Zentrum mit mehreren Einkehrgelegenheiten sowie Bäckereien und der Touristinfo.

Zentrale für Tourismus Baska Voda, Obala Sv. Nikole 31, 021/62 07 13, www.baskavoda.hr, Mo-Fr 9:00-17:00

Baska Voda – vom Fischerdorf zur Touristensiedlung

Das erstmals 1688 erwähnte Baska Voda (2.800 Ew.) wurde nach der Vertreibung der Türken 1684 gegründet, als das Leben in ufernahen Siedlungen wieder möglich war. Der Ortsname geht auf eine Trinkwasserquelle zurück (*voda* = Wasser), die schon in vorgeschichtlicher Zeit vor rund 4.000 Jahren Menschen in die Region lockte.

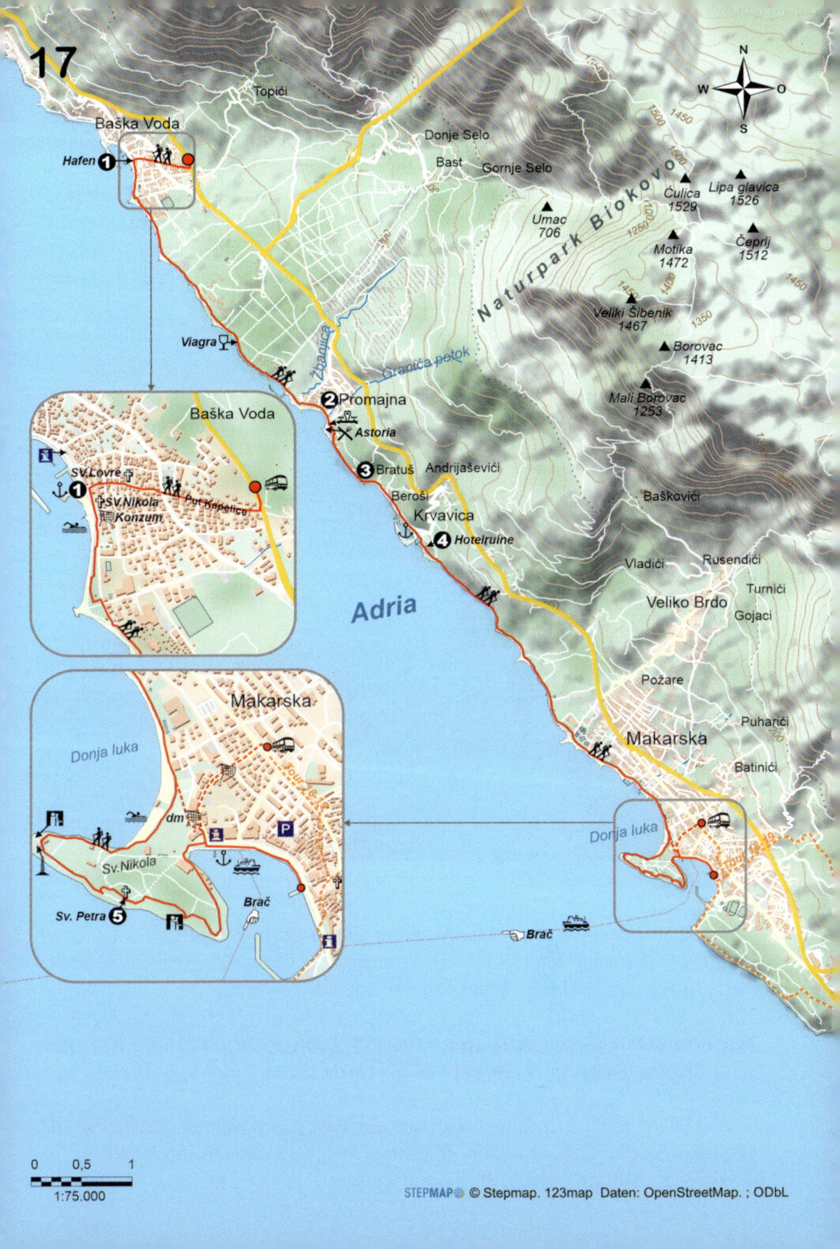

17
Topići
Baška Voda
Hafen 1
Donje Selo
Bast
Gornje Selo
N
W
O
S
Čulica 1529
Lipa glavica 1526
Umac 706
Motika 1472
Čeprlj 1512
Naturpark Biokovo
Veliki Šibenik 1467
Borovac 1413
Mali Borovac 1253
Viagra
Žbanjica
Granica potok
2 Promajna
Astoria
3 Bratuš
Andrijaševići
Beroši
Krvavica
4 Hotelruine
Baškovići
Vladići
Rusendići
Turnići
Veliko Brdo
Gojaci
Adria
Požare
Makarska
Puharići
Batinići
Donja luka
Brač
SV.Lovre
SV.Nikola
Konzum
Put Kapelice
Makarska
Donja luka
dm
Sv.Nikola
Sv. Petra 5
Brač
0
0,5
1
1:75.000
STEPMAP © Stepmap. 123map Daten: OpenStreetMap. ; ODbL

Sie folgen der Uferstraße nach links, nach 100 m vorbei an der Kirche Sv. Nikola und dahinter einem Supermarkt (Konzum). 30 m hinter dem Supermarkt bietet sich der Weiterweg eine Etage tiefer an: rechts runter auf der Treppe zum Strand und dort links auf dem Weg über den Strand. Nach 200 m (auch 500 m später möglich, wenn Sie über Steinstrand gehen) geht es links aufwärts zur Uferstraße, der Sie rechts oberhalb des Ufers folgen. Sie führt kurz darauf in einen Fußweg mit Betonplatten am Uferrand, später wieder auf Asphalt und durch Wald. 2 km nach dem Hafen von Baska Voda passieren Sie zur Rechten eine Bar namens „Viagra", die dadurch auffällt, dass sie mal anders beschriftet ist als die sonstigen 08/15-Tafeln „Grill Pizza Fis(c)h".

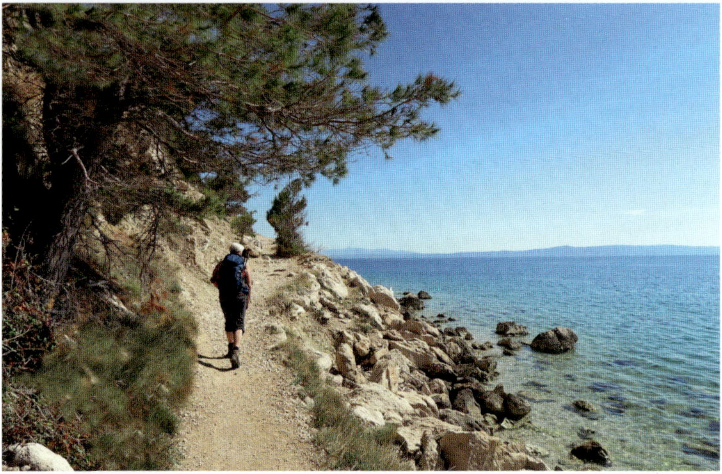

Küstenweg zwischen Baska Voda und Makarska

Nach insgesamt 1 Std. durchwandern Sie in einer Bucht kurz nach einer Hafenmole den nächsten Ort (km 4): **Promajna ❷**, das wie die meisten Orte der Adria früher von Fischerei, heute vom Fremdenverkehr lebt.

mehrere Einkehrgelegenheiten in Promajna, etwa an der Hafenmohle Restaurant Astoria, Puntin 11, 09 18 92 77 39, in der Saison täglich 8:00-00:00

Vor einem Lebensmittelladen und der Post gabelt sich die Straße: Sie folgen der Straße links aufwärts (Radwegschild und Wanderwegweiser, u. a. „Makarska 5800 m"), durch eine Rechtskurve.

Bei einer Kreuzung nach 100 m halten Sie sich rechts (Fußwegschild nach Makarska). Nach dem Passieren des nächsten Ortes (**Bratus**) ❸ macht die Straße oberhalb eines Hafens mit Segelbooten und kleiner Werft einen Linksknick (km 5,6), hier nehmen Sie den rechts hinunter zur Hafeneinfahrt führenden Betonweg.

Unten gehen Sie links an der Hafeneinfahrt von **Krvavica** und dem ✕ Restaurant vorbei und folgen dem bewaldeten Fußgänger-Uferweg geradeaus, der rechts an der Ruine eines Hotels ❹ aus Jugoslawienzeiten vorbeiführt. 100 m nach dem Hotel kreuzen Sie das beidseitig von Mauern eingefasste Flussbett (am besten rechts am Strand) und folgen dem kleinen Pfad unterhalb von Felsen – die schönste (1,2 km lange) Passage dieser Tour.

Schließlich erreichen Sie in einem Kiefernwäldchen den Anfang der sich ausbreitenden Touristensiedlungen vor Makarska (km 8,8). Neuere Apartmentkomplexe zeigen, dass sich mit Betonunterkünften mehr Geld verdienen lässt als mit Camping, der früher hier üblichen Urlaubsform. Nach 1 km entlang der Promenade von Makarska – in der Hauptsaison ist ein Durchkommen nur schwer möglich – erreichen Sie vor dem Park von Makarska mit der Halbinsel Sv. Nicola dahinter eine Gabelung (km 9,9): Geradeaus führt die Promenade nach 150 m auf den Hafen von Makarska zu.

Direkter Weg nach Makarska ohne Halbinsel
(➲ 600 m zum Busbahnhof oder zur Altstadt)

Links geht es auf der Straße Kralja Zvonimi vorbei an einem deutschen Drogeriemarkt (dm) in 500 m zum Busbahnhof, während die Promenade geradeaus zur und entlang der Hafenmole führt, vorbei an Fischerbooten und großen Ausflugsseglern. Die Altstadt erreichen Sie nach 5-10 Min. auf Höhe der großen Hafenmole.

Für die lohnende Runde um die Halbinsel Sv. Nikola folgen Sie bei der Gabelung der Promenade (km 9,9) dem Weg nach rechts. Im Prinzip halten Sie sich immer rechts, der Promenadenweg wird zusehends schmaler. Die Küste bei der Halbinsel ist deutlich felsiger als diejenige mit lang gestrecktem Strand in der Bucht.

Zwischen den Felsen laden gelegentlich die landesüblichen kleinen Betonstrände zum Bad ein.

600 m nach der Gabelung ist bei der nördlichen Spitze der Halbinsel vor dem Leuchtturm rechts ein schöner Aussichtspunkt.

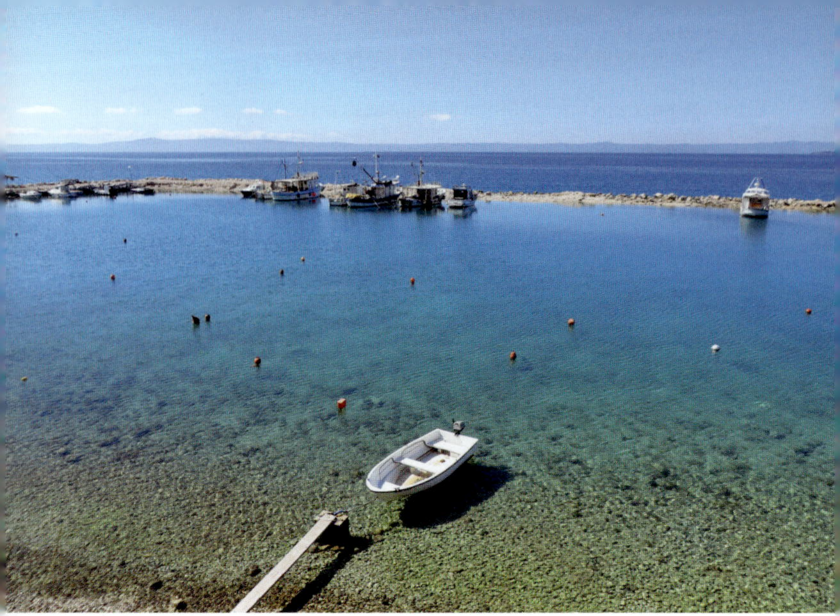

Blick auf den Hafen

Auf der meerzugewandten Seite der Halbinsel endet der Küstenweg 200 m nach dem Leuchtfeuer abrupt vor einem Gatter; Sie folgen dem Treppenweg links aufwärts und gehen oben rechts, vorbei an der Kapelle Sv. Petra ❺. Im weiteren Verlauf halten Sie sich rechts oberhalb vom Ufer.

200 m nach der Kapelle passieren Sie weitere nette Aussichtspunkte mit Panoramablick auf den Hafen von Makarska mit dem dahinter steil aufragenden Biokovo-Gebirge.

Bei der östlichen Spitze der Halbinsel passieren Sie ein Geländer mit zahlreichen Schlössern – auch hier ist der Modetrend präsent, partnerschaftliche Beziehungen mit einem profanen Vorhängeschloss zu symbolisieren. Der Weg wird wieder zivilisierter, ehe Sie nach 200 m den Hafen mit dem eher unscheinbaren Anleger der kleinen Fähre nach Brač erreichen. Die Altstadt liegt noch 400 m weiter vorne auf Höhe der Hafenmole und die Bushaltestelle links oberhalb vom Zentrum an der Hauptstraße.

18 Rundwanderung zwischen Makarska und Tučepi

Tour für Landschaftsbegeisterte

Südlich von Makarska erstreckt sich ein schöner, teilweise bewaldeter Küstenabschnitt mit einigen kleinen Buchten. Dahinter steigt der Biokovo zunächst gemächlich an, mit Hängen, die bewaldet sind und stellenweise kultiviert werden, dazwischen kleinen Weiler und Gehöften mit tollen Blicken auf die Küste. In diesen beiden Höhenzonen verläuft diese Rundwanderung. Für Abwechslung sorgt der alpine Botanische Garten von Kotišina.

Start/Ziel: Makarska, Hauptplatz (Kacicev trg), GPS N 43°17.622' E 017°01.212'

13,8 km

4 Std. 30 Min.

520 m/520 m. An-/Abstieg überwiegend am Stück

2-325 m

stellenweise (eher selten) Wegweiser und rot-weiße Markierungen, vor allem kurz vor Tučepi

Schotterwege und Pfade am Hang und durch Wald, Uferpromenaden sowie verkehrsarme Straßen

Einkehrgelegenheiten am Start/Ziel sowie in und nach Tučepi (km 8,4), entlang der Uferpromenade

keine Rastplätze, aber einige Bänke in Tučepi und entlang der Promenade nach Tučepi (ab km 8,4)

Einkaufsgelegenheiten am Start/Ziel (u. a. Markt) sowie in Tučepi (km 8,4)

Badegelegenheiten entlang der Promenade nach Tučepi (ab km 8,5)

Für Kinder gut machbar, zudem mit Badegelegenheiten.

Für Buggys ist die Rundtour wie beschrieben nicht möglich. Wenn man sich allerdings auf die einfache ufernahe Strecke (2. Hälfte) beschränkt, ist die Tour mit Buggy gut machbar.

Hunde können mit, allerdings ist der erste Teil stellenweise (beim Abstieg) recht steinig und damit eine besondere Beanspruchung für die Pfoten.

P Großer Parkplatz nahe dem Zentrum hinter dem Hotel Biokovo (Gebühr). Für den gesamten Parkraum besteht ein abgestuftes System für Parkgebühren, abhängig von Zeit und Dauer. ☺ Günstiger ist das Parken in Tučepi oder unterwegs (z. B. oben beim Botanischen Garten gratis!). Dann alternativ dort beginnen (km 3).

Häufige Busverbindungen zwischen Makarska und Tučepi (etwa stündlich, ca. € 3), www.buscroatia.com

↳ Vom Busbahnhof zum Startpunkt (➲ 500 m)

Vom Busbahnhof folgen Sie der Hauptstraße Richtung Tučepi/Dubrovnik südostwärts und nehmen (nach 250 m) die dritte rechts abzweigende Straße (Kalalarga), eine Fußgängerzone, die nach 200 m auf den Platz vor der Kirche führt, wo Sie links Richtung Hauptstraße gehen und weiter wie beschrieben.

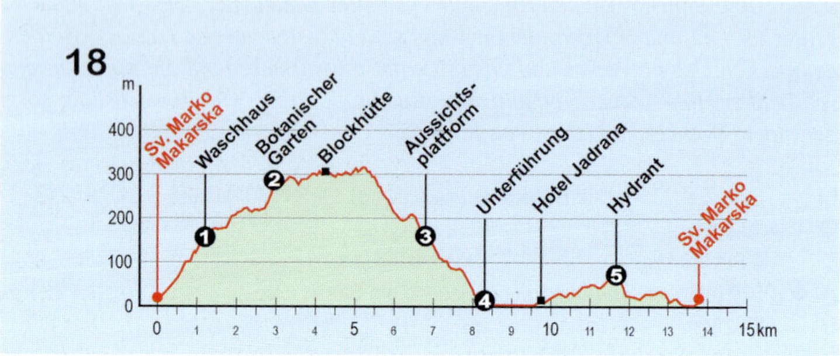

Sie folgen der landeinwärts führenden Gasse links an der Kirche und rechts am Markt vorbei, queren die Hauptstraße und folgen geradeaus der Ulica Put Makra (rot-weiß). Nach 600 m überqueren Sie die neue Umgehungsstraße und erreichen nach 150 m eine Straßengabelung bei Kiefern mit einem Wohnhaus rechter Hand. Hier folgen Sie nicht dem mit roten Pfeilen geradeaus markierten Betonweg, sondern nehmen die Asphaltstraße rechts aufwärts und ignorieren Abzweigungen.

Nach 500 m halten Sie sich nach einer Bachquerung bei einer Gabelung im Weiler Mlinice links (km 1,2, ⇧ 150 m) und folgen der Asphaltstraße aufwärts, um nach 40 m vor einem Waschhaus ❶ den rechts abzweigenden, asphaltierten und später geschotterten Weg aufwärts zu nehmen.

↳ Alpine Variante (zusätzlich ➲ 700 m und 40 Hm)

Diese Variante führt zunächst leicht aufwärts und dann auf einem aussichtsreichen Hangweg zum Botanischen Garten, wobei allerdings einige kleine Geröllfelder passiert werden müssen.

Bei der Gabelung in Mlinice folgen Sie der Asphaltstraße links am Waschhaus vorbei aufwärts. Nach 600 m (⇧ 225 m) zweigt vor einer Heiligenfigur und einer Linkskurve rechts ein Betonweg ab, dem Sie aufwärts folgen (Wegweiser: „Piraci"), nach 50 m rechts an einem Haus vorbei. Nach 100 m passiert der Weg das vorerst letzte Haus und führt über dessen Terrasse.

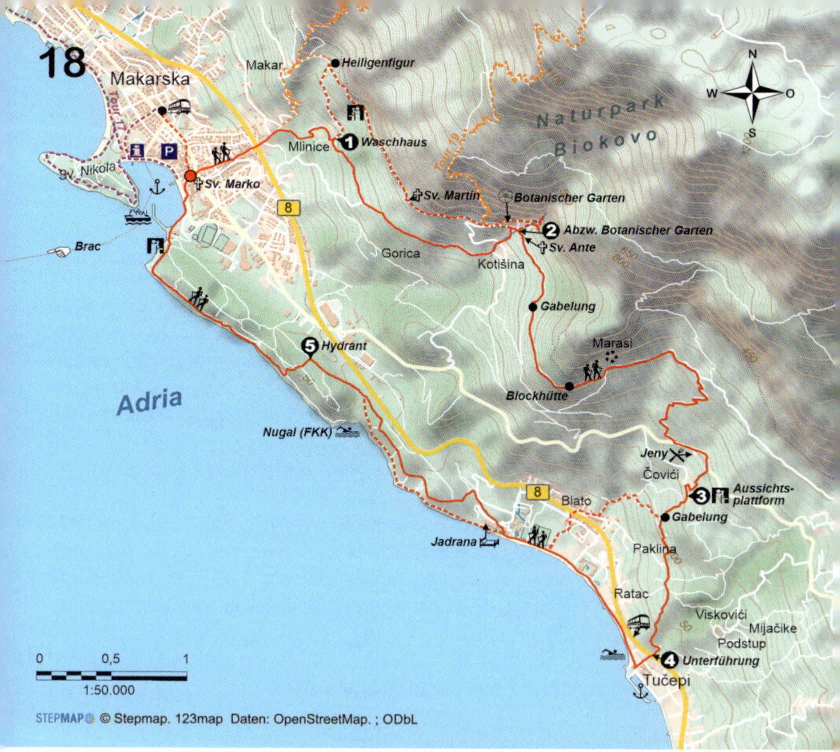

Weiter geht es auf dem Pfad zunächst leicht aufwärts, später auf gleichbleibender Höhe am Hang entlang. Der sporadisch rot-weiß markierte Pfad quert mehrere kleine Geröllfelder und bietet eine tolle Aussicht auf Makarska. 1,2 km nach dem letzten Haus liegt links unter einer steil aufragenden Felswand die vorromanische Kirche Sv. Martin. Nach 400 m mündet der Pfad in einen etwas größeren Grasweg mit Schotter und dieser nach 200 m in eine Asphaltstraße, der Sie geradeaus leicht abwärts folgen. Rechts unten liegt das Dorf Kotišina. Nach 150 m erreichen Sie links den Eingang zum Botanischen Garten und nach weiteren 100 m wieder die normale Route, der Sie geradeaus folgen.

Nach 500 m mündet Ihr Weg in eine Straße ein, der Sie geradeaus aufwärts folgen. Nach 1 km folgen Sie dem Straßenverlauf vor dem Dorf Kotišina: durch die Linkskurve und vorbei an den Parkflächen, um nach 100 m dem Pfad leicht rechts aufwärts zu folgen, der nach 150 m einen Feldweg oberhalb von Kotišina erreicht ❷ (km 3, ⇧ 275 m).

↳ Nach links geht es zum Eingang des Botanischen Gartens (➲ 100 m) mit einem Rastplatz kurz dahinter. Ein kurzer Rundgang durch den unteren Teil dauert etwa 15 Min. (➲ 700 m) und endet wieder bei km 3.

Botanischer Garten von Kotišina

Die sonnenexponierte und leicht alpine Lage des Hanges oberhalb von Kotišina nutzte 1984 der Franziskanerpriester Dr. Fra Jure Radic zur Anlage eines botanischen Gartens, mit dem Ziel, die Flora zu erforschen, zu beobachten, zu schützen und vor allem den Menschen bekannt zu machen. Auf einer relativ kleinen Fläche von 16,5 ha befinden sich in einer Höhe zwischen 350 und 500 m verschiedene Lebensräume wie Felsengarten, Schlucht, Geröllhalde und bewirtschaftetes Land. Der Eintritt ist frei.

www.pp-biokovo.hr → Englisch → Biokovo ☞ Kotišina Botanical garden

Sie folgen dem Weg nach rechts und passieren nach 100 m die um 1902 erbaute Kirche Sv. Ante (rechts). Nach 200 m endet der Betonbelag bei einem Haus, das Sie rechts passieren, jetzt auf einem Spurweg. 500 m nach der Kirche folgen Sie bei einer Gabelung dem Weg links, zunächst leicht aufwärts, später auf etwa gleichbleibender Höhe.

nach 400 m Ausblick auf Tučepi statt Makarska

400 m nach einer Blockhütte liegt oberhalb die verlassene Siedlung Marasi (km 4,7, ⇧ 315 m).

↳ Zu der verfallenen und zugewachsenen „Geisterstadt" (eher -dorf) führt links ein kleiner Pfad (➲ 2 x 100 m).

Nach 600 m erreichen Sie bei einem Haus eine (kaum befahrene) Straße und folgen dieser links in Kurven 15 Min. abwärts. Dieses knapp 1 km lange Teilstück auf der Straße lässt sich leider nicht mit – auffindbaren – Pfaden umgehen. Schließlich erreichen Sie eine größere Straße (km 6,2, ⇧ 205 m) und folgen dieser 300 m nach links, am Ortsschild „Tučepi" und (nach 150 m) am ✕ Restaurant Jeny (nur abends) vorbei.

150 m nach dem Restaurant nehmen Sie in einer Linkskurve vor einem alten Haus den Pfad rechts abwärts (in die entgegengesetzte Richtung weist das Schild „Podepec 0:20"). Bei Abzweigungen geht es im Zweifelsfall immer abwärts.

Etwa nach 150 m bei einer Wegekreuzung rechts abwärts (rot-weiß) und auf die Häuser von Covici zu, die Sie nach 50 m passieren. Danach folgen Sie dem Pfad rechts abwärts (rot-weiß), an einigen verfallenen Gebäuden vorbei, und erreichen nach knapp 100 m die Dorfstraße, der Sie links abwärts zu einer Aussichtsplattform aus Beton mit Wegweisern und einer Wanderkarte links an der Wand folgen ❸ (km 6,9, ⇧ 170 m). Weiter geht es rechts abwärts und rechts an der Tafel vorbei auf dem anfangs betonierten Weg (Weg 1 Richtung Tučepi-Kaj und Hotel), der später zwischen Trockensteinmauern verläuft. Nach 150 m ignorieren Sie den rechts abzweigenden Pfad und erreichen nach 50 m eine Gabelung: Geradeaus geht es nach Tučepi (hier beschrieben), rechts zur Hotelsiedlung Blato (optional).

Abkürzung ohne Tučepi (➲ 400 m weniger)

Die Abkürzung ist nicht nur etwas kürzer, sondern auch schöner, da sie mehr über kleine Pfade im Hinterland und weniger über Straße verläuft – aber dadurch versäumen Sie Tučepi. Bei der Gabelung folgen Sie rechts abwärts dem kleinen Pfad (Blato 0:15/Hoteli 0:20) und weiter den Wegweisern bzw. rot-weißen Markierungen hinunter nach Blato und zur Hotelsiedlung.

Nach 600 m gehen Sie am Beginn der Zivilisation bei der T-Kreuzung mit der Straße rechts und queren nach 150 m die stark befahrene Hauptstraße und kurz darauf eine weitere Straße, um danach der Straße bzw. hinter „astrum travel" dem Betonweg Richtung Küste zu folgen. Der Weg führt durch ein betoniertes Bachtal und erreicht nach 250 m die Uferpromenade und damit wieder die reguläre Route, der Sie rechts folgen.

Sie folgen dem rot-weiß markierten Pfad geradeaus („Tučepi 0:20") und ignorieren weitere Abzweigungen, im Zweifelsfall geht es immer abwärts (Richtung Tučepi, teilweise rot-weiß markiert), vorbei an schönen Aussichtspunkten. Kurz vor Tučepi queren Sie die Hauptstraße durch die Unterführung (km 8,3, ⇧ 25 m) und folgen danach der Straße hinunter zum Hafen von Tučepi ❹.

- TZO Tučepi, Donji Ratac, 21325 Tučepi, ☏ 021/62 31 00, www.tucepi.com, Mo-Fr 8:00-15:00
- mehrere Einkehrgelegenheiten am Hafen und entlang der Promenade
- Supermarkt Konzum, Kraj 45, täglich 7:00-22:00, gleich links am Hafen

Vor dem Hafen stehend verlassen Sie Tučepi nach rechts (nordwärts) entlang der Uferpromenade mit mehreren Buden, Kioske und Einkehrgelegenheiten.

- Badestrand links von der Promenade

Nach 1,4 km folgen Sie dem Promenadenweg leicht nach rechts (km 9,7, ⇧ 5 m) und nach 80 m der Straße nach links, rechts am Hotel Jadran vorbei, das in den 1950er-Jahren im damals kommunistischen Jugoslawien von deutschen Kriegsgefangenen erbaut wurde und bis in die 80er-Jahre in Betrieb war, anfangs als Schulungsort für die Geheimpolizei, später als Luxushotel für ausländische Promis und Politikerinnen und Politiker. Nach längerem Stillstand wurde hier im Jahr 2017 eine neue 5 Sterne-Urlaubsanlage eröffnet mit 161 Zimmern und nach Eigenwerbung „modernem Lifestyle-Konzept".

↳ Variante am Ufer entlang (➲ 100 m kürzer, aber recht schmal)
Sie können, statt den Weg rechts am Hotel entlang zu nehmen, dieses auch auf kleinem ufernahem Pfad links passieren: Dazu gehen Sie beim Rechtsabzweig der Uferpromenade geradeaus am Ufer entlang und passieren die Hotelanlage auf dem Strand – sofern zugänglich. Weiter geht es geradeaus am Ufer entlang. Nach 1,3 km halten Sie sich etwas rechts und folgen dem Pfad leicht aufwärts durch Wald und weiter etwas rechts, bis Sie vor einer Schlucht bei km 11,3 wieder auf den regulären Weg stoßen, dem Sie links folgen, über die Brücke.

Am Ende der Hotelanlage geht es links auf dem Schotterweg weiter und gleich darauf auf dem Pfad links aufwärts, links am Trafohäuschen vorbei. Nach 50 m erreichen Sie den Schotterweg (wie zuvor) und folgen ihm links. 100 m weiter halten Sie sich bei einer Gabelung links. Der Weg führt mit Blick auf die Küste am Hang entlang, bis Sie nach 1 km wieder auf den etwas landeinwärts verlaufenden Radweg stoßen (km 11,1, ⇧ 50 m), dem Sie links folgen, nach 200 m über eine Brücke und weiter geradeaus. Nach 300 m ignorieren Sie die links zu (nicht überwältigenden) Aussichtspunkten führenden Abzweigungen und gehen geradeaus.

✋ Nach 100 m, nach einem Hydranten ❺ (km 11,7), folgen Sie dem links abzweigenden Schotterweg Richtung Küste und an dessen Ende nach 100 m dem Pfad rechts abwärts. Im Zweifelsfall halten Sie sich links. Unten auf dem geschotterten Uferweg wandern Sie nach rechts.

↳ Nach links führt der Uferweg zum FKK-Strand Nugal (➲ 2 x 400 m).

Nach 1,3 km am Wasser und mit kurzen Abstechern zu weiteren Aussichtspunkten führt der Uferweg kurz vor Makarska auf einen größeren Schotterweg (km 13,3, ⇧ 30 m).

kurz vor dem Uferweg links schöne Aussicht auf die Bucht bzw. den Naturhafen von Makarska

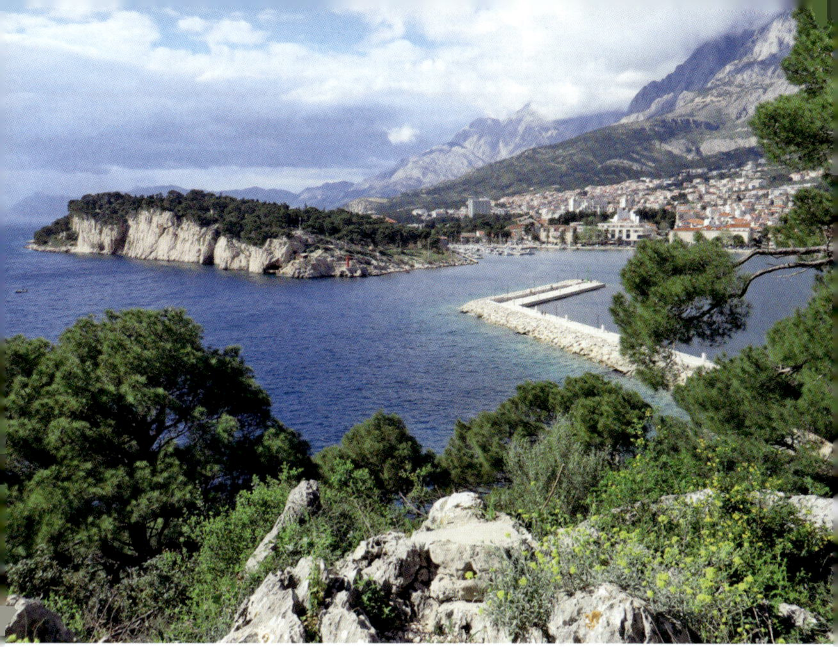

Blick auf Makarska

Noch vor dem Schotterweg nehmen Sie den links hinunterführenden betonierten Weg und gehen unten schließlich links an der Hotelanlage vorbei, die den Anfang der Promenade von Makarska markiert. Über diese flanieren Sie 300 m bis kurz vor die Hafenmole, wo es rechts landeinwärts zum Startpunkt der Wanderung geht, dem zentralen Kacicev trg.

Adria und Mittelmeer

Das max. 5 km, in der Adria aber nur bis zu 200 m tiefe Mittelmeer hat wegen des nur geringen Zuflusses vom Atlantik her mit 3,8 % einen höheren Salzgehalt als die Weltmeere (3,5 %). Im Norden der bis zu 220 km breiten Adria ist es brackiger (Salzgehalt 2,5 %) – wegen der vielen Zuflüsse, v. a. dem Po. In der Erdvergangenheit lag das Mittelmeer mehrmals trocken, z. B. vor rund 6 Mio. Jahren, als bei Gibraltar ein Riegel das als Rest des urzeitlichen Thetys-Ozeans übrig gebliebene Meer vom Atlantik abtrennte und das Binnenmeer infolge der starken Sonneneinstrahlung austrocknete. Beweis: riesige Salz- und Gipsablagerungen am Boden des heutigen Mittelmeers. In den letzten Eiszeiten lag der Meeresspiegel etwa 120 m unter dem heutigen – man hätte also von Istrien nach Venedig zu Fuß über den heutigen Meeresboden gehen können.

⑲ Rundwanderung von Makar auf den Vosac

Tour für Gipfelstürmerinnen und Gipfelstürmer

Diese anspruchsvolle Rundwanderung führt Sie von Makar (oder Makarska) auf den Vosac, einen der schönsten Aussichtsberge des Biokovo, der sich steil oberhalb der Makarska-Riviera erhebt und alpines Flair bietet.

- Start/Ziel: Kirche in Makar oberhalb von Makarska, GPS N 43°18.004' E 017°01.719'
- 13,2 km, ab Makarska 16,2 km
- 5 Std. 30 Min., ab Makarska 6 Std. 30 Min.
- 1.290 m/1.290 m, An-/Abstieg überwiegend am Stück. Wer in Makarska startet, muss 200 Hm zusätzlich bewältigen.
- 220-1.420 m
- Wegweiser und rot-weiße Markierungen bzw. Punkte
- Steile, steinige und alpine Pfade setzen ein Mindestmaß an Schwindelfreiheit und Trittsicherheit voraus. Im oberen und unteren Teil Schotterwege.
- Es gibt keine Einkehrgelegenheit oder Einkaufsmöglichkeit am Weg. Am besten kaufen Sie vorab in Makarska für ein Picknick ein.
- Bänke am Gipfel (km 5,2)
- nur für sehr bergerfahrene und konditionsstarke Kinder!
- für Buggys nicht geeignet
- für Hunde nicht optimal wegen der besonderen Belastung durch die teilweise scharfkantigen Steine bzw. Felsen (Hundeschuhe mitnehmen!)
- Autoabstellmöglichkeit an der Kirche oder etwas rechts oberhalb; optional auch (gratis) unterhalb vom Botanischen Garten möglich (km 11)
- Es gibt keine Busverbindung nach Makar. Bei Busanreise muss man ab Makarska wandern oder ein Taxi nach Makar nehmen.
- Petra Taxi Makarska, 09 77 97 21 36, www.petra-taxi-makarska.business.site

Start ab Makarska (zusätzlich 2 x 1,5 km bzw. 200 Hm)

Sollten Sie ab Makarska starten bzw. dorthin wandern wollen, beginnen Sie die Wanderung wie bei Tour 18 beschrieben, folgen aber bei km 0,7 nicht der Straße nach rechts, sondern gehen geradeaus auf dem Fußweg bzw. später auf der Straße aufwärts Richtung Makar, dessen Kirche Sie nach 800 m in mehreren aufwärtsführenden Kurven erreichen. Andersherum folgen Sie von Makar-Kirche kommend der kleinen Straße abwärts Richtung Makarska, teilweise über kleine Wege, die die Kurven abkürzen.

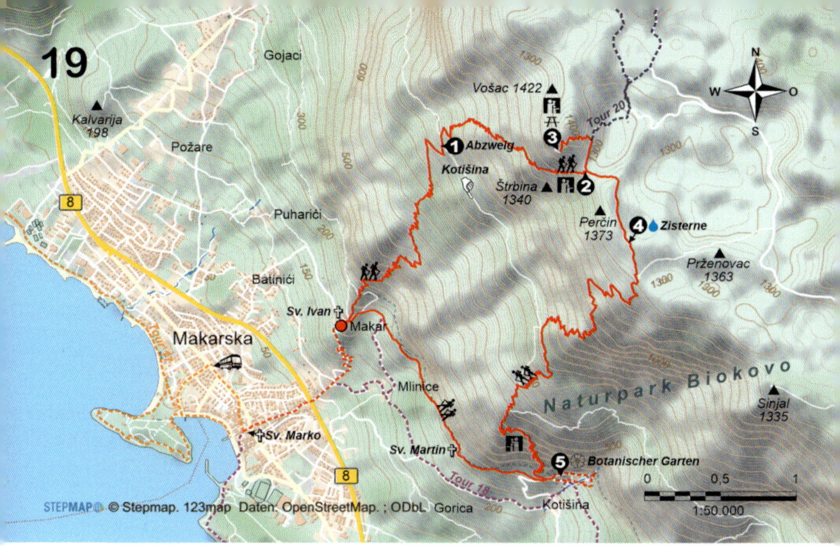

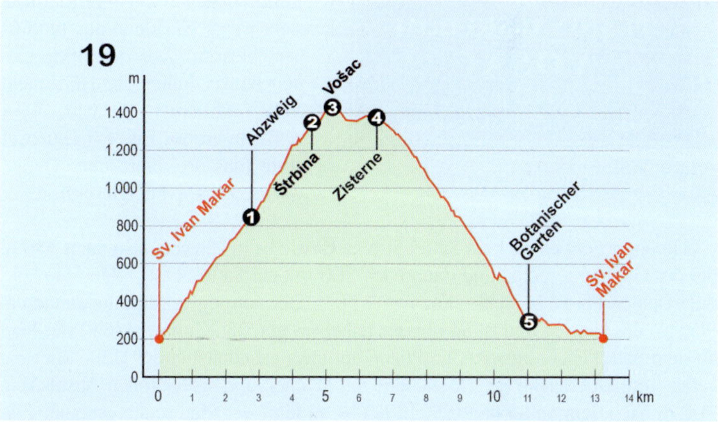

Die Rundtour beginnt in **Makar** vor der Kirche Sv. Ivan, wo das Auto geparkt werden kann. Von dort folgen Sie der Straße aufwärts rechts an der Kirche vorbei. Bei einer Kreuzung mit Wanderwegschildern gehen Sie geradeaus aufwärts („Vosac 3 h“) und erreichen nach 5 Min. ein kleines umzäuntes Wasserwerk, wo Sie den links aufwärtsführenden Pfad nehmen (roter Strich), links am Zaun vorbei.

Nach 1 Std. 30 Min. kontinuierlichen Aufstiegs über einen serpentinenreichen Weg mit felsigem und steinigem Untergrund und nur mäßiger Steigung, teilweise durch Wald (km 2,8, ⇧ 850 m), ignorieren Sie die rechte Abzweigung Richtung Kotišina ❶ und folgen dem Pfad links Richtung Vosac. Angegeben ist 1 Std. 15 Min., aber dafür muss man schon Ausdauer haben.

Nach 1 Std. 15 Min. weiteren stetigen Anstiegs erreichen Sie den Sattel Štrbina unterhalb vom Vosac ❷ (km 4,7, ⇧ 1.340 m), mit einer Gabelung und einer schützenden Mauer etwas rechts.

schöner Ausblick von Štrbina

Von Štrbina sind es noch etwa 15 Min. hinauf zum Vosac: Sie folgen dem Pfad geradeaus und relativ eben bis zu einer Gabelung nach etwa 200 m, wo Sie links den Pfad aufwärts nehmen („Vosac, BPS"), in Serpentinen hinauf zum Gipfel des **Vosac** ❸ (km 5,2, ⇧ 1.422 m).

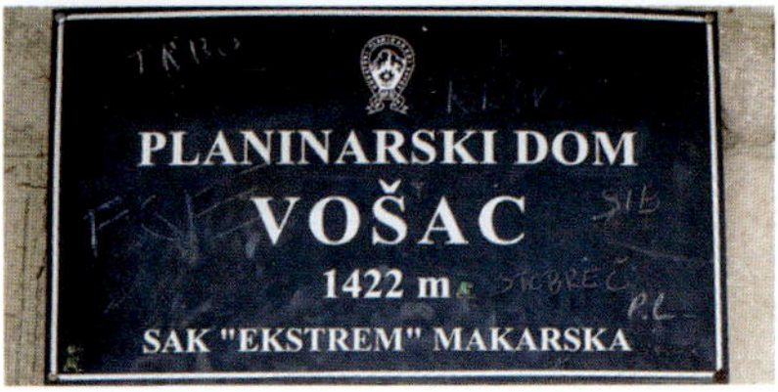

An der Hütte

Aussichtsreicher Gipfel mit Rundumsicht. Die Betonhütte sieht wenig einladend aus (und ist verschlossen). Vor der Hütte stehen Bänke, hinter der Hütte liegt Müll und Unrat, im Jahr 2014 z. B. ein großes Fass mit Glukosesirup (das drei Jahre über Datum war) – als Not-Energiereserve?

Hinunter geht es bis zum Sattel Štrbina ❷ wie beim Hinweg, also nach 350 m bei der Gabelung rechts und dann nach 200 m zum Sattel. Dort folgen Sie links dem kleinen Pfad (rot-weiß, „Kotišina 2.30"). Der Abstieg verläuft auf kleinerem Pfad als der Hinweg und ist im oberen Teil etwas geröllig. Zunächst führt der Pfad ab dem Sattel leicht aufwärts und dann auf etwa gleichbleibender Höhe über die verkarstete Oberfläche der Hochebene mit Dolinen und später tollen Ausblicken. 700 m nach dem Sattel (km 6,5, ⇧ 1.340 m) führt der Pfad rechts an einer Zisterne ❹ vorbei, gespeist mit Oberflächenwasser durch eine kleine Betonverschalung. Hier oben grasen gelegentlich Rinder und Pferde. Dank der Zisterne haben die Tiere auch in Trockenzeiten genügend zu trinken, denn Wasser versickert sonst schnell im spaltenreichen Kalkgestein.

Bei der Gabelung nahe der Zisterne folgen Sie rechts dem anfangs eher unscheinbaren Pfad Richtung Küste (rot-weiß) und dann abwärts, steiler und über

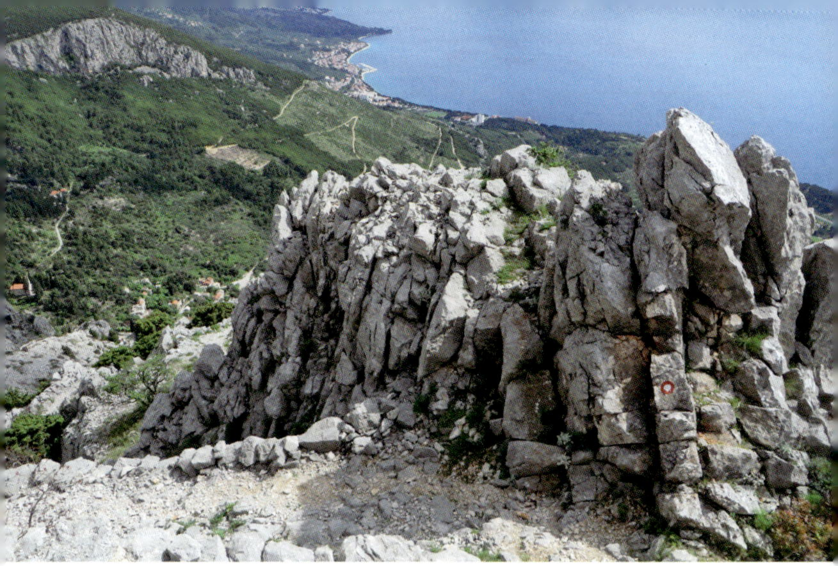

Steiler Anstieg auf den Vosac

mehr Geröll als beim Aufstieg. Nach etwas mehr als 1 Std. tauchen Sie nach längerem Abstieg über teilweise geröllige Pfade in den Wald ein (km 9,1, ⇧ 845 m) – der Weg wird flacher und führt über Waldboden: eine Wohltat für die Knie. Nach 50 m im Wald ignorieren Sie die rechte Abzweigung nach Makar („1.50") und erreichen nach 100 m eine weitere Abzweigung. Dieses Mal folgen Sie dem rechts abwärtsführenden Pfad („Kotišina 1 h"), während der Weg geradeaus weiter nach Tučepi führt („1.50").

Die folgende Passage ist besonders eindrucksvoll (☞ Titelfoto): Der Pfad führt mit tollem Blick auf die Küste abwärts, streckenweise über enge gemauerte Serpentinen zwischen steil aufragenden Felswänden. Einerseits ist man noch mitten in der alpinen Bergwelt, andererseits dringen Geräusche des dicht besiedelten Küstensaums bei Makarska nach oben.

Nach rund 1 Std. erreichen Sie die kleine Fahrstraße beim Botanischen Garten ❺ (km 11, ⇧ 295 m), der sich auf einer Höhe zwischen 350 und 500 m links über den Hang erstreckt (➲ 0,8 km lange Runde ☞ Tour 18). Sie folgen dem Weg nach rechts („Makar 0.45"), unterhalb der verfallenen Kapelle Sv. Martin, über einige kleine Geröllfelder, bis Sie schließlich die ersten Häuser von Makar erreichen. Nach 100 m ignorieren Sie die links abwärtsführende Straße und gehen geradeaus leicht aufwärts 300 m zur Dorfmitte von Makar, dem Startpunkt.

20 Wanderung im Biokovo-Gebirge

Tour für Bergbegeisterte

Diese Wanderung bewegt sich ausschließlich im oberen Höhenbereich, ohne dass ein langer Anstieg nötig ist. Die Hochebene des Biokovo kann mit dem Auto erreicht werden, was interessante Perspektiven für Wanderer eröffnet. Die Aussichten sind spektakulär – wenn das Wetter mitspielt. Denn leider sind Wolken und Wind hier oben keine Seltenheit. Optional können Sie den Vosac ranhängen oder „nur" auf ihn wandern, falls Sie ihn nicht schon bei Tour 19 bestiegen haben.

Start/Ziel: Parkplatz Kupušnjak, GPS N 43°18.784' E 017°03.130'

9,4 km

3 Std.

620 m/620 m, An-/Abstieg überwiegend am Stück

1.300-1.762 m

Wegweiser und rot-weiße Markierungen (aber nicht flächendeckend)

Bergpfade und befahrener Schotterweg

Rastplätze/Sitzbänke am Start-/Zielpunkt Kupušnjak

Es gibt keine Einkehrgelegenheiten am Weg, lediglich bei der Auffahrt zum Park 7,2 km nach dem Eingang (Kassenhäuschen) ein Gasthaus: Vrata Biokova, Park Priroda Biokovo-Biokova Staza bb, 21327 Podgora, 09 89 24 50 51, www.vratabiokova.com, Sommersaison täglich 8:00-21:00.

großer Supermarkt (Konzum) bei der Auffahrt, an der Abzweigung in Makarska, Vrgoračka 1, täglich 8:00-22:00

Für Kinder machbar, aber die karge Felslandschaft ist nicht sehr abwechslungsreich. Sonne beachten! Und beim Rückweg Vorsicht auf der Straße oder diese meiden!

Mit Buggy ist der Weg nicht machbar.

Für Hunde machbar, aber Steine und Sonne sind für den Vierbeiner eine besondere Belastung. Beim Rückweg auf der Straße Hunde an der Leine halten.

P Parkplatz Kupušnjak im Naturpark, unterhalb vom Berg Vosac. Zu erreichen wie folgt: Ab Makarska nehmen Sie beim südlichen Ortsausgang mit Gewerbegebiet (u. a. Super-Konzum) die Straße 512 hinauf Richtung Vrgorac/Naturpark Biokovo. Nach 6 km geht es scharf links in den Park; zuvor muss am Kassenhäuschen das Ticket gelöst werden. Es folgt eine lange serpentinenreiche Passage aufwärts. Bis zur Hochebene (1.000 m) sind es etwa 8 km. 19 km nach dem Parkeingang fahren Sie bei der Gabelung links Richtung Kupušnjak. Der einfache Parkplatz ist nach 700 m erreicht.

☹ Wer mit dem Auto in den Naturpark Biokovo fährt, muss Eintritt zahlen: rund € 10 p P. Diese Gebühr kann nur online über die Website des Parks gezahlt werden (☞ Kasten zum Skywalk). Wenn Sie den Park woanders als durch den Haupteingang betreten (☞ Tour 18), brauchen Sie keinen Eintritt zu zahlen.

Eine Busanbindung direkt zum Start gibt es leider nicht.

Auf der ganzen Strecke gibt es so gut wie keinen Schatten, nehmen Sie also entsprechend Sonnenschutz mit!

☺ Der Gipfel des Sv. Jure selbst ist alles andere als ästhetisch: Die Sendetürme sind von Weitem sichtbar. Optional lässt sich die Tour auch nur bis Lokva bis zur nett gelegenen Hütte gehen (➲ ges. 7,6 km).

Begegnung im Gebirge

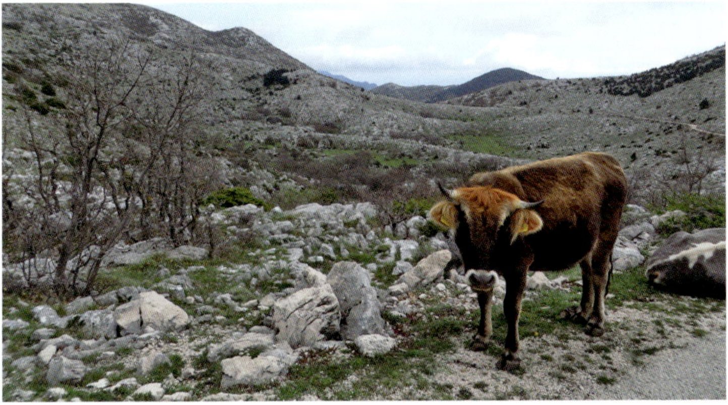

Skywalk-Superpanorama für Schwindelfreie

Seit 2020 gibt es mit dem Skywalk eine neue Attraktion im Naturpark Biokovo: eine 11 m aus der Klippe ragende halbkreisförmige Aussichtsplattform in 1.228 m Höhe, auf der man auf Glasboden einen atemberaubenden Weit- und Tiefblick genießt – Schwindelfreiheit vorausgesetzt. Das 1 Mio. Euro teure Projekt ist zusammen mit dem neuen benachbarten Infozentrum Teil eines Projekts zur Förderung nachhaltiger Nutzung in der Region. Erreichbar ist die Plattform auf der Zufahrtsstraße zwischen dem Eingang zum Park und dem Ausgangspunkt.

♦ in der Saison täglich 6:00-20:00. Der Zugang zur Plattform ist im Eintritt für den Park enthalten und kann nur online gebucht werden über die Website des Naturparks – maximal 5 Tage im Voraus: www.pp-biokovo.hr.

Startpunkt ist der kleine Wanderparkplatz Kupušnjak am Waldrand unterhalb von Kupušnjak. Für Wanderinnen und Wanderer ist eine einfache Infrastruktur vorhanden in Form von Wegweisern, Infotafel und Tisch mit Bänken.

↬ Aufstieg auf den Vosac (➲ 2 x 800 m, 160 Hm)

Falls Sie Tour 19 nicht gemacht haben, bietet sich von hier oben ein deutlich entspannterer Aufstieg zum Vosac an, der „nur" etwa 20 Min. dauert – eine Verlängerungsoption für heute oder auch alleiniges (kurzes) Wanderprogramm.

Vom Parkplatz nehmen Sie den rechts an Tisch und Bank vorbeiführenden Pfad, zunächst abwärts in den Wald (Holzschilder Vosac 20 Min., Štrbina 15 Min.), nach 100 m eher eben Richtung Sattel. 400 m nach dem Parkplatz geht es rechts aufwärts zum Vosac (roter Strich bzw. Pfeil), der in 10 Min. erreicht ist.

Aussichtsreicher Gipfel mit Rundumsicht. Die Betonhütte sieht wenig einladend aus (und ist verschlossen).

Das Wäldchen im Rücken verlassen Sie den Parkplatz in nördliche Richtung auf dem Schotterpfad aufwärts (Schild: „Lokva 1.30, Sv. Jure 2.30 h"). Nach 250 m halten Sie sich bei einer Gabelung ❶ links, Richtung Lokva, weiter in nördliche Richtung über die baumlose Hochebene. Nach 2,3 km erreichen Sie eine weitere Gabelung (km 2,6, ⇧ 1.450 m) und folgen dem Weg rechts aufwärts Richtung Sv. Jure, dessen wenig ansehnlicher Gipfel mit Sendetürmen schon von Weitem zu sehen ist.

↬ Abstecher nach Lokva (➲ 2 x 1,2 km, 100 Hm)

Bei der Gabelung ist nach links ein Abstecher nach Lokva (1.467 m) möglich, mit schönen Ausblicken. Ziel ist die nett gelegene (nicht geöffnete) Berghütte Slobodan Ravlić. Zurück geht es auf demselben Weg.

Nach 1,3 km ansteigenden Weges durch die weiterhin baumfreie Hochebene erreichen Sie die Zufahrtsstraße zum Sv. Jure (km 4,2, 1.595 m) und folgen ihr für 250 m nach rechts zum Betonhäuschen ❷. Dort nehmen Sie den Pfad links aufwärts (rot-weiß), neben Drahtseilen – fast *direttisima* zum Gipfel. Nach 300 m steileren Anstiegs über 130 m erreichen Sie den Gipfelbereich, der sich umrunden lässt.

Vom Gipfel Sv. Jure ❸ haben Sie einen weiten Rundumblick (km 4,6, ⇧ 1.762 m) – wenn nur die Sendeanlagen nicht wären …

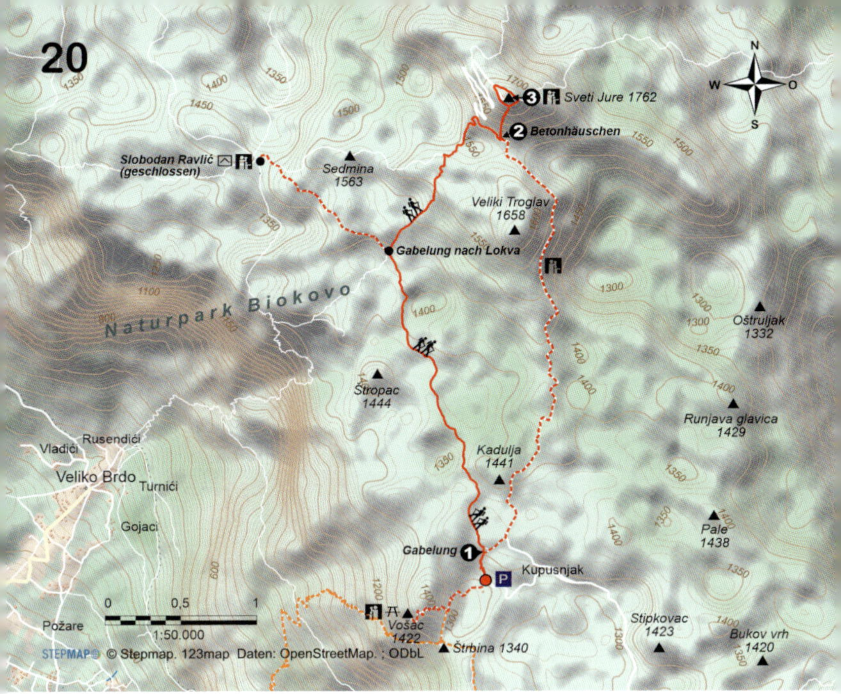

Auf demselben Weg geht es zurück zum Betonhäuschen ❷. Zurück zum Startpunkt geht es auf demselben Weg, alternativ – 400 m kürzer – entlang der Straße (Variante).

Sie folgen also der Straße 250 m nach rechts und gehen dann links durch den Durchlass in der Leitplanke auf dem kleinen gerölligen Pfad abwärts („Makar 4 h, Vosac 1.30 h“). Sie folgen dem Pfad südwärts Richtung Kupušnjak und ignorieren Abzweigungen.

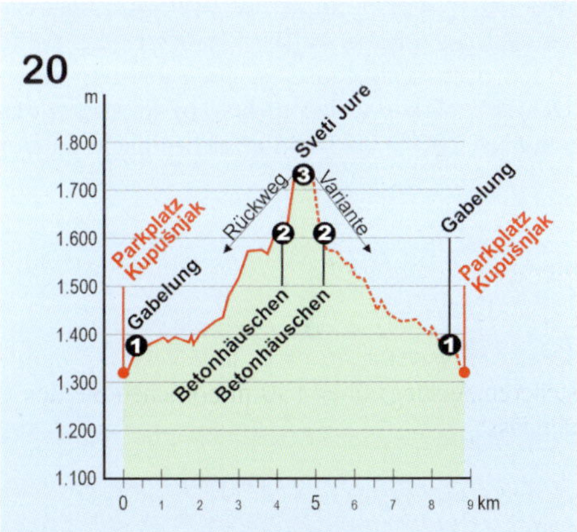

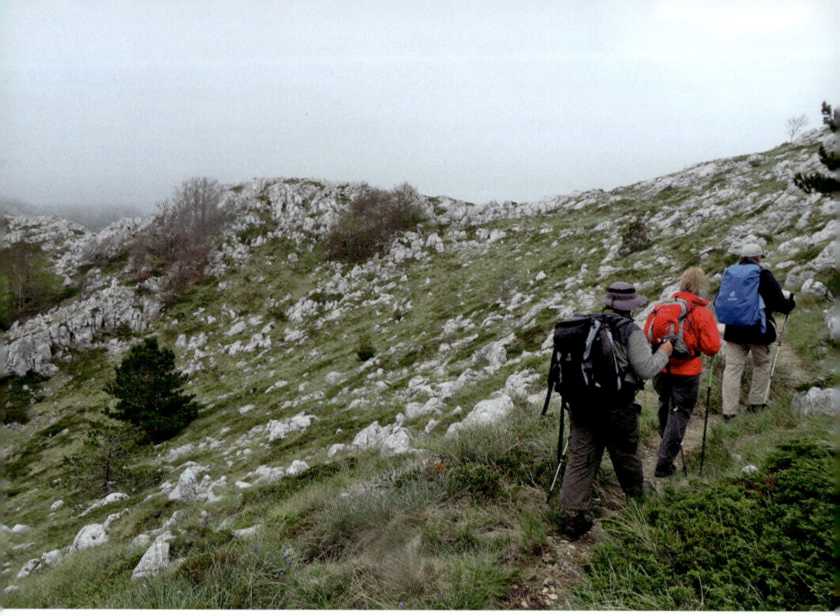

Wandern auf der Karsthochfläche

⮷ Rückweg über die Straße

(➲ 400 m kürzer und ⇧ 80 Hm weniger)

Alternativ wandern Sie zurück über die Zufahrtstraße mit toller Weitsicht, aber natürlich auch etwas Verkehr: je besser das Wetter, desto mehr. Sie folgen der Straße beim Betonhäuschen links abwärts. Nach 3,4 km nehmen Sie in einer leichten Linkskurve den rechts abzweigenden Pfad Richtung Kupušnjak, halten sich nach 200 m links und erreichen nach weiteren 200 m den Startpunkt.

21 Rundwanderung im Hinterland von Tučepi

Tour für Landschaftsbegeisterte

Diese Rundwanderung führt Sie durch das am Hang des Biokovo gelegene, großteils kultivierte Hinterland des Touristenortes Tučepi. Sie wandern auf alten, oft mit Trockenmauern eingefassten Wirtschaftspfaden durch Olivenhaine, Wälder sowie Weiler. Ab der Kapelle Sv. Kate führt eine Schleife etwas höher hinauf, um die Aussicht auszukosten. Aber auch eine Abkürzung direkt nach Srida Sela ist möglich.

Start/Ziel: Tučepi, Hafen, beim Supermarkt (Konzum), GPS N 43°15.871' E 017°03.465'

14,3 km (●), ohne Schleife ab Sv. Kate 8,7 km (●)

5 Std. 30 Min., ohne Schleife ab Sv. Kate 3 Std. 30 Min.

1.020 m/1.020 m, An-/Abstieg überwiegend am Stück; ohne Schleife ab Sv. Kate 560 m/560 m

2-800 m

rot-weiße Streifen und Punkte

Schotterwege und Pfade zwischen Dörfern und Oliven- sowie Weingärten, stellenweise auch Waldwege und verkehrsarme Straßen

Einkehrgelegenheiten am Start/Ziel sowie in Srida Sela (km 12,1)

Rastplätze/Sitzbänke in Šimići (km 1,7) und vor Biokovo-Straße (km 3,6)

Supermarkt am Start/Ziel in Tučepi

Trinkwasserbrunnen in Šimići (km 1,7) und Srida Sela (km 12)

Für Kinder ist der Weg machbar: nicht zu lang, dafür abwechslungsreich; aber auch recht anstrengend. Ohne die Schleife ab Sv. Kate ist die Tour deutlich einfacher.

Mit Buggy ist der Weg nicht geeignet.

Hunde können mit, aber wegen der vielen steinigen und felsigen Pfade lieber mit Hundeschuhen.

Parkplälze in Tučepi. Etwas günstiger ist es oberhalb vom Ort bzw. der Hauptstraße.

Bushaltestelle in Tučepi mit etwa stündlichen Busverbindungen Richtung Podgora (5 Min., € 3)/Dubrovnik (ca. 3 Std., € 20) und Makarska (10 min., € 3)/Split (1,5 Std., € 10). www.buscroatia.com

Die Wanderung beginnt am Hafen von **Tučepi**, wo Sie sich beim Supermarkt Konzum noch eine Brotzeit besorgen können. Zunächst folgen Sie gemütlich der Hafenpromenade in südöstliche Richtung. Am von Mahlsteinen markierten Ende der Promenade verlassen Sie die Küste, indem Sie der Straße nach links folgen und Abzweigungen ignorieren, um 400 m nach dem Start die Hauptstraße zu queren.

Auf der anderen Seite weisen Schilder den Weg: „Srida Sela 35', Podstup 15'". Sie folgen der Straße geradeaus aufwärts 200 m bis zum kleinen Apartmenthaus Anastasisi, wo Sie den hinter einem Schuppen rechts abzweigenden Pfad nehmen, der Sie zwischen Steinmauern und Oliven hinaufführt. Sie ignorieren Abzweigungen und halten sich mehrere Male links, um 700 m nach der Straßenquerung (km 1,1, ⇧130 m) bei einer beschilderten Abzweigung rechts zu gehen („Šimići 15'").

↬ Der Weg geradeaus führt nach Srida Sela mit Einkehrgelegenheit (➲ ca. 1 km), wo Sie beim Rückweg vorbeikommen werden (km 12,1).

Bei zwei folgenden T-Kreuzungen halten Sie sich jeweils rechts und folgen dem Weg aufwärts, passieren 400 m nach der zweiten Kreuzung einen Brunnen und halten sich kurz darauf bei den ersten Häusern von **Šimići** links, um nach knapp 100 m eine Straße mit Wanderkarte zu erreichen. Weiter geht es die Straße links hinauf zur Ortsmitte ❶, nach 100 m mit einer Rastgelegenheit (km 1,7, ⇧ 195 m).

💧 ⛩ Trinkwasser sowie Tisch und Bänke

Sie folgen der Straße weiter, nach 200 m rechts an einem alten Waschhaus vorbei. Am Ortsende verlassen Sie die links abknickende Straße und folgen geradeaus dem betonierten Weg (rot-weiß), links an einem Strommast vorbei.

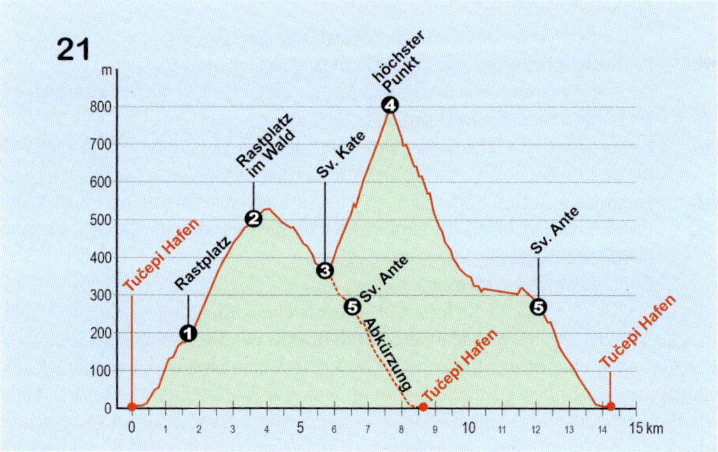

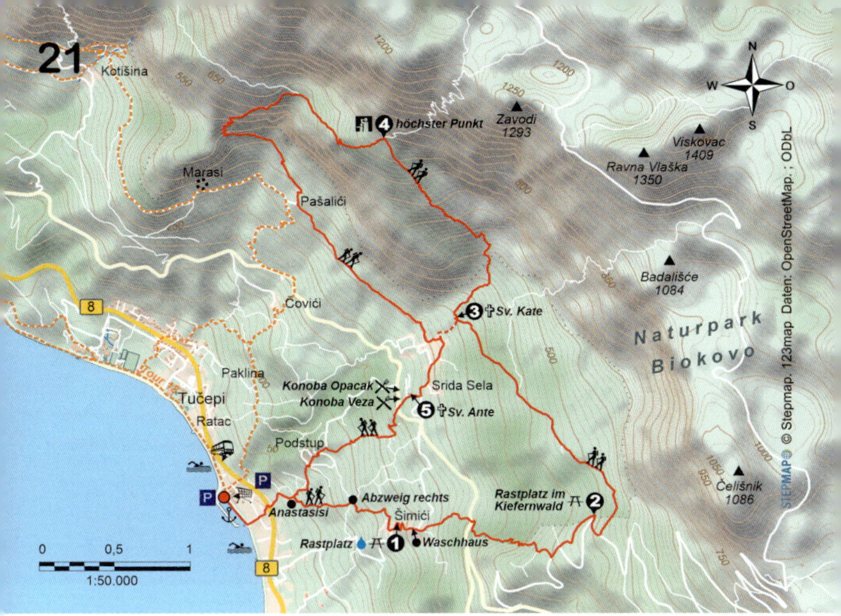

20 m weiter halten Sie sich bei einer Gabelung links und gehen nach 50 m geradeaus auf dem Pfad, der zwischen Steinmauern aufwärtsführt (teilweise rote Punkte), nach 300 m die Straße quert (= Landstraße 512) und 20 m danach rechts in den Kiefernwald abknickt. Weiter geht es auf dem rot-weiß markierten Pfad aufwärts.

Nach 700 m folgen Sie kurz bei einer T-Kreuzung dem Schotterweg nach links (km 3, ⇧ 435 m) und nach 100 m der Zufahrtsstraße zum Naturpark wieder nach links. In der nächsten Rechtskurve wählen Sie von den zwei links abzweigenden Forstwegen den rechten (hinauf durch Kiefernwald), der nach 250 m kurz vor der Straße auf einen Rastplatz ❷ trifft (km 3,6, ⇧ 500 m).

⛩ Tisch und Bänke im Kiefernwald kurz vor der Straße

Weiter wandern Sie 120 m entlang der Straße leicht aufwärts, um dann links auf einem Schotterweg in Kiefernwald einzutauchen (Richtung Kozarovice). Sie folgen dem Weg immer geradeaus und nach 350 m an einem alten Viehschuppen vorbei, Abzweigungen werden ignoriert. Bei einer Torzufahrt und einer Steinmauer geht es geradeaus auf den leicht hinunterführenden Spurweg und nach 150 m bei einer Gabelung mit Kiefer rechts (km 4,7, ⇧ 480 m), vorbei an einem Betonhäuschen.

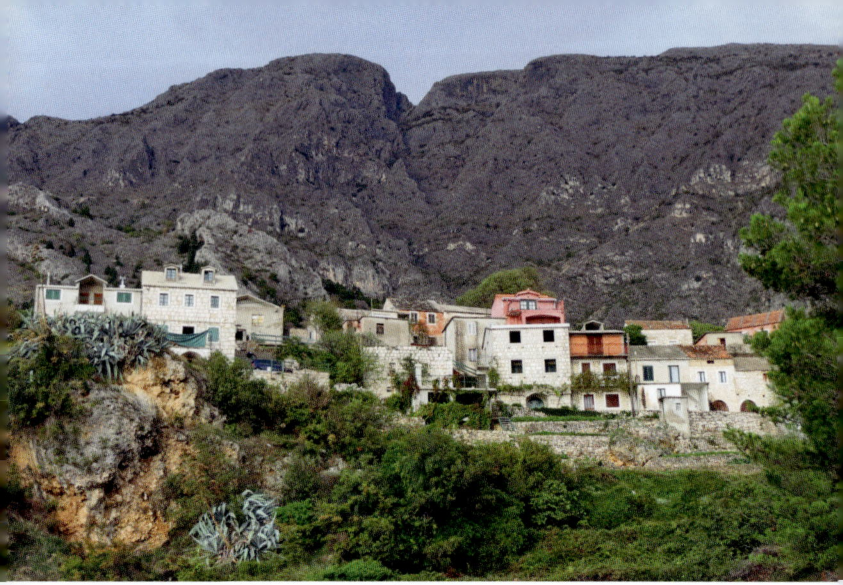

Blick auf Srida Sela

Der Spurweg verengt sich nach kurzer Zeit; Sie gehen weiter neben der Mauer, Abzweigungen ignorierend. Nach 350 m folgen Sie bei einer Gabelung nach einer Rechtskurve dem links hinabführenden Pfad. 70 m nach einer Betonbrücke erreichen Sie vor dem ✝ Kirchlein Sv. Kate ❸ eine Gabelung (km 5,8, ⇧ 370 m). Dort nehmen Sie den rechten Pfad, rechts an der Kirche vorbei.

↳ Abkürzung: Direkt nach Srida Sela ohne die lange Schleife

(➲ 2,9 statt 8,5 km)

Sie können die Schleife nach oben vermeiden und dabei 5,6 km sowie 450 Höhenmeter sparen, wenn Sie bei der Gabelung vor Sv. Kate auf dem Treppenweg links abwärts gehen. Das Kirchengelände kann durch ein Metallgatter zur Rechten betreten werden. Der Pfad führt Sie zwischen Mauern links abwärts (rot-weiß), bis nach 200 m Beton den Anfang von Srida Sela andeutet und Sie wieder auf die reguläre Route stoßen. Dem Betonweg folgen Sie links für 50 m, um ihn dann vor einer Rechtskurve geradeaus in eine Gasse zu verlassen,

Der Pfad führt ein kurzes Stück abwärts und dann kontinuierlich aufwärts in den Naturpark Biokovo, abwechselnd durch freie Fläche und Wald. Nach etwa 1 Std. erreichen Sie den höchsten Punkt ❹ (km 7,7, ⇧ 800 m) mit Aussicht auf die Küste, ehe der Pfad durch Wald wieder hinunterführt.

Nach 2,2 km kommen Sie zu einem Feldweg (km 9,9, ⇧ 355 m), den Sie nach 250 m in der zweiten Rechtskurve beim Weiler Pašalić links auf einem Fahrweg verlassen, der ein längeres Stück in etwa entlang der 300-m-Höhenlinie am Hang verläuft – auf das Dorf Srida Sela zu. Nach 1,3 km halten Sie sich kurz vor Srida Sela links (km 11,5, ⇧ 310 m) und folgen dem Betonweg leicht aufwärts, um nach 100 m in einer Linkskurve die rechts abzweigende Gasse zu nehmen – zwischen Häusern hindurch und kurz darauf durch eine Rechtskurve. Nach 200 m erreichen Sie wieder den Fahrweg und folgen diesem links, nach 100 m vorbei an einem Wasserbrunnen.

Nach 100 m und unterquerten Stromleitungen folgen Sie der Straße rechts hinunter zur Kirche von **Srida Sela ❺** (km 12,1, ⇧ 280 m) und weiter links an ihr vorbei. Nach 100 m queren Sie die Hauptstraße.

Rechts liegen zwei Einkehrgelegenheiten: Konoba Veza, ☏ 021/62 32 24, Mo-Sa ab 17:00, So ab 13:00, und dahinter die etwas rustikalere Konoba Opačak, ☏ 021/67 99 62, täglich 12:00-23:00, beide mit netter Terrasse und Aussicht.

Einkehr in Srida Sela

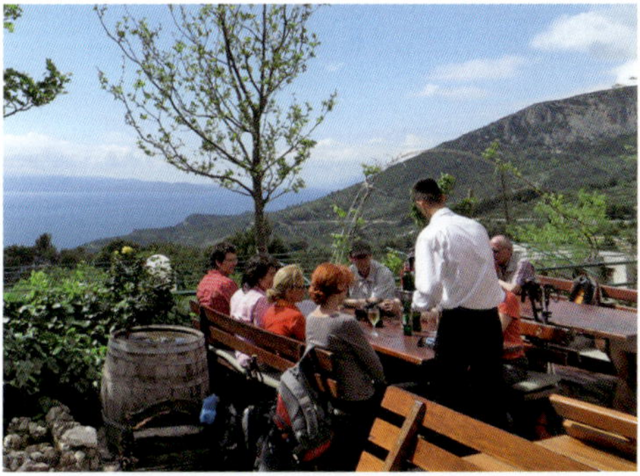

Nach der Querung der Hauptstraße folgen Sie dem zunächst betonierten Weg abwärts Richtung Podstup (20 Min.) und Tučepi (40 Min.). Rot-weiße Markierungen weisen den Weg und Sie ignorieren Abzweigungen. Bei einer T-Kreuzung im Wald nach 800 m (km 13, ⇧ 130 m) nehmen Sie den Schotterweg nach links (Weg 2 Kraj/Tučepi). Nach 100 m folgen mehrere Abzweigungen, die aber alle gut (rot-weiß) markiert sind. Es geht auf Weg 2 Richtung Kraj/Tučepi, mal auf Betonweg, mal auf Pfad, im Zweifelsfall immer bergab. Zuletzt führt Sie ein betonierter Weg zwischen Oliventerrassen zur Hauptstraße, die Sie queren, um danach auf derselben Straße wie beim Hinweg zur Küste bzw. zum Hafen zu gehen, wo rechts an der Uferpromenade mehrere Einkehrgelegenheiten zur Erfrischung einladen.

Brač

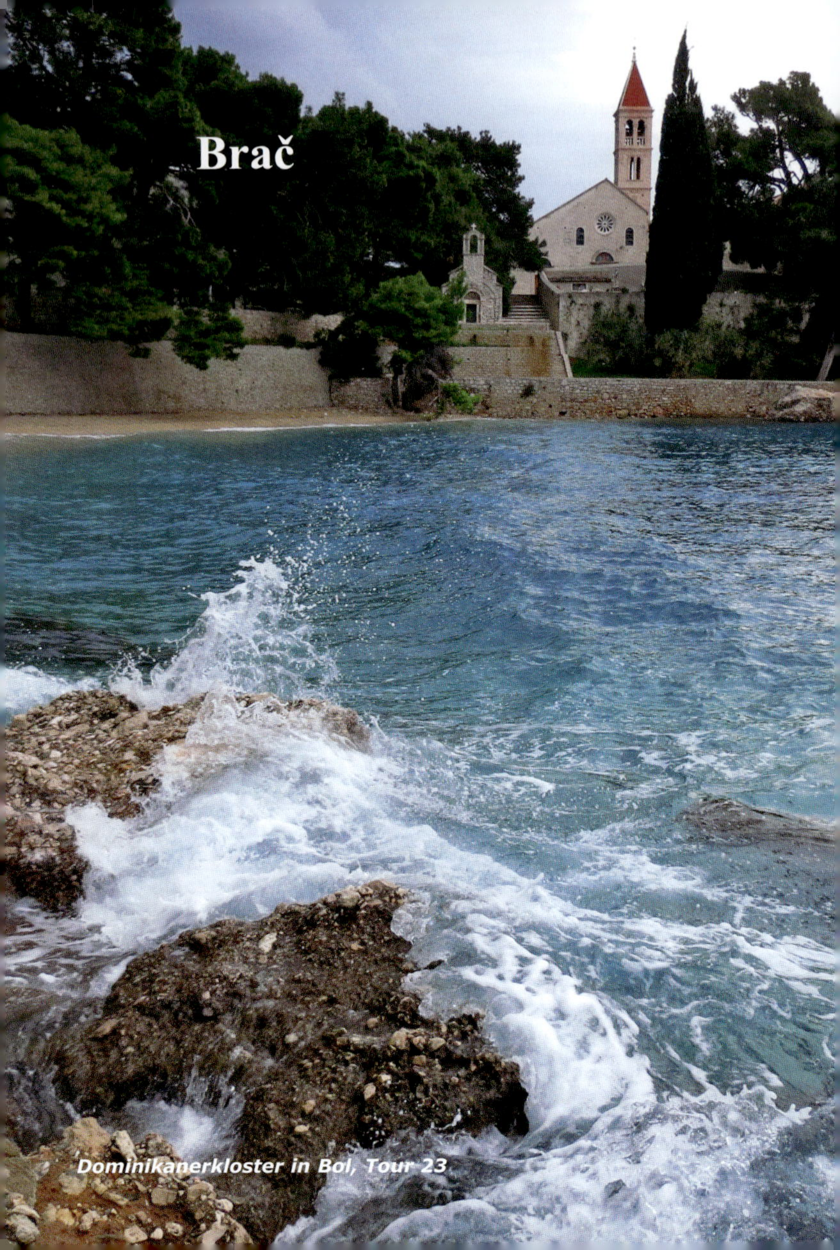

Dominikanerkloster in Bol, Tour 23

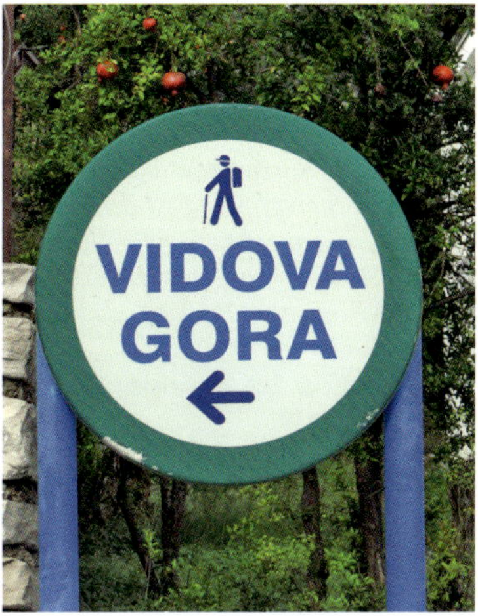

Wegweiser zur Vidova Gora

Rund 1.000 Inseln liegen verstreut vor Kroatien in der Adria. Beispielhaft als Ziel für Inselwanderungen ist hier Brač erwähnt, weil diese Insel mit dem Vidova Gora die höchste Erhebung in der Adria bietet. Brač ist die drittgrößte Insel der Adria, nach Cres und Krk. Alle drei Inseln sind jeweils rund 400 km² groß, das ist die Hälfte von Rügen. Und so wie Rügen für seine weißen Kreidefelsen bekannt ist, ist es Brač für seinen marmorähnlichen weißen Kalkstein, den schon die Römer als Baustoff für Tempel, Triumphbögen und Thermen sowie Arenen und Amphitheater schätzten. Heute ist der Kalkstein u. a. im Weißen Haus in Washington, im Berliner Reichstag und in der Neuen Hofburg in Wien zu finden. Bei ersterem aber nur eingeschränkt: Das Weiße Haus wurde nach Angaben des US Geological Survey aus US-Sandstein aus Virginia erbaut, allerdings schreibt William Seale in seinem Buch „The President`s House: A History“, dass Kalkstein der kroatischen Insel Brač 1902 bei Renovierungsarbeiten des Weißen Hauses verwendet wurde.

Der Abbau hochwertiger Steine ist nach wie vor ein wichtiger Wirtschaftsfaktor: nach dem Tourismus, der sich vor allem an der Südküste um Bol mit dem bekannten beidseitig meerumtosten Strand Zlatni Rat („Goldenes Horn“) konzentriert.

Hauptort der 14.000 Einwohnerinnen und Einwohner zählenden Insel ist Supetar im Norden, das die meisten Fährverbindungen zum Festland bietet (nach Split). Aber auch Sumartin im Osten der Insel ist per Fähre (von Makarska) zu erreichen und bietet tolle Blicke auf das Festland mit dem steil aufragenden Biokovo-Massiv. Beide Orte verdanken ihren Namen den jeweiligen Schutzheiligen: Sumartin dem heiligen Martin (Sv. Martin), Supetar dem heiligen Peter (Sv. Petar).

Für die hier beschriebenen Wanderungen bietet sich als Standort Bol im Süden der Insel mit mehr als 150 Unterkünften an. Eine Alternative wäre Makarska, von wo sich Tour 22 per Fähre am leichtesten erreichen lässt.

Karte von Brač: Kartograf: Brač, 1:45.000, nur erhältlich vor Ort in Touristinfos und einigen Läden

22 Rundwanderung bei Sumartin

Tour für Landschaftsbegeisterte

Diese kurze Rundwanderung im Osten der Insel Brač beginnt und endet am Hafen von Sumartin und ist daher gut geeignet als Tagestour, die leicht mit den beiden einzigen Fährankünften aus bzw. Abfahrten nach Makarska zu kombinieren ist. Sie wandern durch das ursprüngliche Dorf Selca und genießen Ausblicke über die Adria zum Festland, das vom Bergmassiv Biokovo dominiert wird.

- Start/Ziel: Sumartin, Hafen, GPS N 43°17.120' E 016°52.225'
- 12,6 km
- 4 Std.
- 300 m/300 m, An-/Abstiege verteilt auf mehrere Abschnitte
- 2-125 m
- keine Markierungen außer Straßenschildern in Ortschaften
- überwiegend verkehrsarme Straßen und Schotterwege
- Einkehrgelegenheiten am Start/Ziel (teilweise in der Nebensaison geschlossen) sowie in Selca (km 4,1)
- keine Rastplätze am Weg
- Einkaufsgelegenheiten (kleiner Laden) am Start/Ziel (nur in der Saison) sowie in Selca (km 4,1). Kaufen Sie besser vorher ein, z. B. in Makarska bei der Fährabreise aus der Stadt.
- Für Kinder ist der Weg machbar: nicht zu lang oder zu schwierig, aber auch mit nur wenigen „kindgerechten" Höhepunkten.
- Mit Buggy machbar, aber nur mit Mühe, da es über viele (asphaltierte) Feldwege geht.
- Hunde können mit. Aber Vorsicht in den Ortschaften und beim Queren von Straßen!
- P Für die Anreise mit dem Auto ist es günstiger, die Rundwanderung in Selca zu beginnen (km 4,1), wo die Parksituation entspannter ist als an der Küste in Sumartin.
- Haltestelle am Fähranleger mit wenigen Busverbindungen täglich u. a. nach/von Selca (ca. 5 Min., € 2,50) und Supetar (ca. 1 Std. 15 Min., € 6), z. B. ab Sumartin 5:45, 14:15 und 17:40, aushängender Fahrplan bei Touristinfo am Hafen (s. u.), www.arriva.com.hr
- Taxi Sumartin, 09 55 27 62 22, www.taxi-bol.com
- Fährverbindungen von/nach Makarska (einfache Fahrt p. P. ca. € 5), Dauer: 50 Min., Abfahrten: Makarska – Sumartin 9:00 und 12:00, Sumartin – Makarska 11:00, 15:00, 15:30 oder 18:30 (je nach Saison und Wochentag), www.jadrolinija.hr → Deutsch → Fahrplan → Locallinien → Region von Split → 638 Makarska-Sumartin (Brač)

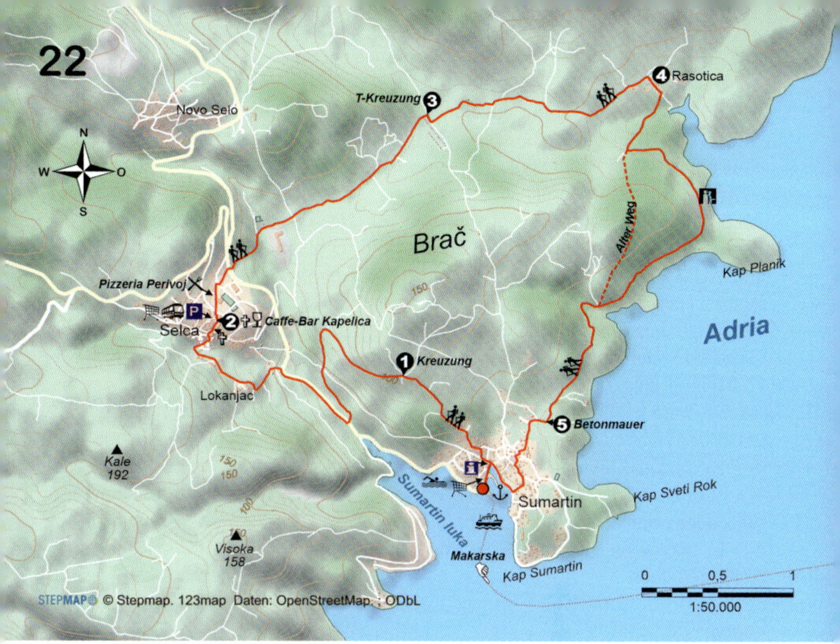

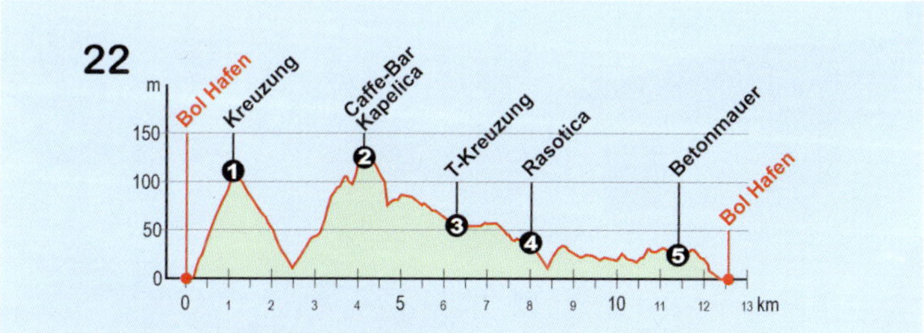

Im kleinen Fährhafen von **Sumartin** am Ostzipfel von Brač erinnert die Holzschiffswerft als älteste Schiffswerft der Adria an die Tradition der Holzschiffbauer.

- Touristinfo am Fähranleger, in der Nebensaison Mo, Mi und Fr 9:00-19:00, in der Hauptsaison Mo-Sa 8:00-20:30, So 8:00-13:30, www.visitselca.com; weitere Touristinfo 80 m weiter rechts bzw. nordwärts (= Wanderroute), Mo-Fr 9:00-13:00 und 18:00-22:00
- Supermarkt Studenac am Hafen, Porat 8, Mo-Sa 6:30-21:00, So 7:00-20:00

Die Wanderung beginnt am Hafen. Die Fähre im Rücken orientieren Sie sich entlang des Hafenkais nach rechts. Nach 150 m erreichen Sie in der Straßenkurve hinter der Post die Touristinfo.

Hier nehmen Sie die links abzweigende, steil aufwärtsführende kleine Straße (Počivale), rechts an der Touristinfo vorbei. Nach 70 m folgen Sie hinter der Palme auf der rechten Seite der Straße nach rechts und halten sich nach 50 m links (Ulica fra Andrije Kačiča-Miošiča). Diesem Weg folgen Sie aus Sumartin heraus, kontinuierlich aufwärts und bald zwischen Steinmauern und Olivenhainen. Abzweigungen ignorieren Sie.

600 m nach den letzten Häusern nehmen Sie bei einer Kreuzung ❶ (km 1,1, ⇧ 105 m) links den leicht abwärtsführenden Stein-/Schotterweg und erreichen nach 1,4 km kontinuierlichen Abwärtsgehens die Hauptstraße (km 2,5, ⇧ 10 m), wo in der Nebensaison normalerweise wenig Verkehr herrscht. Dieser Straße folgen Sie nach rechts ins Landesinnere – besser auf der linken Straßenseite gehen! Nach 500 m verlassen Sie die Straße in einer Rechtskurve auf der links aufwärtsführenden kleinen Asphaltstraße Richtung Lokanjac (Sackgassenschild). Nach 5 Min. passieren Sie eine kleine Werkstatt zur Steinbearbeitung mit gelagerten weißen Steinen.

Selca

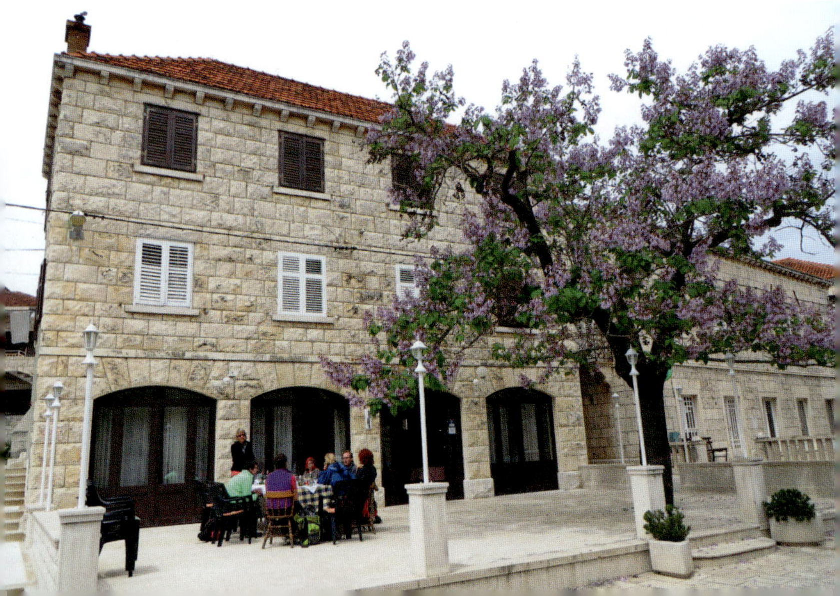

Nach einer kleinen Senke und beim folgenden Anstieg folgen Sie der Straße am Dorfanfang von **Selca** geradeaus aufwärts zum großen Platz ❷ mit zwei Kirchen – natürlich aus weißem Bračer Kalkstein (km 4,1, ⇧ 120 m).

✕ Pizzeria Perivoj, 21425 Selca, ☏ 021/602 20 31, in der Saison täglich 7:00-21:00, 100 m nördlich der Kirche am Ortsausgang beim Park

Caffe-Bar Kapelica, täglich 6:00-23:00, rechts neben der Kirche, allerdings nur mit geringem Angebot an Essbarem

kleine Supermärkte hinter der Kirche sowie links davon, beide täglich durchgehend, aber am So nur vormittags

Bushaltestelle hinter der Kirche, Abfahrt nach Sumartin z. B. um 11:20, 13:40 oder 16:40 (Dauer: 5 Min., € 2,50), aushängender Fahrplan am Supermarkt, www.arriva.com.hr

Weiter – bis zur Fähre sind es etwa 2 Std. – führt Sie der Weg links an der Kirche vorbei und kurz darauf durch eine neu angelegte Fußgängerzone – natürlich mit lokalem Stein bepflastert –, vorbei an einer Schule, Einkehrgelegenheit und einem Park.

Nach 150 m geht es bei der Kreuzung mit einer Straße leicht rechts versetzt geradeaus abwärts, im Rücken ein Stoppschild. 100 m weiter führt Sie die kleine Straße unter der Hauptstraße hindurch und weiter geradeaus abwärts, nach 100 m geht der Beton- in Schotterbelag über. Nach 1,7 km halten Sie sich bei einer T-Kreuzung ❸ vor einem Olivenhain und einer Steinmauer rechts und nach 50 m links (Spurweg). 450 m weiter nehmen Sie bei einer T-Kreuzung den Weg links, um nach 50 m bei einer Gabelung die rechte Variante zu wählen, in derselben (östlichen) Richtung. Nach 1 km auf dem breiten Schotterweg zwischen der strauchhohen Vegetation sowie mehreren Kurven erreichen Sie das kleine Gehöft Rasotica ❹ (km 8, ⇧ 35 m). Hier folgen Sie dem Weg durch die Rechtskurve und geradeaus.

Nach 600 m, bei einem erneuten Anstieg (km 8,6, ⇧ 30 m), zweigt in einer Linkskurve rechts ein etwas kleinerer Weg ab, der alte Wegverlauf, mit dem Sie die folgende, aber aussichtsreichere Kurve abkürzen könnten – in direkter Linie statt entlang der Höhenlinie.

Mit der Abkürzung auf dem alten Weg sparen Sie etwa 700 m, gehen aber etwa 35 Höhenmeter zusätzlich.

Nach 21,8 km treffen beide Weg kurz vor einer Bucht bei einer Kreuzung wieder zusammen. Hier folgen Sie dem Weg geradeaus (bzw. rechts, wenn Sie die Abkürzung gegangen sind), rechts an einem Häuschen vorbei.

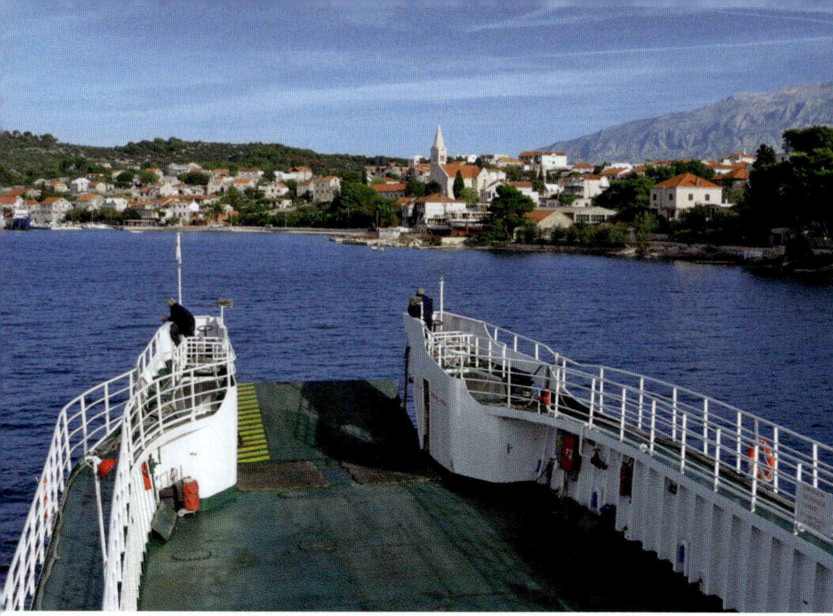

Blick von der Fähre auf Sumartin

Nach 1 km halten Sie sich bei einer T-Kreuzung vor einer Betonmauer ❺ und einem Gatter rechts und gehen nach 350 m abwärts auf Asphalt, ehe Sie eine T-Kreuzung erreichen. Hinunter zum Hafen ist es nach rechts etwas kürzer (400 m), während Sie links einen kleinen Umweg an der Kirche vorbei machen (bis zum Hafen 800 m), wo Sie sich die Wartezeit auf die Fähre in einer Bar vertreiben können.

✕ 🍷 einige wenige Restaurants/Bars am Hafen, etwa Konoba-Pizzeria Dalmatino, Porat, ☏ 021/64 81 55, 🚪 täglich 7:00-0:00

23 Vidova Gora: Auf den höchsten Berg der Adria

Tour für Gipfelstürmerinnen und Gipfelstürmer

Diese Wanderung führt Sie vom Badeort Bol auf die Vidova Gora, mit 778 m der höchste Berg der Adria, dessen Hochebene für ihre Schwarzkiefern bekannt ist, aus denen früher Harz für den Schiffbau gewonnen wurde. Sie steigen gemächlich an durch ein Tal, ehe es am Rand der Hochebene Richtung Gipfel geht, mit Aussicht auf die Adria sowie die Nachbarinsel Hvar und das Festland. Zurück wandern Sie auf demselben Weg hinunter nach Bol. Es sind stellenweise verschiedene Varianten möglich, von denen zur Abwechslung beim Auf- und Abstieg jeweils unterschiedliche beschrieben sind.

Start/Ziel: Bol, Hafenmole beim Hotel Kastil, GPS N 43°15.684' E 016°39.371'

12,2 km

4 Std. 30 Min.

790 m/790 m, An-/Abstieg überwiegend am Stück

2-778 m

Wegweiser, rot-weiße Markierungen sowie stellenweise grüne Pfeile, aber alles wohldosiert (wenig)

Bergpfade sowie Schotterwege und am Start/Ziel Straßen

Einkehrgelegenheiten am Start/Ziel sowie auf dem Berg Vidova Gora (km 6,1, nicht in der Nebensaison)

keine Rastplätze am Weg

Einkaufsgelegenheiten in Bol (z. B. Konzum am Hafen) sowie Supermarkt am Ortsrand (km 0,8)

nur für Kinder mit Bergerfahrung und Kondition, dann aber sehr eindrucksvoll und mit tollem Ausblick, außerdem nicht zu lang

für Buggys nicht machbar

Hunde dürfen mit auf den Gipfel, nicht aber in die Konoba am Gipfel. Aber der Weg ist sowieso sehr steinig und daher eher nur für Hunde mit Pfotenschutz zu empfehlen.

Parkplätze in Bol sind rar und teuer. Eine Alternative ist es, außerhalb an der Hauptstraße zu parken, etwa am oder in der Nähe des Supermarkts Studenac bei km 0,8.

Es gibt relativ wenige (täglich etwa 4 bis 9) Busverbindungen von/nach Supetar (Dauer: ca. 1 Std., einfaches Ticket € 6), www.arriva.com. Die Bushaltestelle ist unterhalb vom Startpunkt direkt an der Küste, neben der Touristinfo.

Taxi Bol, 09 55 27 62 22, www.taxi-bol.com. Die Fahrt von Bol nach Sumartin kostet umgerechnet etwa € 55.

Katamaran der Linie Hvar-Split, von/nach Split (einfache Fahrt p. P. Juni bis September variabel, ab etwa € 9), Dauer: etwa 1 Std.: Split – Bol täglich 15:30 oder/und 16:30 (je nach Saison/Tag), Bol – Split Mo bis Sa 6:55 und 11:55, So 13:25, www.jadrolinija.hr → Deutsch → Fahrplan → Locallinien → Region von Split → 9603 Split – Bol – Jelsa.

Das malerisch an der Südküste von Brač gelegene **Bol** ist das touristische Zentrum der Insel und wurde durch den Bau eines 10 km entfernt gelegenen Flughafens dafür aufgewertet.

TZO Bol, Porat bolskih pomoraca bb, 21420 Bol, 021/63 56 38, www.bol.hr, in der Saison Mo-Fr 8:30-14:00 und 16:00-20:00, Sa 8:30-12:00 und 16:00-20:00, So 9:00-12:00

viele Einkehrgelegenheiten in Bol, darunter zeitgemäße wie BioMania Bistro Bol, Rudina 10, 09 19 36 22 76, www.biomania.hr, in Saison täglich 7:30-23:00, vegan und bio mit aussichtsreicher Terrasse am Hafen

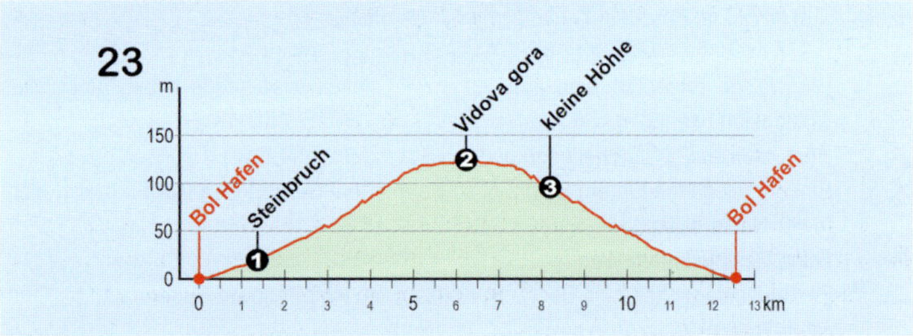

Die Rundtour beginnt an der Hafenmole in Bol mit dem Leuchtturm und dem Hotel Kastil an der Uferpromenade, der Sie zunächst in westliche Richtung folgen, das Hafenbecken im Rücken. Nach wenigen Metern geht es rechts auf dem Treppenweg aufwärts und danach links auf der Straße Rudina parallel zur Küstenlinie, die nach 120 m auf einen kleinen Platz mit Bäumen zuführt, wo Sie die kleine Straße rechts nehmen und nach 10 m noch einmal rechts abbiegen. Durch die Gasse geht es aufwärts, zu Beginn über einige Stufen. Sie halten sich nach 150 m bei einer Gabelung links und nach 100 m bei einer T-Kreuzung rechts und fogen der aufwärtsführenden Ulica Gospe od sniga. Bei Kreuzungen gehen Sie geradeaus und ignorieren weitere Abzweigungen.

Nach 300 m halten Sie sich 100 m vor dem Autocamp Mario (Schild) zweimal nacheinander links und queren nach 100 m die Hauptstraße.

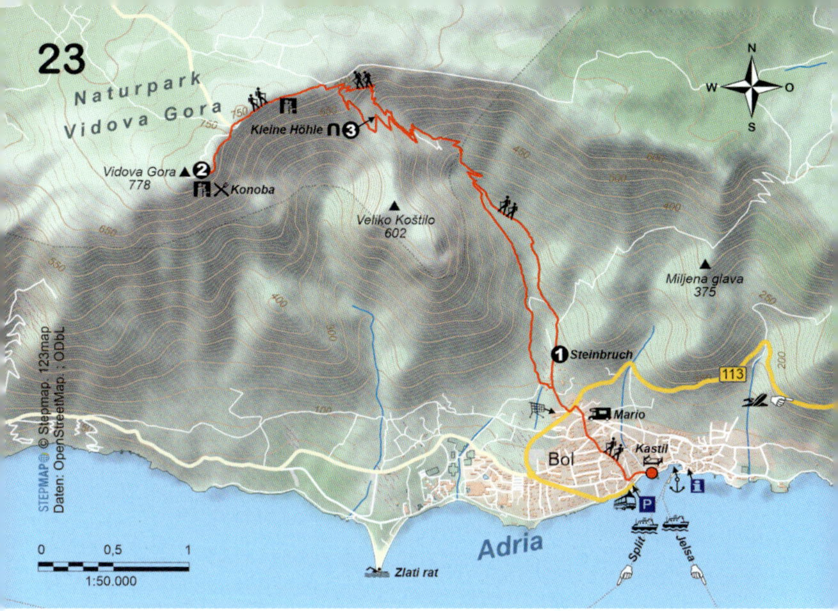

🛒 50 m links liegt an der Hauptstraße ein Supermarkt (Studenac), Ul. Donje Podbarje 1A, 🚪 täglich 7:00-21:00.

50 m links (Richtung Supermarkt) nehmen Sie vor der Bluesun-Urlaubsanlage die nach rechts landeinwärts führende Straße und ignorieren abzweigende Wege.

Nach 400 m (km 1,3, ⇧ 120 m) enden Straße und Zivilisation bei einem alten Steinbruch ❶. Ein Wegweiser markiert geradeaus Ihren Weiterweg auf einem Schotterweg (Vidova Gora), der bald schmaler und steiniger wird. Sie passieren einige Zaungatter – das Schließen nach dem Durchgehen nicht vergessen (wegen des Viehs)! Nach gut 1 Std. lassen sich einige der vielen Kurven des serpentinenartig ansteigenden Pfades mit kleinen, steil aufwärtsführenden Trittpfaden abkürzen, aber die Abkürzungen werden durch großen Kraftaufwand erkauft, wodurch die Zeitersparnis minimal ist.

Links abzweigende Wege ignorieren Sie, etwa einen zur Höhle abzweigenden Pfad ❷ (km 3,8, ⇧ 375 m) – das ist eine alternative Route, die für den Rückweg vorgeschlagen bzw. beschrieben ist.

Etwa 1 Std. 30 Min. nach dem Ende von Bol erreichen Sie eine T-Kreuzung mit einem Schotterweg (km 4,8, ⇧ 685 m), dem Sie rechts aufwärts folgen, um nach 150 m bei der Gabelung rechts auf den Zaun zu und weiter links neben dem Zaun zu gehen.

toller Blick auf die adriatische Inselwelt mit unter anderem der Nachbarinsel Hvar

Nach 700 m eine kleine Überraschung: Von rechts führt eine Straße heran, der Gipfel lässt sich auch per Auto erreichen – kein Wunder bei der Aussicht! Sie gehen geradeaus über den Straßenkreisel, halten sich danach etwas links und passieren das Eingangsschild zum Gipfel „Vidova Gora 780 m – The highest Peak of the adriatic islands". 20 m nach dem Schild folgen Sie links dem aussichtsreichen Pfad zum Gipfel – kürzer als die Straße und schöner sowieso, auch wenn Sie direkt vor dem Gipfel noch die unschönen Sendetürme passieren.

Blick von Vidova Gora auf die Insel Hvar

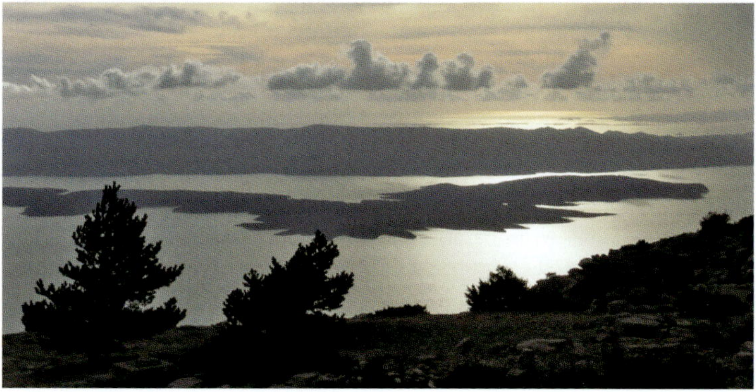

überwältigender Ausblick vom Vidova Gora ❷ (km 6,1, ⇧ 778 m)

Unterhalb des Gipfell lockt eine Konoba mit netter Aussichtsterrasse, aber nicht immer ebensolchem Service, Hundeverbot, oft geschlossen.

Zurück gehen Sie denselben Weg hinunter, wobei stellenweise einige Alternativen möglich sind.

Sie gehen wie auf dem Hinweg zum Straßenkreisel und an dessen Ende auf dem mit einem grünen Pfeil und rot-weiß markierten Pfad weiter. 1,3 km nach dem Gipfel (km 7,4, ⇧ 685 m) zweigt zwischen zwei Steinhaufen der Weg nach links ab, auf dem Sie gekommen sind (grüner Pfeil, Wegweiser nach Bol). Der hier beschriebene Rückweg ist ab dieser Stelle ein anderer als der Hinweg – bis kurz vor die Hauptstraße.

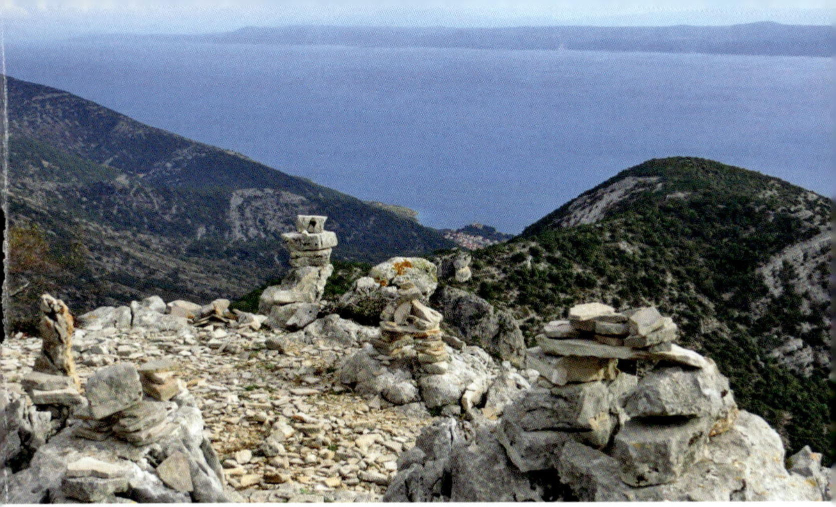

Steinmännchen bei Vidova Gora

Sie biegen hier nicht links ab, sondern gehen geradeaus auf dem Weg weiter, der im Ganzen etwas steiler und steiniger als der Aufstieg ist, dafür aber mehr Aussicht bietet, weil der Weg nicht so tief im Seitental verläuft. Zur Wartung für die Hochspannungsleitung wird diese Route normalerweise gut gepflegt bzw. frei gehalten. Nach zwei scharfen Kurven passieren Sie links eine kleine Höhle ❸ (km 8, ⇧ 580 m) und erreichen nach mehreren Kurven und Hochspannungsmasten wieder den Pfad (km 8,6, ⇧ 480 m) vom Hinweg, dem Sie rechts 1 km abwärts folgen, bis zu einem rechts abzweigenden Pfad (km 9,6, ⇧ 310 m). Dieser Pfad führt rechts in den Talgrund und dort links abwärts, um nach 100 m kurz aufwärts auf den geschotterten Wartungsweg für die Hochspannungsleitung zu führen, dem Sie auf der anderen Talseite hinunter folgen. Abzweigungen ignorieren Sie. Nach 1,5 km (km 11,1, ⇧ 95 m) halten Sie sich bei einer Weinkultur links und folgen dem Weg durch das Tal, der nach 100 m die kleine Asphaltstraße vom Hinweg erreicht, der Sie rechts zur Hauptstraße folgen. Weiter nach Bol geht es ähnlich wie beim Hinweg: Nach der Querung der Hauptstraße nehmen Sie geradeaus die kleine Straße und biegen nach 80 m rechts in die kleinere Straße, der Sie geradeaus Richtung Küste folgen.

☺ Im Anschluss an die Wanderung bietet sich ein Aufenthalt am Strand an: Der 1 km westlich von Bol gelegene Strand Zlati rat streckt sich wie ein „goldenes Horn" in das Meer (so die wörtliche Übersetzung) und ist einer der meistfotografierten Strände des Landes. In der Nebensaison findet man hier auch einen Platz …

Kroatische Wörter zum Wandern

Einige wichtige Wörter, denen Reisende in Kroatien öfter begegnen:

Kroatisch	**Deutsch**
Autobusna stanica	Bushaltestelle
(Autobusni) kolodvor	(Bus-)Bahnhof
Brdo	Berg
Centar grada	Stadtzentrum
Cesta	Straße
Crkva	Kirche
Dobar dan	Guten Tag
Dolasci	Ankünfte
Dolina/Draga	Tal
Dom	Haus
Grad	Stadt
Jadran	Adria
Jezero	See
Kanjon	Schlucht, Canyon
Konoba	wörtlich „Keller", im weiteren Sinne Bar/Kneipe
Kuk	wörtlich „Hüfte", aber auch Bezeichnung für Berg
Luka	Hafen
Obilazak	Umleitung
(Polu)Otok	(Halb-)Insel
Pješaci	Fußgänger
Polasci	Abfahrten
Put	Gasse, Steg, Weg
Sklonište	Asyl, Bleibe, Tierheim; hier im Sinne von Berghütte
Slap	Wasserfall
Staza	Pfad, Steg
Svetac (Sv.)	Heiliger (Hl.)
Trajekt	Autofähre
Trg	(Markt-)Platz
Turistička zajednica općine	Örtlicher Tourismusverband (Touristinfo)
Ulaz	Eingang
Ulica	Straße
Uvala	Bucht
Vidikovac	Aussicht/Aussichtsturm
Voda (za piće)	(Trink-)Wasser
Zabranjen prolaz	Betreten verboten